近代家族の誕生

女性の慈善事業の先駆、「二葉幼稚園」

大石 茜
Oishi Akane

私が一番せいが高い

先生お小用に行つて参ります

藤原書店

近代家族の誕生

目次

近代家族の誕生

女性の慈善事業の先駆、「二葉幼稚園」

凡例

一　引用文は、原則として漢字は常用漢字、仮名遣いは原文どおりとした。
一　引用文への引用者による補足は〔　〕で示した。また、ルビは原文どおりではなく、適宜省略または追加を行なった。
一　注は章ごとに（1）（2）……で示し、巻末にまとめた。

序章

日本における近代家族の成立は、大正期に新中間層が台頭したことにはじまり、戦後になって全国的に普及したと考えられてきた。サラリーマンの夫と専業主婦の妻によって構成された核家族が、子どもへの愛着に基づき子育てする家族が、典型的な近代家族と考えられてきたと言えるだろう。しかしながら、家族の変化は、新中間層という一部の階層でのみおこっていたことなのだろうか。本書では、明治末・大正期の都市下層の家族と、そこに介入していった慈善事業から、近代家族の成立を捉え直すことを試みる。家族を形成・維持することの難しかった都市下層が、慈善事業の支援と接触することで、近代家族というあり方をどのように取り入れ、どのように生活を変化させていったのか。二葉幼稚園という一つの事例から、その変化を丁寧に拾い上げていく。

本書で扱う二葉幼稚園は、一九〇〇（明治三十三）年に野口幽香《ゆか》と森島峰によって東京・四谷に設立されたキリスト教系の慈善事業で、日本の先駆的保育事業として知られている。当時東京には貧民窟《ひんみんくつ》と呼ばれるスラム街が数多く存在していた。二葉幼稚園は、明治の三大貧民窟の一つと呼ばれた四谷鮫河橋の子どもたちを対象とした事業を展開した。二葉幼稚園は今日も社会福祉法人二葉保育園として存続しており、二葉乳児院、二葉学園（児童養護施設）、二葉むさしが丘学園（児童養護施設）、二葉南元保育園、二葉楠木保育園を運営している。なお、設立当初は二葉幼稚園という名称であったが、一九一六（大正五）年に、二葉保育園と改称しており、先行研究では「二葉保育園」と表記されることもあるが、本書では、この事例の教育的配慮に着目していくため、創設時の「二葉幼稚園」の名称で統一することとした。

数ある事例の中で、二葉幼稚園をとりわけ興味深いものにしているのは、女性による下層の家族への介入という特徴である。戦前の慈善事業と聞くと、その担い手の多くは女性であったと想像されるだろう。しかし実際には、日本の場合、理論的先駆者も実際の従事者も男性が圧倒的に多かった。そのような状況において、二葉幼稚園という存在は、参政権もなく政治的な権利に乏しい女性が、社会的な役割を認められ活躍した稀有な例である。本書では、この特殊な事例が成り立った背景の分析と、その社会的意義を、都市下層の家族との関わりに着目しながら検討していく。

二葉幼稚園は、日本の福祉や慈善事業、幼児教育、保育等の歴史を扱った文献において、その先駆としてしばしば名前を挙げられている著名な事例である。その歴史的概観は、『二葉保育園八十五年史』（一九八五）において整理され、貴重な一次資料が復刻されている。また、野口幽香に関する資料は、書簡や日記が多く残っており、社会福祉法人二葉保育園に所蔵されているほか、東京女子大学比較文化研究所「野口文書」や、個人によって保管されている。本書では、二葉幼稚園の事業の分析に際して、二葉幼稚園が毎年発行していた「年報」を主な資料とする。創設された一九〇〇年から、年報の残っている一九三四年までを研究対象とする。二葉幼稚園の年報は、年度によって「報告」や「年報」と表題が変わるが、本書では「年報」と表記を統一する。

また、二葉幼稚園を担った人物に焦点を当てた研究として、貝出寿美子『野口幽香の生涯』や上笙一郎・山崎朋子『光ほのかなれども――二葉保育園と徳永恕』、松川由紀子による森島峰に関する論文等がある。これらの伝記的な先行研究が描くのは、運営者たちの強い意志と信念によって困難を乗り越えてきた歴史である。また幼児教育史における二葉幼稚園の先行研究では、教育内容に関するものが多くを占めている。当時、形式主義的なフレーベル教育に傾倒していた幼稚園が多かったのに対し、二葉幼稚園が下層社会の実態に合わせた柔軟な幼児教育を実践していたことや、地域や他の機関とのつながりをもった事業展開であったことが特徴として挙げられ、今日の幼児教育・保育の先駆けとして評価されている。(1) 宍戸健夫『日本における保育園の誕生――子どもたちの貧困に挑んだ人々』(二〇一四)では、二葉幼稚園が、幼稚園から保育園へと名称を変更した点に問題意識をもち、多くの一次資料から丁寧に実態が読み解かれている。これらの研究によって明らかにされた二葉幼稚園の歴史を踏まえながら、本書では、天皇制とキリスト教的文脈を背景に、女性による慈善幼稚園が、都市下層の人々に与えた影響を、「家族」に注目して考察していく。

慈善事業を分析していく上で、「動員モデル」の検証は欠かすことができない。「動員モデル」とは、「マクロな社会レベルから観察し、本人たちの善意や思いとは裏腹に、国家の政策や資本に動員されていると診断を下す枠組の総称」[2]である。慈善事業やボランティア活動など、自らの意志で、見返りを求めずに他者のために何かをする、という行為が、実際には国家や社会システムの意図を主体化した結果に過ぎない、という批判的視点である。「動員モデル」への批判は、主に、戦中・戦後の連続性として指摘されてきた[3]。戦中に、国民の主体性を戦争へと動員していたメカニズムが、戦後に市民社会の構築という文脈のもと、同様に機能しているのではないかという議論である。戦時中には、人々を巧妙に主体化＝服従化し、能動的に戦争へと動員していくという総動員体制が敷かれたが、慈善事業も例外ではなかった。国家からの多額の下付金を頼りに社会事業・厚生事業として発展し、国家による社会保障の未熟さを積極的に補ってきた。

人々の主体化＝服従化を用いて国家を統治するというメカニズムは、戦中・戦後だけの現象ではなく、M・フーコーが近代の特徴として描いた規律権力のメカニズムと重なる。そうであるならば、戦前の日本社会においても、何らかの形で、善意というものを用いて社会を構成していくメカニズムがあったのではないだろうか。本書では、戦中の総動員体制のように顕著な動員へと展開される以前に、近代化の過程で善意が機能していった実態を、天皇制とキリスト教という観点から分析し、二葉幼稚園の事業が成立し得た背景として捉えていく。

第Ⅰ部では、二葉幼稚園の事業が行われた背景として、当時の慈善事業のありようを確認する。女性によって担われたキリスト教系の慈善事業である二葉幼稚園は、慈恵主義という政府の救貧行政と、皇后に象徴された良妻賢母主義の文脈に位置づけられる。そのなかで、慈悲や慈恵、善意といった私的なものとされる感情の強調によって、国家神道的な文脈と、キリスト教的文脈が奇妙にも共鳴してしまうことを確認していく。さらにそこに、良妻賢母主義の風潮と共存しつつ、女性の社会的役割の創出という文脈が加わることで、限定された範囲ではあるが、男性の領域だった慈善事業の分野において、女性も新たな生き方を模索する余地が生まれていったことを明らかにする。

第Ⅱ部では、二葉幼稚園の「年報」等の一次資料を通じてその事業内容を読み解きながら、二葉幼稚園の従事者がそこに通った下層の人々にどのように介入したか、また、支援者・従事者・通園者がどのような関係を築いたかを分析していく。差別の対象であり、決して同情の対象ではなかった下層の人々に対して、子どもや母への共感や哀れみから、支援の必要性が認識されていった。子どもや母、親子、家族といったカテゴリーから都市下層をまなざすとき、上流階級の人々に共感が生じ、二葉幼稚園独特の連帯が生じていたことを明らかにする。二葉幼稚園は、政府の意図や社会状況に影響され、利用されながらも、逆にそうした社会的背景を活かし、新たな領野を開拓していた。その際に大きな鍵となったのは、「近代家族」という共同性の構築であった。こうした二葉幼稚園の事例の分析を通して、善意による事業が、単に国家に盲目的に動員されているのではなく、動員に巻き込まれながらも同時に、国家の意図とは異なる展開があり、独自の仕方での社会に変化をもたらしていたことを示したい。

第Ⅰ部　天皇制とキリスト教——女性による慈善事業の背景

天皇制とキリスト教と聞くと、両立し難い二つの宗教であるとイメージしがちである。ところが、戦前の日本においては、天皇崇拝もキリスト教も共に、近代国家を正当化し、政策を推し進めていくために必要な世界観だった。近代国家を目指す日本は、天皇の権威化と、キリスト教的な発想を共存させ、活かしながら、近代化に伴う矛盾に対処していた。

二葉幼稚園の事例に注目することで、都市下層の救貧対策と、女性の社会的地位という二つの領域での、天皇制とキリスト教の連携が明らかになる。都市で徐々に社会問題化していた下層への救貧・防貧政策は、急速な近代化や都市化に伴う歪みへの対策である。近代化を正当化しながら最低限の救済を行う際に、天皇制とキリスト教の奇妙な連携が生じていた。

また、二葉幼稚園は女性によって設立、運営されていた事業であるため、救貧だけでなく、女性をめぐる天皇制とキリスト教の共鳴が見えてくる。女性の社会的地位が文明化の世界的指標でありながらも、良妻賢母を理想とする風潮が強かった時代に、世間からの反発を抑えながら、女性を社会に役立てて行こうとするとき、ここでも天皇制とキリスト教が重要な役割を担うこととなったのである。

第*1*章　慈善事業を支えた天皇制とキリスト教

戦前の慈善事業は、政府の救貧行政を肩代わりするように発展しており、キリスト教的背景をもった私的な事業ではあっても、政治と強い関わりをもっていた。クリスチャンによって設立された二葉幼稚園も、天皇制と反発することなく、むしろ天皇制によって事業を正当化しながら、発展していった。

二葉幼稚園とクリスチャンの支援

二葉幼稚園がキリスト教系の事業である由縁を確認していく。まず、一九〇〇（明治三十三）年に創設されて以来、一世紀以上続いている二葉幼稚園のはじまりを見てみよう。創立者のひとり、野口幽香は設立の動機について、下記のように回想している。

森島〔峰〕さんと私は、麹町の近くに住んで、いつも二人で永田町にあつた幼稚園〔華族女学校附属幼稚園〕に通つてをりました。その途中、麹町六丁目のところを通りますと、往来で子供が地面に字を書いたり、駄菓子を食べたりして遊んでゐる姿を、よく見かけました。幼稚園の帰りに、夕方そこを通つても、やはり、往来で遊んでゐます。一方では、蝶よ花よと大切に育てられてゐる貴族の子弟があるのに、一方では、かうして道端に捨てられてゐる子供があるかと思ふと、そのまま見過ごせないやうな気がしてきました。華族女学校の幼稚園の経営は、大体のところ、保姆である私どもの自由になつて、大へん働きよい場所ではありましたが、ただお乳母日傘式に育てるだけで、信仰を中心として子供を導くことは許されてをりません。その点で、いくらか物足りないものを感じてゐた折でしたから、かうした道端の子供を集めて、フレーベルの理想通りにやつて見たい、といふ希望が期せずして若い二人の胸に湧いてきたのであります(1)。

華族女学校附属幼稚園で働いていた頃、野口と森島は毎日路上で遊ぶ子どもたちを見て、この子どもたちにも幼児教育を施してやりたいと思ったこと、そして、当時の華族女学校では二人の理想的な教育の実践はできないと考えていた、という二つの動機が、二葉幼稚園の設立へと駆り立てたことがわかる。すなわち、設立の一番の動機は、社会的な要請や、実際に貧民窟にそのような需要があったことではない。自分たちで幼稚園を設立・運営し、理想と考える教育を思い通りにやってみたい、という若い二人の理想からはじまったのである。野口は設立当初の二葉幼稚園の様子について、「貧民幼稚園と申しましても、設立の当初はほんの小規模の飯事遊《ままごとあそ》びのやうなものでした」[2]と述べている。大きな事業として始まったのではなく、二人の志をもとに実現したささやかな事業であった。

野口と森島の夢の実現へと、設立時にまず手を差し伸べたのが、キリスト教のつながりをもつ人々であった。野口は次のように回想している。

しかし、どうしてその夢を実現させるか、といふ具体的な方法はまだ考へてゐませんでしたが、その頃私どもの通つてをりました番町教会で、ミッショナリイのミス・デントンに、なに気なくこの話をいたしますと、大へん結構なことだと賛成されたばかりでなく、私どもの先きに立つて、募金のための慈善音楽会の開催に骨を折つて下さいました。[3]

野口と森島が通っていた番町教会には、宣教師メアリー・フローレンス・デントン（一八五九―一九四六）が赴任していた。デントンは当時、三崎幼稚園の運営に尽力しており、のちに同志社の女子教育に貢献することとなる人物である。彼女に幼稚園設立の希望を話したところ、その志に賛同し、設立資金の調達のため、慈善音楽会を催すこととなった。この音楽会の招待状には、発起人として、伊藤一隆（一八五九―一九二九）、波多野伝四郎（一八六六―一九二六）、留岡幸助（一八六四―一九三四）、塚本道遠《みちと》（東京女高師にて野口の同級生であった塚本はまの夫）、津田仙（一八三七―一九〇八、森島の師である津田梅子の父）、三好退蔵（一八四五―一九〇八）という著名な人物が名を連ねている。(4)彼らは皆クリスチャンであり、社会事業家や農学者、教育家、法曹など、職業は多様であるが、当時それぞれの業界において影響力をもっていた人物である。

デントンの協力を得て、慈善音楽会は一八九八（明治三十一）年三月十九日に催された。上野公園の東京音楽学校奏楽堂で行われ、音楽師ヤンカー、ケーベル、モリソン夫人等により演奏が行われた。(5)特に、めったに人前では演奏しないという、東大に赴任していたラファエル・フォン・ケーベル博士によるピアノの演奏会として話題となり、大成功であった。年報に書かれているように、音楽会の純益金七百余円は、半分を育児暁星園への寄附とし、残り半分が二葉幼稚園の設立費用となった。設立資金を得たものの、野口と森島だけでは人手が足りず、賛同してくれる保姆を必要としたがなかなか見つからなかった。一九〇〇（明治三十三）年にようやく平野まちを保姆として迎え、開園に至った。

二葉幼稚園の運営に大きく携わった創設者の野口幽香、森島峰、のちに園長を継ぐ徳永恕《ゆき》（一八八七―一九七三）はいずれもクリスチャンであった。

野口は、東京女子高等師範学校（以下、東京女高師）の学生だった頃に教会へ通うようになり、一八八九（明治二十二）年、二十三歳の時に受洗しプロテスタント系のクリスチャンとなった。二十歳の時に父を亡くし、次いで二十二歳の時に母を亡くしており、女高師の級友である小川はま（のちに塚本はま）のすすめで教会に通いはじめたという[6]。聖書研究に非常に熱心で、教会での牧師の説教に疑問をもつと納得するまで悩み、宗派を変えることもしばしばで、特定の教会に所属し続けることはなかった。

洗礼を受けたのは五月組合派の本郷森川講義所（のちの本郷教会）で、主任牧師は横井時雄であったが、野口は横井の訪米中に、宮川経輝から受洗している。この本郷教会は、創立者の海老名弾正牧師の影響で国家主義と結びつき、神道との習合傾向をみせるようになり、日本的キリスト教の潮流を形成したと言われる。その後野口は森島峰の影響により、森島と共に、同じく五月組合派の番町教会に通うようになった。二葉幼稚園設立時に尽力した宣教師デントンらが関わっていたのがこの番町教会である。野口は、番町教会設立時の牧師、綱島佳吉に指導を仰いでいた。一九〇一（明治三十四）年に植村・海老名論争がおこった。自由主義神学の立場をとる海老名と、福音主義の立場をとる植村による論争で、この論争の後、海老名は福音同盟会から追放されている。野口は植村正久（一八五八―一九二五）の解釈に共感をもち、植村の一番町教会（のちの富士見町教会）に通うようになった[7]。その後、植村が接触を禁じていた、聖職者制度や本部を持つ組織形態を拒む宗派であるプレマス・ブレズレン信仰と出会い、一番町教会を脱会する。

設立当時、二葉幼稚園では、幼稚園の事業とは別に、聖書研究やキリスト教の講話を行っており、明治学院の学生であった西篠弥市郎ら有志が集まり、宗教講話を担当していた。西篠が神戸へ移ったことをきっかけに西篠の友人である渡辺善太が代わりに担当するようになった。野口は西篠と渡辺との交流によって、プレマスから、聖書の逐語霊感説の立場をとるきよめ派へと信仰が移っていった[8]。野口が幼稚園の一室で催していたこの聖書研究会は一九一八（大正七）年、野口が五十二歳になる年に、二葉独立教会と命名された。教会ではないところで修養したいという女性たちが集まり、特に学習院関係者が多かったという[9]。野口が校長となって日曜学校をはじめ、毎週牧師を招いて講話を行っていたが、専任の牧師を置く必要性を感じ、由木康が就任した。一九二八（昭和三）年に落合に会堂を設け、二葉幼稚園の事業からは独立していった[10]。一九四一（昭和十六）年に日本基督教団に所属することとなり、桜山教会と合併し、東中野教会と名前も改められ、現在も存続している[11]。

森島峰の経歴は資料が乏しく明らかになっていないことが多く、いつからキリスト教と関わりを持つようになったのかは不明である。森島の次男である方郎《まさお》によれば、森島と夫の斉藤清次郎は共にクリスチャンであり、番町教会で知り合った。二人の婚姻届の証人の欄には、番町教会の牧師夫妻、綱島佳吉とフサの名前が記されている[12]。野口と出会った頃、すでに森島が番町教会に通っていたこと、そしてクリスチャンだったことしかわからない。しかしいずれにせよ、教会に通っていたことは確かである。

野口の後を継いで園長となった徳永恕も強い信仰心をもっていた。四、五歳の頃から兄に連れられてメソジスト派の銀座教会に通っており、十五歳のときに荒木町の福音教会で洗礼を受けている[13]。

徳永は教会の形式や宗派、聖書解釈にはあまり関心がなかったようで、「キリストの愛の社会的実践に集中していた」[14]と言われる。宗教について多くを語らず、二葉幼稚園という具体的な現場において、自らの信仰を坦々と実践した人だった。一九一〇（明治四十三）年、徳永が二葉幼稚園の保姆として働き始めた二年後で、主任保姆を任せられた年であるが、この頃徳永は自己嫌悪が非常に激しく、「七日間断食するなど、自虐的とも思われるほどの求道生活を自己に強い」ていた[15]。しかし、一人でオルガンで讃美歌を弾いていた夜、「自分の口を通してきこえる歌詞が突然神の明晰な言葉となり（中略）魂の奥底にひびきわたった」という経験をし、「これまでに出会ったことのない圧倒的な歓喜の波」を感じ、確固たる信仰心をもって生きていく力をとり戻したという[16]。徳永が園長になって以降、それまで二葉幼稚園で行っていた二葉独立教会が、東中野教会へと移り、集会の場も落合へと移動したことや、徳永自身が特定の宗派や解釈にこだわらなかったこともあり、野口が取り組んできたような教会活動は、次第に二葉幼稚園の事業内容からは分かれていった。

伝記的な先行研究では、野口や徳永の信仰心が繰り返し強調されてきたが、彼らの仕事とキリスト教との関わりを考えるとき、教会を通したクリスチャン同士のつながりにも注目する必要がある。幼稚園設立以前から野口や森島は教会との深いつながりをもっていた。特に、番町教会と一番町教会と関わりがあったことが、この事例を考えるうえで重要である。確かに多くの慈善事業がキリスト教と関わりをもっていたのであるが、それは必ずしも全ての教会が慈善事業を自らの役割と考えていたことを意味しない。たとえば工藤英一は、戦前のキリスト教について下記のように述べている。

当時の信徒においては、個人の内面の問題としての信仰の問題に力点が置かれれば置かれるほど、かれらは社会に向かって、その救いのために押し出されていった。これに反して、大正期から昭和にかけてのキリスト者においては、個人の救いに真剣な求道を続ければ続けるほど、社会に背をむける方向に進まざるをえなかった。また逆に、キリスト者として社会的実践に乗り出す場合には、福音的信仰から離れ、社会実践それ自体が福音にすりかえられる危険を蔵していた[17]。

工藤によれば、明治期のクリスチャンは、信仰を深めることによって、ますます社会へとその役割を求めていったが、大正期頃からは、次第に信仰のあり方に強く関心をもつことと、社会実践とが乖離していく傾向にあった。だからこそ、多くの教会がある中で、番町教会や一番町教会に通い、慈善事業とキリスト教精神を積極的に結びつけ、推進してきた人々と交流があったことが、非常に重要である。二葉幼稚園が設立された明治末期、社会的実践に関心をもつクリスチャンが多く集っていた番町教会や一番町教会は、その後も二葉幼稚園を支援し続けており、大正期に入ってもなお、慈善事業に関心をもつ人が多く集っていたと考えられる。

番町教会の創始者は、『六合雑誌』の編集に携わりキリスト教による慈善事業の重要性を説いた小崎弘道《こざき》(一八五六―一九三八)である。一八八六(明治十九)年に借家で集会を行ったことが、番町教会の始まりだったと言われている。[18]『六合雑誌』は、一八八〇(明治十三)年に創刊されたキリスト教系の雑誌であり、広く社会問題や政治に関する議論がなされていた。新しい時代には新しい宗教が必要であり、キリスト教を通した文明化を目指すべきだと考える人々によって担われていた。小崎は一八九二(明治二十五)年には同志社の第二代社長に就任して番町教会を去っている。野口が番町教会へ通うのは、華族女学校附属幼稚園で働き始めた一八九四(明治二十七)年以降であるため、小崎とは時期が重なっておらず、野口よりも早くから通っていた森島も、小崎と直接交流があったかどうかは定かではない。しかし、牧師が変わっても、キリスト教信仰と慈善事業の実践を結びつけて考えていた人々が少なくなかったようだ。二葉幼稚園の寄附者の記録には、毎年、番町教会婦人会からの寄附の記録があり、番町教会を通した支援が続いていたことがうかがえる。

一番町教会との関係も非常に興味深い。植村・海老名論争ののち、植村の聖書解釈に惹かれた野口は一番町教会に通うようになるが、この植村正久は、小崎とともに『六合雑誌』に関わっていた人物である。さらに『女学雑誌』にて女性の慈善事業を促していた巌本善治も一番町教会に通っており、[19]二葉幼稚園の寄附者の一覧に名前が載っている。また、一番町教会は、植村の意向により、一八八九(明治二十二)年に、日本で最初の婦人長老に呉クミ子、婦人執事に高原梅子を選出したことでも知られている。[20]明治末期の婦人会の会員数は一六〇名ほどで、毎週行われていた活動の参加者は、三〇〜七〇名であったという。[21]キリスト教においても、宗派や教会によって、男女の区別についての様々な解釈があり、教会内での男女の役割分担は異なっている。当時からこのような女性の活躍の場を創出していた一番町教会に通った経験は、後述する女性による事業という特徴を考える上でも重要な点である。

教会を通したつながりは、単に信仰上のつながりだけではなく、社会問題に関心をもちキリスト教に基づいた慈善事業を推進していた人々との交流の場を提供しており、そこで関わった人々が、二葉幼稚園の支援者として事業を支えていた。賛同者を得、事業を発起し継続していくための社会的なつながりは、教会を通して培われていた。

天皇制慈恵主義と結びついた救貧行政

戦前の救貧行政は、福祉史研究者である池田敬正や遠藤興一が天皇制慈恵主義と呼んだように、天皇による徳治と結びつけられていた。善意や慈愛、慈悲といったものは、今日では私的なものだと思われているが、天皇と結びつくとき、天皇から臣民へと降り注ぐ、公的な意味をもった。天皇の個人的な思いとして表明される慈悲は、天皇であるが故に公的な意味を付与されるのである。こうした天皇から臣民への慈悲は、明治維新以降救貧行政の正当化に絶えず用いられ続けていた。

救貧行政の中央集権化——恤救規則

明治維新は、天皇を新たな政治的な存在に仕立てあげることから始まっている。一八六八（慶応四）年一月に発せられた王政復古の大号令は、天皇制を打ち出すとともに、天皇の補佐機関の改革を行い、さらに六月には政体書が発布され新政府の政治大綱が定められた。新たな天皇制の構築にあたって、江戸時代には非政治的な存在であった天皇を、国家の統治者として新たに君臨させるためには、何らかの工夫が必要であった。当時、民衆にとって天皇は、決してなじみのある存在ではなかった。天皇は、それまでの、御簾の向こうに座し顔を見せない神秘的な存在から、人々の前に姿を現し臣民を鼓舞する国家の統治者へと、変貌することが求められたのである。確固たる政治的実体を持っていなかった新政府にとって、天皇の存在を人々に知らしめながら、天皇の権威を強め、その権威を利用しながら自らを正当化して行くことが急務であった。明治政府は、天皇を慈悲ある徳治者として位置づけ、臣民にとって親しみやすく、崇拝の対象とすることを目指し、救貧行政に利用していった。

政府は、中央集権的な国家を目指しており、救貧行政においても、江戸時代に発達した各地域の自助的な仕組みを壊し、国家による統一的な制度の構築を実行していった。例えば江戸では、寛政の改革以来、自治的な町方行政の一部として、町会所による救貧を行っていた。[22] 新政府はこの町会所の積金を東京府の資金として取り上げ、事業を廃止し、その代わりに、一八七二（明治五）年、東京営繕会議所付設養育院を設置した。[23] しかし、それまでよりも大幅に対象者が限定された救済となった。東京に限らず、維新前にすでに各地でみられた地域自治にもとづく公的救済は否定され、政府による新たな救貧制度を設ける方向へと進んでいった。

政府の基本的な救貧政策の方針は、一八七四（明治七）年に制定された、恤救《じゅっきゅう》規則に表れている。恤救規則には、「済貧恤窮ハ人民相互ノ情誼ニ因テ其方法ヲ設ベキ」と書かれ、血縁・地縁などの私的な相互扶助による救済が原則とされた。その上で、相互扶助から漏れた「無垢ノ窮民」や「産業ヲ営ム能ハサル者」、つまり誰からの助けも受けられない貧困者や、働くことのできない者だけを公費で救済するという、極めて限定された公的救済だった。救済内容は、金銭の支給のみで、池田敬正の整理によれば、当時下層と言われた人々の生活費の六割程度しかなかった。[24]恤救規則の不十分さは早くから指摘されており、改正案は何度もつくられていたが、一九二九（昭和四）年救護法の公布まで大きな変更はなされなかった。

不十分な内容ではあったが中央集権的な恤救規則を定めるにあたって利用されたのが、天皇の慈恵である。池田は「この国家の救済制度は唯一の絶対者である天皇の仁徳を示す政策であったことは言うまでもない」と述べ、「古代以来の儒教的徳治主義にもとづく政治的慈恵が、明治維新による絶対主義的統一によって、あらためて天皇制的慈恵として再編成された」と指摘する。[25]それまでの、なじみのある儒教的文脈にのっとって、天皇の徳治という政治体制がつくりだされた。恤救規則は、徳をもった統治者である天皇の御慈悲によって、相互扶助からこぼれた人々を救済する、という名目のもと、国家による中央集権的な仕組みを正当化しつつ、国民に天皇の存在を示す機能を果たすこととなったのである。

明治国家の目指す天皇と臣民の関係については、五箇条の誓文と同時に出された「億兆ヲ安撫シ国威ヲ宣布被遊度ノ御宸翰」において、天皇の言葉として示されている。この宸翰《しんかん》には、「朝政一新ノ時ニ膺リ天下億兆一人モ其処ヲ得サル時ハ皆朕カ罪ナレハ今日ノ事」とあり、人民のための政治を行う者として自らを位置づけている。「朕自身骨ヲ労シ心志ヲ若メ艱難ノ先ニ立古」と述べ、「億兆愛撫」「国威宣布」を宣言している。すなわち、天皇が億兆（人民）に率先して艱難に当たり、億兆を守り、国威を上げようというのである。さらに「朕カ志ヲ体認シ相率テ私見ヲ去リ公議ヲ採リ朕カ業ヲ助テ神州ヲ保全シ　列聖ノ神霊ヲ慰シ奉ラシメハ生前ノ幸甚ナラン」とあり、天皇の志を人々が受けとめ、助けるよう呼びかけている。臣民を思い、臣民を守るために先頭に立って国難に立ち向かう者として、天皇は自らを位置づけ、その思いに応えるべく協力するよう人々に呼びかけたのである。岩倉具視（一八二五―八三）が「天下億兆安泰」と理想化したような(26)、天皇を頂点に据えた徳の循環がここにある。天皇の慈悲と権威を強調し、慈悲に応えることを臣民の道徳として人々に訴えながら天皇への崇拝を生み出し、天皇の徳治の実践として政府を正当化していった。恤救規則も、そうした方針の一端であった。今日では私的な領域にあると思われている善意や慈悲といった感情は、天皇の慈恵という公的なものとしても機能していたのである。

救貧行政の地方への転嫁

中央集権的な救貧制度が方向転換を迫られ、新たに政府が慈善事業と接点を強めていくのは、日露戦争後である。この時期は、政府租税収入中の地租割合が二六・六％で、一八九二（明治二十五）年の五六・五％に比べて大幅に低下し、社会における農村の比重が減少する代わりに、都市の重要性が高まる時期であった(27)。その都市部では、労働問題や貧困問題が顕在化し、社会問題として認識されるようになっており、民主主義や社会主義を主張する思想や運動も活発化していた。そのような状況のもとで、政府は新たな対応を求められていた。そこで政府がとった方針が、感化救済事業であった。天皇の慈恵を改めて持ちだし、地方改良と結びつけ、道徳主義的に地方自治体による救済を正当化する試みである。恤救規則による支出を増やさずに、社会情勢へ対応するための政策であった。小川政亮は、この時期の政府が、治安警察法の駆使、新刑法（一九〇七／明治四十年公布、一九〇八／明治四十一年施行）や警察犯処罰令（一九〇八／明治四十一年公布）の制定、施行などによって社会運動に容赦ない弾圧を開始していたことを踏まえ、危機に直面した支配体制を強化するための慈善事業の奨励だったと述べている(28)。救貧に関する国家責任を、「隣保相扶」として地方自治体の義務へと転嫁するとともに、民間慈善事業の役割として推奨したことは、反政府的な集団となる恐れのある人々に対して慈善事業が保護・救済を行うことを通して、治安維持を行うことが目的だったと言える。

教育勅語に並ぶ明治の二大詔勅である戊申詔書が、一九〇八（明治四十一）年に出される。戊申詔書には「上下心ヲ一ニシ忠実業ニ服シ勤倹産ヲ治メ惟レ信惟レ義醇厚俗ヲ成シ華ヲ去リ実ニ就キ荒怠相誡メ自彊息マサルヘシ」とある。自由主義や個人主義への批判を示唆し、臣民が共に勤倹に努め、国家の発展に貢献するよう呼びかけるものであった。[29] 政府はこの戊申詔書を根拠に、改めて天皇の慈恵を強調することで、地方改良に着手した。詔書の内容を勤倹貯蓄・農事改良・風紀改善という地方改良事業へと政策化したのである。一九〇八（明治四十一）年の内務省地方局長通牒は、「隣保相扶」を強調する。本来「隣保相扶」とは地域における生活と労働の共同にもとづく相互扶助であったが、一九一一（明治四十四）年に行われた市制・町村制の改定[30]による地方改良という市町村行政の整備と共に進められたため、市町村単位の公共的性格をもった「隣保相扶」が行われた。地域の「自治自営」を、天皇の慈恵に応える「隣保相扶」という美徳を実践するものとし、国家に求められていた公共的救済を地方自治体の義務へと転嫁したのであった。明治初期の、国家による救済のみを公的救済としていた中央集権的な救貧制度の方針からの転換である。池田の整理では、実際に社会事業費は、一八九二（明治二十五）年には国も地方も一〇万三〇〇〇円ほどで同じくらいであったが、一九一四（大正三）年には、国が三万四四九七円であるのに対して、地方では一五〇万三〇〇〇円になっている。[31] 地方による負担が急増していたことがわかる。池田は、「天皇の慈恵を、慈恵主義的な国家（官）の行政に見出すのでなく、地域（民）の救済（隣保相扶）への助成に見出そうとし」ていることから、恤救規則とは異なる天皇の慈恵の転形であると指摘している。[32] もはや天皇の慈恵は、天皇が一方的に臣民に惜しみなく与える徳ではなく、その慈悲に応えるべく臣民自ら相互扶助を行うよう主体化するものとなった。

一九〇八（明治四十一）年に内務省は感化救済事業講習会を主催する。この講習会は、三七日間行われ、全国から三四〇名もの人が参加し、慈善事業従事者養成としては最初の本格的な講習会となった。池田は、それまでの「慈恵救済」に対して、「感化救済」という新しい救済行政の方向を提起する契機となったとして、この講習会の重要性を指摘する。[33] 講習会の開会式において内相の平田東助が、感化救済事業が「唯仁恵的に一個人を救ひ又は恤む」というだけでなく、「人の人たる道を履ましめ国家の良民たらしめんと力むる所の事業」であると訓示し、[34] 感化救済事業を担う慈善事業従事者に、国家が目指す道徳に国民を従わせる機能を見出していた。天皇の慈恵を、国家の救済行政を特色付けるものとするのではなく、民間救済事業を助成することに利用し、慈善事業を「我国斯業の誇り」たらしめようとした。[35]

こうして慈善事業は改めてその役割の重要性が確認され、公的な支援を獲得していく。一九一一（明治四十四）年十二月末日の時点で、社会事業施設は五五〇施設あり、そのうち官公立の施設は五九施設のみで、ほとんどが民間の慈善事業によるものだった。[36] 慈善事業の援助は、内務省や地方自治体からの下付金と、天皇からの下賜金によって行われた。天皇による下賜金の付与は、天皇の慈恵の強調にともなって明治前期から行われていたが、日露戦争以降急速に増加している。一八九七（明治三十）年英照皇太后の喪に際して四〇万円、一九一二（明治四十五／大正元）年明治天皇の喪に際し百万円、一九一四（大正三）年昭憲皇太后の喪の際に六〇万円、一九一五（大正四）年大正天皇の即位式の際に百万円、一九二四（大正十三）年昭和天皇の結婚を記念して百万円の児童就学奨励資金が、各都道府県に下賜され、慈恵救済基金となった。こうした助成は、それまでの国家の慈恵的行政と異なり、民間事業への天皇の直接の助成である。慈恵救済基金は、各地方自治体で、公私の資金を追加し、救貧行政を補うものとして利用されていく。[37]

天皇による直接の下賜とは別に、政府による助成としては、一九〇七（明治四十）年にはじまる司法省による司法保護事業にたいする奨励金、一九〇八（明治四十一）年にはじまる内務省による「成績優良なる」民間団体への奨励金、一九二〇（大正九）年にはじまる「紀元節当日社会事業団体御奨励」を目的とした下賜金の三種類があった。[38]下付は、天皇の下賜金と同様に、二月十一日の紀元節に合わせて行われていた。また、下付された民間団体としては大日本仏教慈善会（一九〇一／明治三十四年）、毎日新聞慈善団（一九一〇／明治四十三年）、財団法人輔成会（一九一四／大正三年）、安田修徳会（一九二二／大正十年）、恩賜財団慶福会（一九二四／大正十三年）などがあげられる。

感化救済事業期の、天皇による慈善事業の奨励を端的に示す事例が、済生会の設立である。済生会は、一九一一（明治四十四）年二月十一日「無告ノ窮民」を「施薬救療」の対象とするという明治天皇の済生勅語によって設立が企画され、天皇の恩賜金による財団法人として設立された。下賜金一五〇万円のほかに、民間からの寄附を募った。首相と内相が連名し、道府県知事の協力を得ての運営だったこと、民間団体であるにもかかわらず行政が主導していたという特徴がある。このことは「日本の救療事業にとって画期的な意味」をもつと池田は指摘する。[39]天皇の名のもと、政府主導で国民から巨額の寄附を集め、慈善事業への助成によって救貧行政が行えるようになったのである。民間による慈善事業の財政状況は厳しく、大いに歓迎された。こうした支援を受けることによって、慈善事業は次第に公的性格を帯びたものになっていった。

慈善事業は、資金面において公的な補助を得ただけではなく、慈善事業の組織化によって国家による管理と結びついていった。慈善事業を指導するべく結成されたのが中央慈善協会である。中央慈善協会は、東京で結成された内務官僚を中心とする研究会と、大阪で結成された民間の慈善事業関係者による懇話会が協力し全国大会となったものである。中央慈善協会が発足する以前に、一九〇〇（明治三十三）年、内務官僚久米金弥（一八六五―一九三二）、窪田静太郎（一八六五―一九四六）、小河滋《しげ》次郎《じろう》（一八六四―一九二五）、民間の桑田熊蔵（一八六八―一九三二）、留岡幸助などが貧民研究会（後に庚子会に改称）を結成した。今後の救貧行政について新たに検討するための組織であり、官僚主導ではじまった民間の慈善事業家と合同の組織であった。大阪では慈善団体懇話会が一九〇一（明治三十四）年に発足し、翌年大阪慈善同盟会と改称、一九〇三（明治三十六）年に開かれた内国勧業博覧会を機会に、全国の慈善事業関係者の集う全国大会を計画した。東京の貧民研究会と連絡をとり、二〇〇名ほどが集まって全国慈善団体同盟大会が大阪で開かれることとなった。「全国組織の結成が提案されたとき、原案の『帝国慈善協会』という名称に対し、『帝国』と『協会』に異論がでて『日本慈善同盟会』と改められたことは、参加者たちが地域の自主的な組織の全国結集を意識していたことを示す」と言われている。[40] しかし結果的には運営を東京の庚子会に任せることとなり、官僚主導のもとで一九〇八（明治四十一）年に中央慈善協会が発足し、民間慈善事業の全国的な組織となった。中央慈善協会の会則に「慈恵救済事業ヲ指導誘掖シ、之ニ関スル行政ヲ翼賛スルコト」[41]とあるが、この考えは大阪大会で提示された会則にはなかった[42]。全国組織になる過程で、慈善事業の連携というだけでなく、国家の救貧事業を担うという位置づけが強化されていったことがわかる。また中央慈善協会主催の懇親会では、日本における危険思想の予防としての社会政策、慈善事業の重要性が確認されている[43]。小川政亮は「今や社会政策乃至慈善救済事業は危険思想の防遏即ち危機段階における支配階級の地位保全のために必要不可欠の措置とされると共に、そのような任務達成のためには救済事業は、立法特に公的扶助義務立法の形式においてでなく、況んや権利としてではなく、全くの恩恵特に国家支配の頂点である皇室の恩恵に源泉するものとして位置づけられねばならぬとされることになった[44]」と指摘する。治安維持を目的とした救貧事業の役割が、慈善事業家たちにも浸透していくことになった。

中央慈善協会は、全国組織として体制を整えていくなかで、次第に変貌していく。一九一七（大正六）年には機関誌『慈善』を『社会と救済』に改題し、季刊から月刊になり、一九二一（大正十）年には社会事業協会と名称を変更し、さらに一九二四（大正十三）年には財団法人化して中央社会事業協会となり、機関誌も『社会事業』となった。はじめは慈善事業団体の実践が、窮民など一部の社会層を対象としていたのに対し、「広汎な賃金生活者あるいは国民全般」を対象とするようになり、救貧よりも防貧の視点からの支援が重視されるようになった[45]。一九三九（昭和十四）年に中央社会事業協会が編集した『日本の社会事業』は、下記の文章から始まっている。

億兆齋しく陛下の赤子として其所を得ざるものなきを期し給ふ大御心こそ万邦無比なる我皇謨の大本であって我国社会事業は実に此御仁慈を奉髄し其の徹底を期して画策実践するところに其真髄がある。(46)

私的な個人的経営であったはずの慈善事業は、天皇の慈恵の実践を行う組織として明記され、国家全体の救貧行政等にあたる社会事業になっていったのである。実質的には国営事業や地方自治体が積極的に取り組む施策もあり、また民間慈善事業もあったが、多くは法人という形をとり、国や地方自治体が深くかかわっていった。こうした半官半民の組織となったことは、民間社会事業の自立性の弱さを示すと指摘されている。(47)民間の慈善事業の自主的な結集が、官僚主導によって組織化を達成したことで、「民間による自由な結集から、中央による指導と統制あるいは『行政翼賛』組織への転換」となったと指摘される。(48)もはや私的な組織ではなく、国家の救貧行政の一部としてはっきりと位置づけられるような形で、慈善事業は保護され、支援され、活発化させられていくこととなった。

天皇制とキリスト教の共鳴

キリスト教的な背景をもち、若い二人の夢としてはじまった二葉幼稚園は、天皇制と奇妙に共鳴しながら、感化救済事業を打ち出した国家の文脈に次第に巻き込まれていく。

二葉幼稚園への公的支援と「皇室」

二葉幼稚園と国家とのわかりやすい関わりは、資金や物理的側面での援助である。二葉幼稚園も慈善事業の一つとして資金面での援助を得ており、天皇・皇后の慈悲の具体的な現れとされる下賜金等が、毎年紀元節に合わせて下賜されていた。**表1―1**は、下付金の一覧である。

内務省からは一九〇八（明治四十一）年から毎年下付されている。内務省が定める「成績優良なる」民間団体への奨励金に、二葉幼稚園も含まれていた。第十回年報には「本年二月十一日に全国の慈善事業へ下付金がありましたが本園も其お仲間入が出来まして左の通り戴きました」と記されており、内務省からの通達の内容が「二葉幼稚園　右ハ従来慈恵救済事業ノ為メ経営尽力スル所少カラス尚益々淬励其効果ヲ挙ケンコトヲ期スヘシ依テ事業資金トシテ金参百円ヲ下付ス　明治四十二年二月十一日　内務大臣法学博士男爵平田東助印」と紹介されている。[49] 一九二二（大正十一）年に二千円交付されているのは、「母の家」設立のためである。[50] 一九二四（大正十三）年の巨額の下付は、

表1–1　二葉幼稚園下付金一覧

（単位：円）

		内務省	東京府	東京市	宮内省	東京府社会事業協会	慶福会	御下賜金
第1～9年度	(1900.1-1908.6)	なし						
第10年度	(1908.7-1909.6)	300						
第11年度	(1909.7-1910.6)	300						
第12年度	(1910.7-1911.6)	300						
第13年度	(1911.7-1912.6)	400						
第14年度	(1912.7-1913.6)	500						
第15年度	(1913.7-1914.6)	250						
第16年度	(1914.7-1915.6)	200						
第17年度	(1915.7-1916.6)	220	50					
第18年度	(1916.7-1917.6)	250	50					
第19年度	(1917.7-1918.6)	180	80					
第20年度	(1918.7-1919.12)	180	80			280		300
第21年度	(1920.1-1920.12)	(記載なし)	200			855		
第22年度	(1921.1-1921.12)	100	200	600	100	20300		
第23年度	(1922.1-1922.12)	2000	200	500	500			
第24年度	(1923.1-1923.12)	700	250	700	500			500
第25年度	(1924.1-1924.12)	403888	250	500	500			
第26年度	(1925.1-1925.12)	(記載なし)						
第27年度	(1926.1-1926.12)						5000	
第28年度	(1927.1-1927.12)	400	200	500	500		2000	
第29年度	(1928.1-1928.12)	300	250	500	500		1200	264576
第30年度	(1929.1-1929.12)	300	250	500	500		1000	
第31年度	(1930.1-1930.12)	300	300	500	500			1030
第32年度	(1931.1-1931.12)	300	300	500	500		400	
第33年度	(1932.1-1932.12)	200	300	500	500		1000	3000
第34年度	(1933.1-1933.12)	100	300	500	500		400	

出典：『二葉保育園八十五年史』46-47頁。

関東大震災によって分園を焼失するなどの被害を受けたため、その復興に充てるための資金としての三千円と、さらに政府委託事業としての増築のための三万七〇〇〇円が含まれている[51]。

一九一五（大正四）年から下付されている東京府からの資金については、年報に「慈恵救済の事に関し従来尽力する所少からず依て茲に御大体賑恤恩賜の記念奨励金を交付す一層淬励以て事業の成果を収めむことを期すべし　大正五年二月十一日　東京府知事従四位勲三等法学博士　井上友一[52]」とある。下付がなされた経緯ははっきりしないが、一九一五（大正四）年十一月に大正天皇の即位式が行われた際の下賜金によるのだろうか。一九二一（大正十）年にはじまる東京市と宮内省からの下付も、記録に残っていないため詳細が不明である。

東京府社会事業協会による一九一八（大正七）年からはじまる下付金は、分園に小学部を設置したための援助である。年報には「此程委託資金といふのが出来ました　之は満二年間分園に於て附設して居りました小学部の為に東京府社会事業協会から委託事業交付金を毎月頂いて居りましたが十年四月から市の経営に移りましたので其後を隣保的事業の徹底の為にと金弐百円の資金を委ねられたのであります[53]」とある。二年間の小学部運営を終え、新たな事業転換を期待されて二万円が交付された。慶福会は、前述の民間の恩賜財団慶福会であり、継続的に援助があった。一九一八（大正七）年に皇室関係者が自ら二葉幼稚園を視察して御下賜金が三百円下付されている。一九二三（大正十二）年の御下賜金五百円は、一九二三（大正十二）年の会計年報に「震災御下賜金五〇〇円」とあり[54]、震災に伴う下賜金であったことがわかる。このように、継続的に下付金が付与されていただけでなく、「母の家」の着工や、震災後の復興など、一時的に資金を必要とする場合も、大きな金額を付与されていた。

二葉幼稚園の事業拡大・充実は、慈善事業奨励の立場をとっていた政府の方針と重なり、公的資金の援助を受けて成り立っていた。また、金銭の付与だけでなく、御領地の拝借などの恩恵も、二葉幼稚園は受け取っていた。はじめは麹町に創設された二葉幼稚園であったが、野口たちは、当時の三大貧民窟と言われた四谷鮫河橋に移転したいと考えていた。なかなか土地を確保できずにいたところ、松平伯爵の尽力で、一九〇五（明治三十八）年、貧民窟である鮫河橋にある御料地四四〇坪を無料で借りることとなった。「貧民窟とは地続ぎ《ママ》の最適当なる御料地がありまして今度とうとう無料拝借といふ有り難い御許可を得ました」[55]と報告されている。四谷鮫河橋は赤坂御所に隣接しており、治安や衛生への配慮から政府が買い上げた土地であった。一八七三（明治六）年の皇居炎上に伴い、赤坂離宮が仮皇居になり、一八七三年から一八八四（明治十七）年にかけて第一種皇居地附属地、及び火除地として収用された。一八八一（明治十四）年には火事があり、四谷地域の広範囲が焼場となったという。[56]一八八〇（明治十三）年八月二十七日の『読売新聞』に「鮫《さめ》ヶ橋《はし》の逢《あふ》坂山《さかやま》、同仲《なか》町、同南《みなみ》町を今度宮内省にてお買上《かひあげ》の上お庭に成るといふ噂が有る所から此辺《このへん》ハ俄《にはか》に地位《ちーゐゐ》［ルビママ］が上《あが》ったといふ」とある。地価の上昇を利用し下層の居住地を制限していった一例である。無料拝借された御料地は、これらの宮内省による買上げの土地であったと考えられる。

また、一九一三（大正二）年には明治天皇葬場の一部七〇坪が下賜され、施設の増築を行っている。

一九二八（昭和三）年にも大正天皇葬場の一部七〇坪が御下賜となり、本園の増築にあてられた。

こうした公的な支援は、事業の拡大に不可欠だった。

下賜金は、単に資金をもらう、ということだけでなく、実際に皇室関係者が施設を訪れることによって、天皇の慈悲を従事者たちが身をもって体験する機会ともなっていた。例えば、天皇の慈悲に対する、二葉幼稚園の従事者たちの主体化＝服従化の顕著な反応が現れるのは、第二十回年報である。先にも少し触れたが、一九一八（大正七）年、実際に皇室関係者が二葉幼稚園を訪れ、御下賜金が直接皇室関係者から野口へと手渡されている。この訪問に関して年報では以下のように記されている。

> 大正七年の暮れ大森皇后宮大夫は本園を御覧下さいました、専門家も及ばぬ周到なる視察をされたのでありました。やがて園長は皇后職へ召されて厚きお言葉の数々に、御下賜金を拝受する、真の光栄といふものに感泣させられたのであります。職員一同へといふ一封は特に一同に感激を与へられましたので、一部を割いてさゝやかなピンを造りました、二葉に因んだ恩賜の記念ピンはいつ迄も一同の胸を飾る事になつたのであります。(57)

従事者たちにとって非常に感慨深い体験だったようで、記念に「さゝやかなピン」をつくったという。実際に皇室関係者の訪問を受け、下賜金を賜ることが、並ならぬ意味をもっていたことがうかがえる。さらにその後、宮家の一つである東伏見宮妃（一八七六—一九五五）が二葉幼稚園を訪れている。

東伏見宮妃殿下お成
八年十一月六日妃殿下には親しく台臨あらせられたのであります。御車も玄関迄は通はぬ此場所へ。珍らしげに見上げる子供等の一々御覧ぜられ、きたない物置の中に至る迄御厭ひもあらせられずに、数々の御下問に有り難いお言葉、お菓子の料まで拝戴したのでありました。[58]

当時、皇室関係者が実際に訪れる、ということのもつ意味は大きかったと思われる。タカシ・フジタニや原武史によれば、明治初期から繰り返し行われていた天皇の巡幸や行幸の果たした役割は、国民意識の生成や、天皇の存在を知らしめる上で、重要だった。原が「重要なのは、抽象的に〈想像する〉のではなく、具体的に〈見る〉ということである」[59]と指摘するように、天皇を中心とした大日本帝国という新しい「想像の共同体」を構築することは、単に個々人が日本人としての共同性を勝手に想像することによって達成されるのではない。実際に天皇が国内を巡幸・行幸し、天皇を迎える祭礼的な雰囲気のなかで人々が共に天皇をまなざし、まなざされるという具体的な体験が必要だった。二葉幼稚園への下賜金の事例に関しては、天皇や皇后が直接訪れたわけではないが、皇族がわざわざ足を運んで下賜する、ということは、天皇・皇后の慈悲を受け止め、自らの事業を鼓舞される体験だった。二葉幼稚園ではそれまでにも、政府からの下付金が一九〇九（明治四十二）年から始まっており、この下付金も、天皇の慈恵の一環として位置づけられ二月十一日の紀元節に合わせて下付されていた。しかし、年報では、その下付金に添付されていた文書が紹介されているのみで、それに対する関係者の感情的な反応は書かれていない。実際に訪問を受け、下賜金を受けとることは、それを記念するピンを制作したと書かれているように、忘れられない誇らしいできごとだったことがわかる。同じ一九一九（大正八）年の年報では、これらの報告の最後に下記のような記述がある。

かうして皇室の思召も伺はれる今日、私共は社会の一員として人類の幸福の為、地上に置かるゝ間は此仕事の為に、及ばずながらも与へられて居る力の限りを捧げたいと期して居ります。[60]

実際に訪問を受けることで、皇室の思召しがある、という実感と、それに応えたいという思いが湧いてくるものだったようである。

他にも政府がこの事業に注目していたことが分かる事例として、文部省が野口幽香を海外派遣のメンバーに推薦した、ということがあった。実際には、野口が出発前に体調を崩し手術を受けることとなり、実現しなかった。[61]しかし、官僚たちから見て、野口がこれからの日本社会に有用な人物であり、また二葉幼稚園が期待された事業として映っていたことがうかがえる。

設立の経緯からも明らかであるが、二葉幼稚園は天皇の存在を意識してつくられたわけではない。発端は、野口や森島の、理想的な教育をしたいという思いや、キリスト教的な精神であり、それを支えたのは信仰を共にする人々だった。しかし、ここでは妙に、それらが接合してしまう。国家も慈善事業も共に社会問題への関心をもち、その解決へ向けて共同していく者として、重なり合ってしまう。

日本的キリスト教と天皇制

キリスト教的慈善事業が、国家の文脈に重なりやすかった背景として、後進国としての日本独特のキリスト教解釈があった。政府にはできないことを補うことによって日本の文明化を目指す、という言説を通して、キリスト教は日本人に受け入れられていた。このことが、キリスト教的慈善事業と国家の意図との接続を、可能にしていたと考えられる。

慈善事業家に限らず、当時の日本人のキリスト教への関心は、キリスト教の神学的な解釈や信仰心よりも、「文明国」の宗教であるキリスト教から、日本近代化の精神を習得することにあった。例えば、啓蒙思想家の立場からキリスト教に接近した人物として、中村正直（敬宇、一八三二―九一）がいる。中村は、日本の近代化が日本人の精神の近代化を伴わなければならないことを説き、その習得されるべき精神に、キリスト教の精神を重ねていた。文明人の教養としてのキリスト教という解釈である。また、中村などの啓蒙思想家とは異なり、立身出世主義批判としてキリスト教の重要性を考える人々もいた。『六合雑誌』の編集委員を務めた小崎弘道、植村正久、田村直臣が挙げられる。吉田久一は、『六合雑誌』が「資本主義社会の貧富懸隔、ならびに自由放任主義を批判しながら、社会問題の解決を、キリスト教の博愛による改良によらねばならないと論じている」点に特徴があったと指摘する。[62]『六合雑誌』には、欧米の社会改良家の紹介も多い。一八九一（明治二十四）年に行われたイギリスの社会事業家S・A・バーネット（一八四四―一九一三）の来日講演である「ロンドン府下のトインビー館及び他の慈善事業」を紹介する記事では、バーネットが、貧者と富者の架橋は、キリスト教の隣人愛による友情であると力説したことを伝え、政府にはできない、キリスト教慈善事業の役割として位置づけている。[63]

キリスト教と神道は共に宗教であると考えられがちであるが、当時、キリスト教は宗教であるが神道は道徳である、という捉え方がしばしばなされていた。大井正はキリスト者であった井上哲次郎（一八五六―一九四四）や高山樗牛（一八七一―一九〇二）の宗教観において、「古事記は、神話ではなく歴史」であり、「天皇家を日本国民の宗家であるとし、天皇と国民は一体である」と考えられていたと指摘する。[64]「天皇制が宗教的ではなく道徳的であるということは、キリスト教、仏教に譲っているようにもみえますが、天皇制はかえって、日常的であること、つまり、国民にとって身近な存在であることを強調しています」[65]という。明治天皇による全国巡幸や、天皇の写真を学校などに飾ったことも、天皇を国民道徳の中心とし、天皇の存在を日常生活に近づけるために精力的に行われたと指摘される。[66]塚田理は「日本人の特殊性の根源を皇祖に求め、それを自明のこととすることによって、日本人として生まれた者にとっては、人間とは何かという根源的な問いは、あらかじめ不必要なものとして押収されている」[67]と述べている。『古事記』が歴史として解釈され、天皇が日本人の起源とされ、道徳の頂点として描かれるとき、歴史であり道徳である天皇制は、改めて問題化することが難しかった。

天皇を身近で道徳的な存在として捉える天皇観の浸透は、社会問題への対応にも現れている。工藤英一は、「西欧的市民社会の中に生起する資本主義の矛盾がもたらす社会問題・労働問題への対抗運動として展開した社会運動・労働運動と比較した場合、日本におけるそれらの運動は、もちろん資本主義のもたらす矛盾そのものとの取り組みをも問題としたが、それらにからむ伝統的社会関係との対決をも同時的に問題としなければならなかったのであり、そのことは終局的に天皇制の支配との対決にまで及ばざるをえないのである」と指摘し、「しかしながら、日本の社会的運動において、究極的に天皇制との対決にまで対立・抗争を深めた例は殆んど皆無といってよい」と指摘する[68]。社会の構造を問題化できなかったという事実は、社会運動・労働運動に限らず、キリスト教者たちが自らの戦前をふり返るときの反省点として、しばしばあげられている。塚田は「明治時代に作られた忠君愛国の精神は、今や完全にキリスト者の中にも浸透定着し、キリスト教は〈臣民的キリスト教〉、〈臣民的教会〉として日本の地に土着する途を歩むことになった、と言えるではなかろうか」と指摘する[69]。『基督教週報』も、明治天皇の逝去の際に深い哀悼の意を表わし、天皇の遺徳を称えるための明治神宮の建設、明治の盛時を後世に伝える事業を行うことを希望していた。本来キリスト教と神道という宗教間の対立になり得るはずのものが、愛国主義とそれに伴う道徳として受け入れられ、天皇制は、宗教心とは異なる次元のものと考えられていた。

日本の歴史としての、そして日常の道徳としての天皇という見方は、慈善事業を担ったキリスト者においても例外ではなかった。明治期にはじまる慈善事業の多くはキリスト教的慈善の思想をもった、博愛の理念が基本にあった。そしてそのキリスト者の多くは、愛国主義者であったと言われている。例えば、明治期の代表的な実践家で、一八八七（明治二十）年に岡山孤児院を創設した石井十次（一八六五―一九一四）がその一人である。石井は、神のみを絶対者としたからこそ、孤児たちに対等な人格を見出していた。[70] しかし同時に、愛国主義者であり、天皇崇拝の念も強かった。特に日清戦争あたりから国家主義的な傾向が顕著になる。「日清戦争‐膨張的日本という史観が強く、それが膨張的岡山孤児院―東洋孤児教育委員会―東洋孤児院―の構想につながっていく」と指摘されている。[71] そのため戦争に対する批判や帝国主義的政策に対する反発は生じなかった。日露戦争時に皇室からの御下賜金を付与された時には、感慨のあまり涙を流し、子どもたちを「聖正の良民」あるいは「国家有用の人材」に育てることに慈善事業の意味を見出そうとしたという。[72] 吉田久一は、石井が「典型的明治人」であり、石井の「キリスト教と愛国思想が車の両輪となっていた」実践を、「日本的状況における慈善事業」の実態とみなしている。[73] 吉田が指摘するように、富国の道も、慈善の道も、愛国としては共通しており、大きな対立がみられないことが、当時の慈善事業の特徴だった。[74]

政治的な立場は様々であるが、慈善事業家も、啓蒙思想家も、キリスト教的な慈善の精神に文明を見、その陶冶を通した日本の発展を目指す立場は共通していたと言える。キリスト教が、文明的な教養として人々に受けとめられていった時代であった。キリスト教が文明化を目指す進歩観を含んでいたことが、国家による近代化と重なり、共存し得た。国家にできないことを自らがキリスト者として補完することを通して、日本の近代化の完成を目指す。そうした役割分担としてのキリスト教系慈善事業という位置づけが、担い手たちの間ではなされていた。

二葉幼稚園に残る資料にも、天皇制に反発するような言動は見られない。国家的祝日は世間同様に幼稚園を休みにしたり、子どもたちにお菓子を配ったりと、幼稚園の日常生活に、天皇制にまつわる祝賀が組み込まれていた。また、設立主意書には、下記のような記述が見られる。

社会の下層に沈淪せる貧民に至りては、全くかゝる恩澤に沿《ママ》すること能はず、加ふるに、彼等の両親は概して教育思想無く、かつ生計の為に心志を労すること多く、愛する子女を顧るに暇あらざるが故に、彼等は幼稚の時代より街路に立ちて塵埃の内に寒風に打たれ、暑熱にさらされて、思ふまゝに悪戯を為《なす》に至る。加ふるに楽しかるべき父母の傍に帰るも、そが家は、辛ふじて風雨を凌ぎ膝を容るゝに足り、食物衣服またいふに忍びず、其の境遇は、誘惑と悪しき実例とにて満たさるゝが故に、愈々其の不幸を増し、為に将来罪悪に陥り、社会の進歩と国家の秩序とを害するが如きことあるに至らしむるは、真に歎かはしき至にして、涙ある者の空しく看過すべきことならんや。（中略）然かのみならず此の事業は、啻に保育を受くる者と其の父母との幸福のみならず、社会一般の程度を高め、罪悪を未発に防ぐを得るべく、随ひてかの養育院、感化院、出獄人保護等の慈善事業よりは、根元的にして『予防の一オンスは治療の一ポンドに優る』といへる諺の如く、社会改善の上に於て一層有効なるを見る。(75)

下層の子どもたちが適切でない環境で育っていることが、社会悪の根源となりうること、そしてその予防の為にこの事業が必要であるという主張がなされている。国家の進歩は、野口や森島にとって、決してキリスト教的な慈善事業の目的と相反するものではなかった。

実際に経営が非常に苦しく、金銭的な援助なくして成り立たなかった慈善事業家たちにとって、下付金を受け取ることは、政治的・宗教的な問題ではなく、共に社会問題の解決を目指す上での役割分担として受け取られていた。慈善や慈恵といった感情を持ち出すことによって、天皇制の政治性や宗教性が脱色されてしまうのである。厳しい状況の中で事業に従事する者たちにとって、従事者を鼓舞し、支援してくれる皇室の存在は、親近感のもてるものだったであろう。非政治的な表層をもって、政治とつながっていくことは、この時代に限らず慈善事業やボランティアの一つの特徴である。戦前には、天皇制の強化が、慈恵や慈善を推奨していくメカニズムとして機能していた。そして、その慈悲を循環させていく存在として、臣民が位置づけられていた。従事者にとっては、そうした社会的な役割を担うことが、政治的な立場としてではなく、自らの事業の肯定として映り、天皇の慈悲と結びつき協働者として認められることは誇りであった。天皇から国民への慈悲、国民である慈善事業者から他者性を持った集団である下層への慈悲、という慈悲の循環が、天皇制を背景に成り立っていた。

第2章　女性による慈善事業の実現

一般的に、慈善事業などの非営利事業や無償労働、奉仕活動といったものは、女性によって担われていたとイメージされる。しかし実際には、戦前の慈善事業の創設者や従事者の多くが男性だった。良妻賢母主義の風潮の中、女性が専門職に就き生涯を仕事に尽くすことは稀だった。女性が学歴をつけ保姆となり、慈善事業を運営していくという二葉幼稚園の特殊なケースが成り立ったのは、天皇制とキリスト教という二つの文脈が共鳴し得たからである。

男性中心だった戦前の慈善事業

西欧では、慈善事業は、参政権などをもっていなかった女性が、家庭の外で活躍できる場、女性の社会的役割として認められる数少ない領域であり、女性の社会的地位の向上と結びつきがあったと考えられている。しかし日本の場合、戦前の資料を見ていくと、慈善事業は男性を中心として広まっていたことに気が付く。

日本の慈善事業を築いてきた人物を紹介する書籍でも、紹介されている事業家のほとんどが男性である。吉田久一他編『人物でつづる近代社会事業の歩み』(一九七一)では、紹介されている二六名のうち、女性は、矢嶋楫子と野口幽香の二名だけである。また田代国次郎他編『日本社会福祉人物史(上)』(一九八九)[1]でも、紹介されている五〇人のうち女性は、二宮わか、岡上菊栄、奥村五百子、大石スク、聖園《みその》テレジア、大野悦子の六名だった。また、室田保夫編『人物でよむ社会福祉の思想と理論』(二〇一〇)では、紹介されている三〇名のうち女性は、平塚らいてう、山川菊栄、市川房枝の三名である。実際の担い手としても少なく、また、理論面でも先駆者としては男性が中心だったことがうかがえる。女性の慈善事業家、社会事業家のみを集めた書籍として、神崎清『現代婦人伝』(一九四〇)や、五味百合子編『社会事業に生きた女性たち』(一九七三)などが出ているが、そのように女性に絞った書籍でなければ、男性ばかりになってしまうのである。

では、先駆者に限らず、従事者数はどうであろうか。一九二二(大正十二)年に行われた慈善事業・社会事業

表2–1　事業内容別従業員数(1922年)

(人)

	男	女
一般的機関	535	27
窮民救助特別救護	162	97
特別救護	101	14
医療的保護	330	402
経済的保護	323	37
社会教化	54	35
児童保護	744	642
釈放者保護	94	5
雑	55	21
合　計	2398	1280

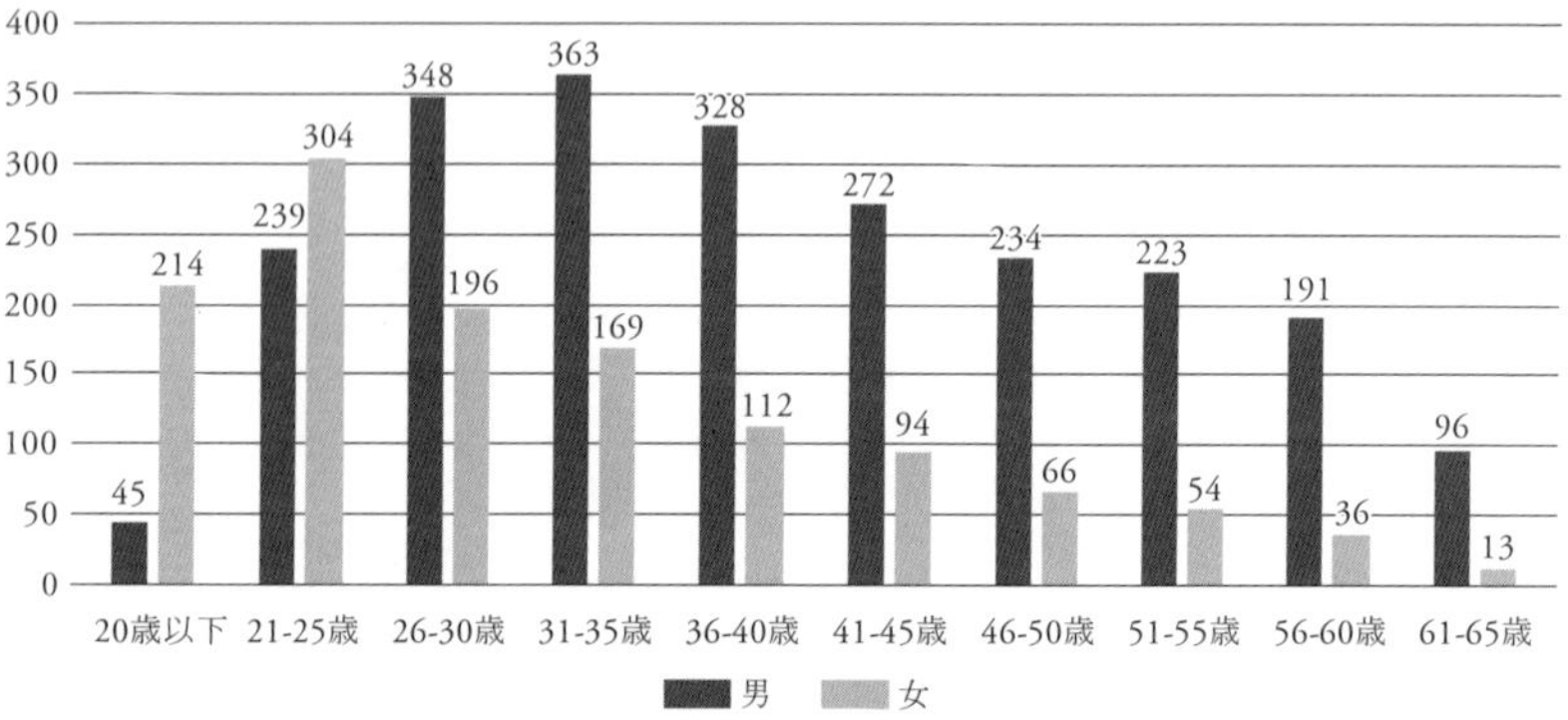

図2–1　年齢別男女別従事者数（1922年）

の従事者を対象とした調査結果である「社会事業従事員統計摘要」[2]で報告されている従事者の男女別の人数は**表2―1**のとおりである。男性の従事者が女性の二倍の人数であったことがわかる。ただし、『現在職員』欄には給料を受けて常時社会事業に従事する職員を当該欄に記入し、名誉職臨時傭用者、給仕、小使は除く。兼務者は本務の事業所のみに計上記入する」[3]と注記されているため、無給で臨時的に関わる人々が含まれていない。文字通り「奉仕」していた女性たちがいた可能性もあり、この統計よりも、女性の従事者は多いと思われる。しかしながら、中心的な役割を担うと思われる有給の従業者は、圧倒的に男性の方が多いのである。「医療的保護」のみ女性が多いのは、おそらく医者よりも看護婦の方が、人数が多かったからだと考えられる。保姆のイメージの強い「児童保護」の領域でも、男性従事者の方が多いのは驚きである。

年齢別の従事者数は**図2―1**の通りである。二十五歳以下は女性が多く、二十代後半から男性の方が多くなる。女性は二十代前半までの従事者が多く、二十代後半から減っていく。

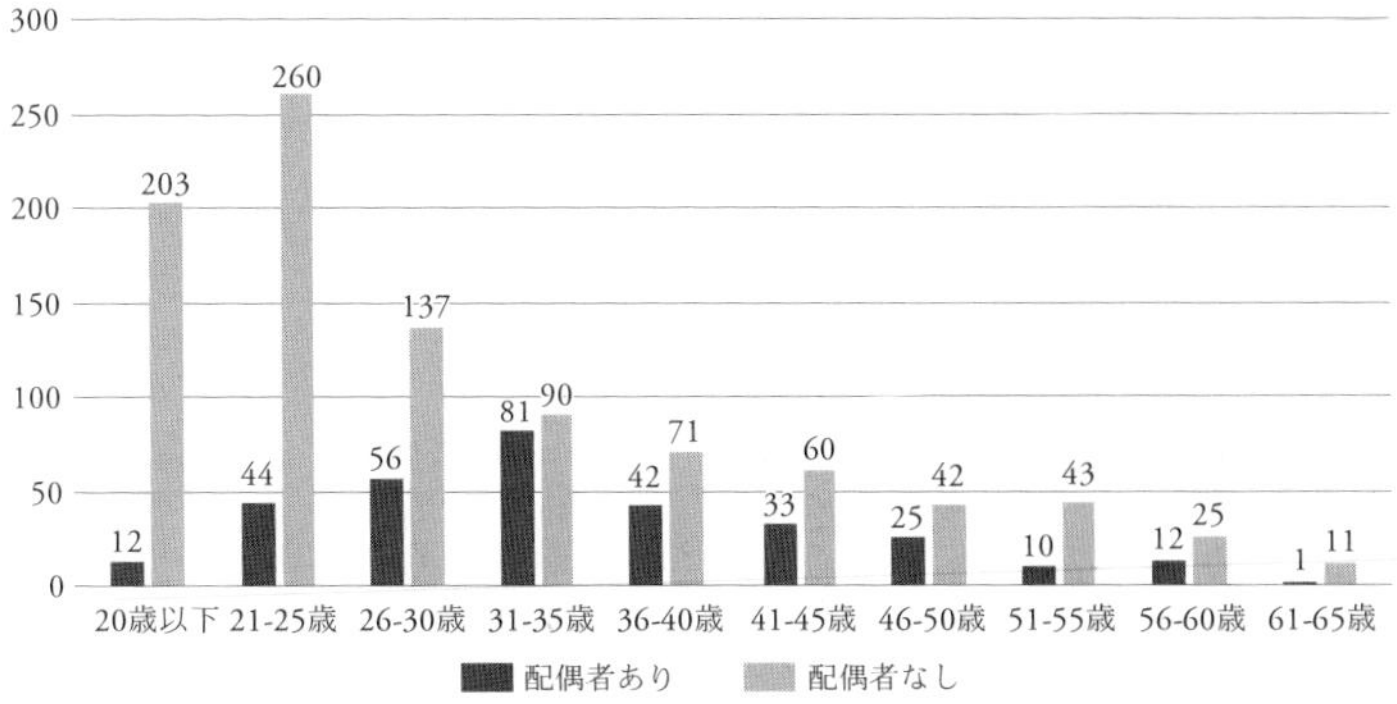

図 2–2　年齢別配偶者有無別従事者数（1922 年）

男性の場合、二十歳以下の従事者は非常に少なく、三十代前半が最も多くなっている。女性の場合、学校卒業後、結婚するまでの期間である十代から二十代前半の従事者が多かったと推察される。男性の場合は、女性よりも高学歴で就職する年齢が高く、また生涯の仕事として長期間従事する者が多かったのではないかと考えられる。

従事している女性のうち、配偶者の有無を示したのが**図2—2**である。女性の場合、前述の通り、学校を卒業した後すぐだと思われる十代から二十代半ばが多く、おそらく結婚を契機に、二十代後半から従事者は減少していく。従事者全体において有配偶者は少なく、一般的な婚姻年齢を過ぎた年代でも、未婚者の方が多い結果となっている。

一九三五（昭和十）年の調査[4]では、**図2—3**のように、従事者の人数自体は、女性の方が多くなる。しかしグラフからわかるように、女性の方が多いのは二十五歳以下のみであり、二十五歳以上では男性の方が女性より多い。この男女比の傾向は、大正時代の調査と変わっていない。しかし、二十代後

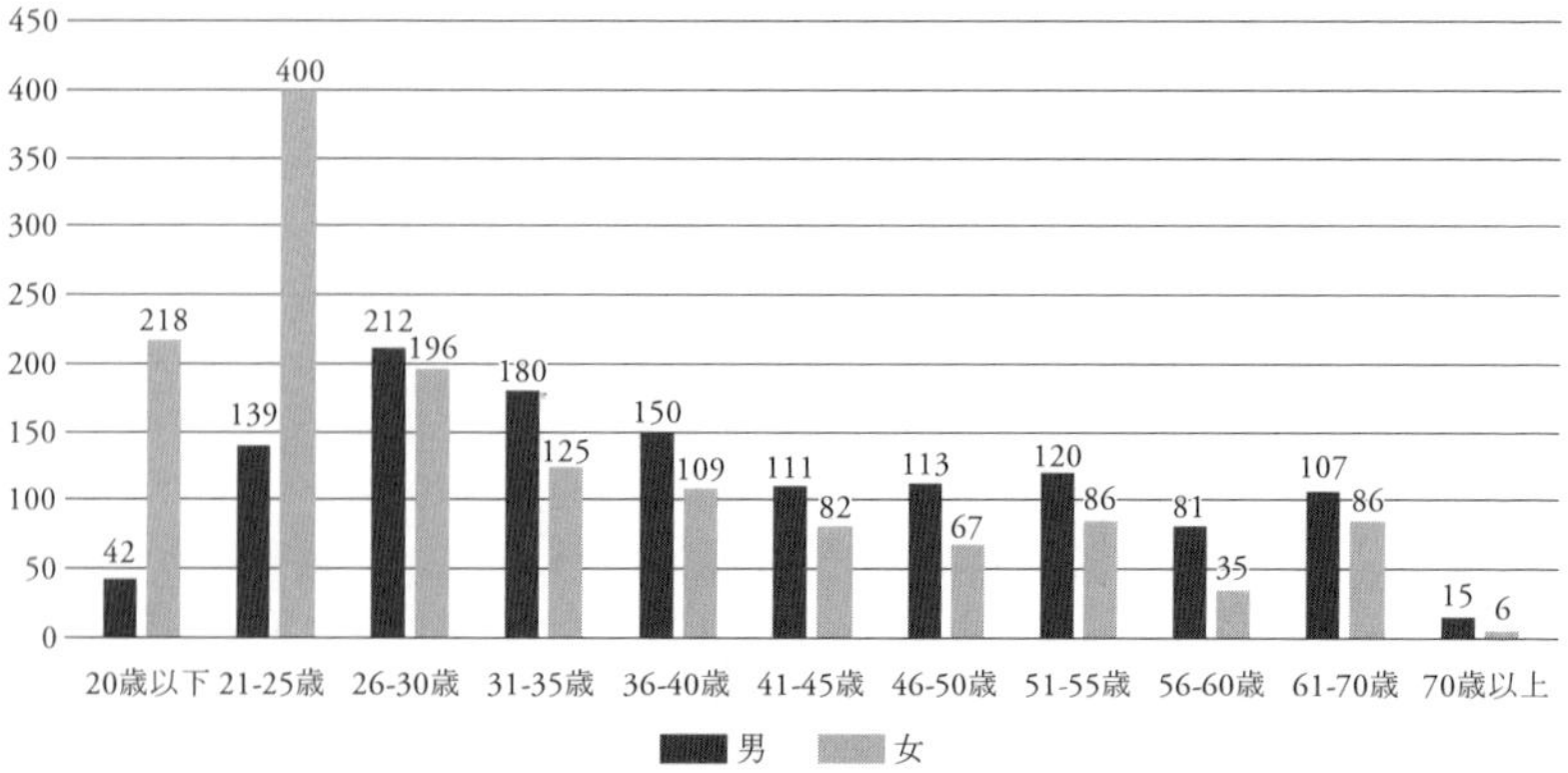

図2–3　年齢別男女別従事者数（1935年）

半からの男女の従事者数の差は、大正期よりも縮まっている。少なくとも、一九三〇年代後半（昭和十年代）になると、男性と同等の人数の女性が働くようになったことがわかる。ただし平均勤続年数は、男性六・六年、女性二・一年となっており、女性は非常に短い期間のみ働いていたことがうかがえる。

従事者たちの学歴は、**図2―4**のとおりである。男性の学歴は様々で、大学卒業という高学歴をもった者が従事することもしばしばみられた。女性は、中等学校卒業者が圧倒的に多い。

初等教育もしくは中等教育の学業修了後、結婚までの期間のみ働くというのは、当時流行していた職業婦人に類似している。職業婦人とは、学業修了後から結婚まで、もしくは結婚後に主婦として、職業に就く女性であり、第一次世界大戦後から増加する。あくまで結婚や家庭に支障がない程度、という範囲内において認められていた。グラフに現れる二十代前半までの女性が多いという傾向や、生涯の

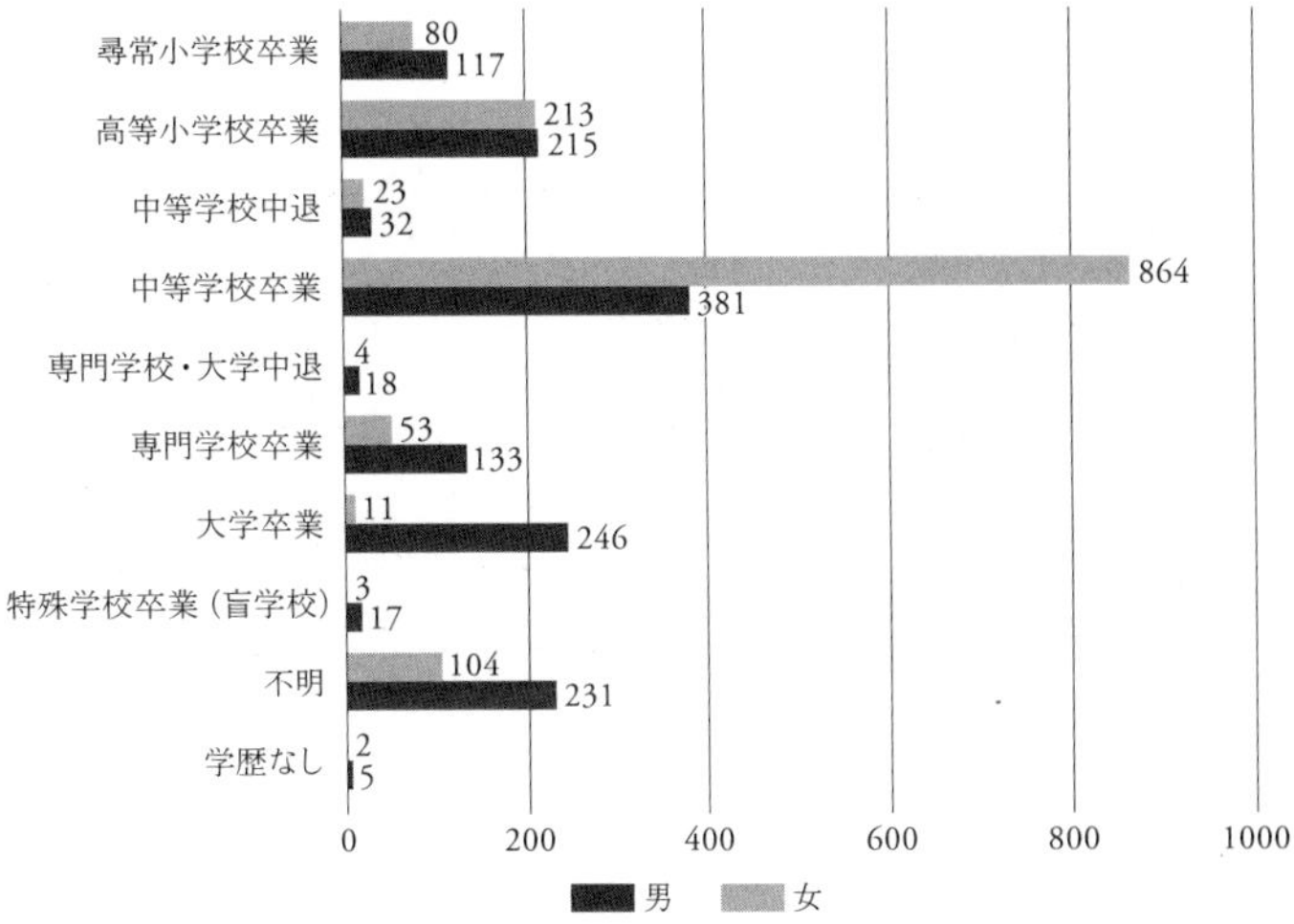

図 2–4　従事者の男女別学歴

※尋常中学は中等学校、保姆養成所・看護婦養成所・産婆学校・女子神学校等は中等学校、女子大学校・外国大学等は大学、寺子屋・救世軍士官学校・尼学校等は不明に分類

仕事として従事する人の少なさは、職業婦人向けの仕事と類似する。ただし、当時の職業婦人について書かれている、東京市役所による『婦人職業戦線の展望』（一九三一）には、慈善事業は掲載されていなかった。女性の社会進出としてメディアが大きく取り上げるのは、慈善事業ではなく、タイピストや百貨店の売り子のような職種であり、慈善事業に携わることはあまり一般的ではなかったことがうかがえる。

昭和期の調査に比べ、大正期の調査において、女性の従事者が少なかったことを踏まえると、二葉幼稚園が設立された一九〇〇（明治三十三）年に、女性によって慈善事業が創設され、運営されていたことは、非常にめずらしかったことがわかる。また後述するが、野口幽香や森島峰は高学歴である。学歴のあ

図2–5　華族女学校附属幼稚園に勤める野口（後列左端）と森島（前列左端）
大正6年3月保育満了児の子らと。野口と森島は、二葉幼稚園設立後も、華族女学校附属幼稚園でも保姆を務めていた。（社会福祉法人二葉保育園所蔵）

る女性が慈善事業に従事したことも稀であったことがわかる。

二葉幼稚園を担った三人の女性

慈善事業のほとんどが男性の従事者によって設立・運営され、女性が生涯の仕事として慈善事業に携わることの少なかった時代であるにもかかわらず、二葉幼稚園は、設立者や従事者、支援者のほとんどが女性である。この節では、二葉幼稚園の中心的な人物であった野口幽香、森島峰、徳永恕について詳しく見ていく。野口と森島は、全く異なる学歴をもち、華族女学校附属幼稚園で同僚として出会い、意気投合し二葉幼稚園の設立に至る。徳永は、偶然二葉幼稚園の存在を知り、野口らの後継者として二葉幼稚園の重鎮となっていった。

慈善事業の担い手というと、上流階級の女性のイメージであるが、野口、森島、徳永はいずれも、華族階級ではなく、歴史の表舞台に現れるような有名な家柄でもない。むしろ明治維新によって、それまでの社会的地位や経済力を失った側に属している。後述の通り、森島の資料は少なく実家の家柄は不明だが、資料が残るような著名な家柄ではなかった、ということはわかる。女性が結婚し家庭に入ることが当たり前だった時代に学歴をつけ、保姆という専門職をもつことは、実家を頼りにできないからこそ、世論に反してでも新しい学問を修めて手に職をつけ、新しい時代を生き抜く手段であった。また三人はいずれもキリスト教との関わりが深かった。新しい生き方を模索するなかで、キリスト教の信仰やキリスト教を通したつながりが、彼女たちの生き方を肯定し、支えていく力になっていた。

野口幽香

二葉幼稚園の設立者の一人である野口幽香《ゆか》（一八六六―一九五〇）については、貝出寿美子『野口幽香の生涯』（一九七四）に詳しく、ここでは貝出の整理に基づきながら、必要に応じて神崎清による聞き書きである『現代婦人伝』(5)や他の一次資料を参照することとした。

野口幽香は一八六六（慶応二）年姫路に生まれた。野口の生まれた翌年一八六七（慶応三）年は、大政奉還、王政復古の大号令の年であり、一八六八（明治元）年から明治と年号も改まる。彼女はまさに時代の変わり目に生まれたのであった。野口家は代々砲術師範を任される士族であったため(6)、秩禄処分により少額の秩禄公債と引き換えに家禄を返還することとなったが、返還後は野口の父、野《いやし》は、砲術を通して学んだ化学薬品の知識を活かして、白粉の販売やヨードチンキの製造を始めたという[7]。

野口は五歳から寺子屋で学び、さらに両親の勧めで田島藍水というクリスチャンの私塾にも通い、漢学と英語を学んだ。一八七二（明治五）年の学制発布を受け、一八七三（明治六）年には姫路にも小学校が創設され、七歳であった野口は小学校に通うこととなった[8]。父の転職・転勤に伴い、生野へ、その後兵庫へと転校した。小学校卒業後、父の勧めで中学校に進学するが、当時中学校は男子生徒しかおらず、成績は優秀であったが中退することとなる。中学校での経験を、後に野口は下記

図 2–6　野口幽香

（神崎清『現代婦人伝』31頁）

のように回想している。

しかし、実際に中学へはいってみると、学校の方では、女学生の取扱ひに困つてゐたやうでありました。女学生は私がたつた一人、応接間の隣が控室になつてゐまして、お寺を改造した暗い部屋で一しよに勉強しましたが、男の子とは一切口をききません。学校の行事なども、先生の伝達が届かないものですから、講堂で卒業式がはじまつてゐるのも知らずに、控室で私一人ぽかんとしてゐる、といつたやうなことがしばしばあり、まるで無人島に流されたロビンソン・クルーソーのやうな感じがしてゐました。男尊女卑の観念が、まだ根深く残つてゐた時代で、登校の際に裏門からはいらうとすると、男の子が手をつないで、意地悪く私を通してくれません。表門へ廻ると、そこにも待ち構へてゐて、通せん坊をします。そんな風にいぢめられてばかりゐて、落ちついて勉強することもできず、折角はいつた中学ではありましたけれども、一年足らずでたうとうやめてしまひました。(9)

女性が学び続けることが、制度上可能な時代にはなっていたが、実際にはまだまだ実現しづらい時代であった。この時代に子どもに、特に娘に新しい学問を身につけさせようと決断した人々は、明治維新によって財産や地位を失った士族、すなわち朝敵とされた藩の士族に多かったようだ。岩倉使節団と共に日本初の女子留学生としてアメリカに渡った津田梅子や山川捨松もその例である。

譜代藩である姫路藩も戊辰戦争で朝敵とされており、おそらく野口の父にも、学問を通して子どもたちを社会の中心へと送り出したいという意図があったのではないだろうか[10]。

野口は、中学校中退後、一年半ほど野尻芳春の元で裁縫の修業をした。父の転勤で明石に移住し、十五歳となった野口は、他の女性たちと同様に花嫁修業を始めることとなった。花嫁修業を続ける中、父が職場から借りてきた『米欧回覧実記』を読み、感動したという。野口は、「とりわけ、岩倉大使とともにアメリカへ渡つた津田梅子さん・山川捨松さんら五人の女子留学生の記事が、私の心を強く刺激しました。『私も勉強して、この人たちのやうに洋行してみたい……』昔風の高島田をのせた頭のなかを、そんな空想が駆け巡つてゐたのでありました[11]」と回想している。学問をつづけてゆくことへの憧れを強く持っていたことがうかがえる。さらに兵庫県学務課で職を得ていた父から、「お茶の水」（東京女子高等師範学校。この時期、名称が変遷するが、混乱を避けるため本書では「東京女高師」とする）から赴任してきた先生が立派で驚いたという話を聞き、野口は「お茶の水」への憧れが掻き立てられた。

もうぢつとしてをれなくなりまして、『私もお茶の水にやつて下さい』と願ひましたが、その時分、東京へ遊学するのは、アメリカへ行くのと同じ位の非常なる決心を要することでしたから、父として、人の娘の場合は褒めてゐても、自分の娘の問題になつてくると、躊躇せずにはゐられないらしく、容易に許してくれさうな様子も見えませんでした[12]。

女性が親元を離れて学問を修めることは、容易に承諾の得られるものではなかったことがわかる。花嫁修業をしていた野口であったが、その頃進められていた縁談が破談となり、『こんなよい縁談を取逃すやうなことでは、よほど運のない娘だから、希望通りいつそ学問でもさせてやつたら……』といふ相談が母との間にまとまり[13]」、お茶の水、すなわち東京女高師（当時は東京師範学校女子部）へ進む道が開かれた。入学試験を無事に通過し、一八八五（明治十八）年、十八歳のときに上京した。

野口は「私が、お茶の水に入学いたしましたのも、ただ一途に学問がしたいといふばかりのことで、『卒業してなにをするか』といふ目的が、はつきりきまつてゐたわけではありません[14]」と述べている。東京師範学校女子部を進学先に選んだのは、具体的に学びたいものがあったというよりも、勉強を続けたいと考えたとき当時女性の学べる場所は限られており、偶然耳にした「お茶の水」にあこがれを抱いた、という理由であった。卒業後野口は保姆となり、数年の経験を積んだのち、二葉幼稚園設立にいたるのであるが、保姆という道を知り、目指すことに決めたのは、東京女高師で出会った尾藤初子《びとうはつこ》の影響が大きかった。野口は尾藤について、「『東洋のフレーベルになるのだ』と申しまして、いつも寝物語に幼児教育の必要を、私に説いて聞かしてくれました[15]」と回想する。当時の東京女高師は全寮制で、学生たちは共同生活を送りながら共に学んでいた。尾藤は野口の部屋の室長であり、毎晩野口に幼児教育の必要性について熱く語っていたという。しかし尾藤はその後若くして他界してしまい、結果的に野口がその遺志を継ぐという巡り合わせであった。東京女高師では、一八七六（明治九）年に日本で初めて本格的な幼稚園が附設されたこともあり、全国に先駆けて保姆を育成し、それまでなじみのなかった幼稚園を、全国各地へ普及させることを目指していた。このような時代の流れもあって、野口は東京女高師での学びを通して保姆となる道を選んでいった。

この東京女高師時代に野口は、両親の逝去を経験し、その悲しみを癒すように教会に通い始め、洗礼を受けてクリスチャンとなっている。教会に通い始めたきっかけは級友の塚本はまによる勧めであった。しかしながら、当初野口はキリスト教に親近感を持っていたわけではなかった。この時代、キリスト教はまだ多くの人々にとって異端なものであり、野口にとっても、また野口の両親にとっても、キリスト教は決して親しみを持つものではなかった。幼い頃、クリスチャンである田島藍水の私塾に通ったことについて、下記のように野口は回想している。

なにぶん耶蘇教を毛嫌ひしてゐた時代のことですから、私の両親も、田島一族との交際を避けてゐましたし、私自身も、耶蘇教といへば、悪いものとばかり思ひこんでゐました。しかし、新しい学問をするのに、ほかに適当な先生がなかつたし、耶蘇は耶蘇、学問は学問——といふわけで、私をここに通はせるやうになつたのではないか、と思はれます。(16)

キリスト教を毛嫌いしていた野口であるが、「『この悲しみが癒やされるならば……』と思ひ[17]、教会に通ってみたという。そして、「牧師の横井時雄先生がじゅんじゅんとしてお説きになる神の福音を聞いて、はじめて絶望的な孤独感から救はれ、人生のよろこびと生命の力をそこに見出すことができ[18]」たと回想する。こうしてキリスト教と出会い、心打たれ、一八八九（明治二十二）年、二十三歳の時に洗礼を受けることとなった[19]。

一八九〇（明治二十三）年四月に野口は東京女高師（当時は女子高等師範学校）を卒業した。野口は東京女高師の第一回卒業生[20]となり、卒業式では代表で答辞を読んだほど優秀な学生であった。卒業すると野口は、親戚に預けていた十歳の妹、静を東京に呼び寄せ、自身は師範学校附属幼稚園（お茶の水幼稚園）に助教諭として赴任し、保姆としての人生を歩み始めた。

幼稚園の先駆としてモデル化されていた附属幼稚園であるが、「私が勤めるやうになりました頃の幼稚園は、形式がととのってきました反面に、創立当初の理想や熱がやや衰へかけてゐた時代[21]」だったという。フレーベルの教育思想に忠実な教育を目指していたが、形式主義に陥っていたとしばしば批判されるように、フレーベルが理想とした「恩物」（フレーベルが考案した教材）による子どもの成長を導くという教育の実践は容易ではなかった。しかし野口は、「小さい子供たちと一しょに遊んでゐる時間が、私にとっては一ばん楽しいときであり、天真爛漫な童心にふれて、却って大人の私の教へられるところがすくなくありませんでした[22]」と述べている。野口にとって、子どもと過ごす時間は至福の時だった。四年間勤めた一八九四（明治二十七）年四月、華族女学校（現在の学習院女子部）に新たに幼稚園を創設することとなり、野口は華族女学校附属幼稚園へと移ることになった。この華族女学校附属幼稚園で、野口は森島峰と出会うことになる。

森島峰

野口と共に二葉幼稚園を設立した森島峰（美根とも書く、一八六八―一九三六）は、津田梅子（一八六四―一九二九）の助けを借りてアメリカへ留学し、移民向けの慈善幼稚園で幼児教育について学んだ経験をもつ女性であった。一九〇〇年に二葉幼稚園を設立した翌年、斉藤清次郎と結婚している。官立の東京女高師を出た野口と、アメリカで学んだ森島、また生涯独身だった野口と結婚した森島という点で対照的な二人である。

野口と比べ、森島に関する資料は非常に少ない。野口の場合、親族や関係者の所蔵する資料のほかに、当時雑誌に記事を書いたり、取材を受けていたため、印刷された資料が多数残っている。それに比べ、二葉幼稚園の年報等が野口と森島の連名となっている以外には、森島が二葉幼稚園の設立者・運営者として記した資料は見当たらず、森島の教育思想をうかがえる資料は非常に乏しい。慈善事業に携わった人物を紹介する書籍でも、野口ばかりが先駆者として掲載され、森島が注目されることはない。野口は生涯独身で幼児教育のために尽くした者として注目されたのに対して、森島は結婚し、子育てをしながら二葉幼稚園の運営に関わり続けていたことと関係があるのだろうか。森島が運営の中心から外れていたのかどうかは不明であるが、生涯独身で幼児教育に尽くすという道を選んだ野口が、代表者として世間には知られていたようである。

また森島の場合、親族のもとにも資料がほとんど残されていない。その理由について、上笙一郎と山崎朋子が森島の次男である斉藤方郎《まさお》を訪ねた際に、方郎は以下のように証言している。

弟の公郎が母方の森島の家を継いだものですから、森島の家についての古文書類は弟が保管していなければならない筈《はず》なのですが、どういうわけからでありましたか、兄の寅郎が預かっておったのですね。ところが、この兄の嫁というのがアメリカの女性でございまして、なかなか

図2–7　野口幽香（左）と森島峰（右）
（前掲『二葉保育園八十五年史』所収）

しっかりした人ですが、幕末・明治のみみずの這ったような字で書かれた文書《もんじょ》はさすがに読めませんから、ぱっぱと捨ててしまいました。途中でそれに気づいた兄が、それでは具合が悪いと思ったのでしょう、わずかに残っていた文書類――父母の婚姻届の控えだの親類書《しんるいしょ》だのといったものを金庫に入れてわたしの家へ持って来た。その兄ももう亡くなってしまいましたから、有るだけの資料とわたしの記憶を軸にして、そして場合によっては推察もまじえてお話し申し上げるよりほかにはございませんな。[23]

資料の価値に気づかずに捨ててしまったようで、資料が残っていないのである。方郎の所蔵する「親類書」には、森島峰の祖父は、森島謙吉郎という名の旧幕臣であり、その長男、方福（通称謙吉）は元静岡藩士と記されているという。[24]

森島の経歴のわかる資料として、一八九九（明治三十二）年に二葉幼稚園設立の際に東京府に提出したという履歴書がある。

明治元年十二月生
明治十五年東京下谷小学校ニ於テ小学校全科卒業
同十九年十一月ヨリ英学専修
同廿二年九月米国カリホルニヤ州ボイックレ高等女学校ニ入リ英学専修

同廿四年四月カリホルニヤ幼稚園練習学校ニ入学
同廿五年五月同校卒業
同年八月帰朝
同廿六年二月ヨリ七月迄横浜山手四十八番館英国人設立ノ幼稚園ニ奉職ス
同年十月東京府ニテ幼稚園保姆免許状下附セラル
同年同月東京市麹町区平河町ニテ私立平河町幼稚園ヲ設立ス
同廿七年二月事故アリテ廃園ス
同年三月華族女学校雇教師拝命幼稚園勤務
同卅年七月任華族女学校助教幼稚園勤務
同日叙五等給下級俸
同卅二年六月給中級俸(25)

この履歴書によれば森島は、一八六八(明治元)年に生まれ、一八八二(明治十五)年に東京下谷小学校を卒業。一八八六(明治十九)年から英語を学び始め、一八八九(明治二十二)年九月にカリフォルニア州バークレー校で英語を学び、一八九一(明治二十四)年カリフォルニア幼稚園練習学校に入学し翌年五月に卒業、八月に帰国。一八九三(明治二十六)年二月から七月まで横浜山手にあったイギリス人の設立した幼稚園に勤め、東京府から幼稚園保姆の免許状が付与された。東京市麹町区平河町に幼稚園を設立したが、半年ほどで事故が起こり廃園となり、華族女学校附属幼稚園に勤めることとなった。

『津田梅子伝』によれば、一八九二（明治二十五）年八月から津田梅子は、麴町下二番町で渡辺政子と森島峰と同居していた。最初の女子留学生として知られる津田梅子は、一八八五（明治十八）年から華族女学校に勤め、英語を教えていた。在職のまま留学が許可され、一八八九（明治二十二）年七月に再度渡米し、一八九二（明治二十五）年六月に帰国し、七月から再び華族女学校に勤め始めた。[26]渡辺政子は津田の従姉であり、同じく華族女学校に勤めていた。津田はその他にも若い女学生を自宅に預かっていたという。森島は津田の尽力によりアメリカへ留学するのであるが、津田と同時期に帰国し、津田や渡辺と共同生活をしながら共に華族女学校へ通勤していたようである。また津田塾大学の津田梅子資料室には森島が津田に宛てた手紙が三通保管されている。[27]

森島峰の夫となった斉藤清次郎は、北海道根室の出身で、峰より四歳年下の一八七一（明治四）年生まれであった。次男方郎によれば、マサチューセッツ州の農科大学を卒業後帰国し、商船学校の教授となった人物だという。森島夫妻は、朝食はパンとコーヒーという洋式で、子どもたちと女中には和食を用意していた。子どもたちに聞かせたくない話は英語で会話するほど、英語の堪能な夫婦だった。[28]

森島がなぜ英語を学び、アメリカに渡り、移民向けの慈善幼稚園で訓練を受けることになったのか、その動機を知ることのできる資料はない。次男方郎の記憶では、峰の両親は、慈善事業である福田会[29]で孤児救済に従事していたことが伝えられている。峰の両親が福田会になんらかの形で関わっていたことで、慈善事業や子どもの救済に関心をもったのかもしれない[30]。

カリフォルニアへの留学時代の資料は、松川由紀子によって分析されている。松川はカリフォルニアの慈善幼稚園運動の影響を強く受けて開始されたニュージーランドの幼稚園について研究している。二葉幼稚園の年報を読んだ際に、ニュージーランドの事例と二葉幼稚園の事例の類似性に気づき、「二葉幼稚園の創設時にもカリフォルニアの影響があったのではないか」と思い、調べたのだという[31]。森島は、渡米前に津田梅子から英語を学び、一八八九（明治二十二）年に津田の二度目の留学に合わせて共にアメリカに渡っている[32]。アリス・ベーコン（一八五八—一九一八）を頼っての留学であった。アリス・ベーコンは、津田梅子とともに留学した山川（大山）捨松のホームステイ先の娘で、津田や山川と生涯親しい付き合いが続いた人物であり、当時華族女学校の講師として来日していた。津田とベーコンは東部へ発ち、森島も東部へ渡る機会を待っていたがかなわず、カリフォルニアに残り、幼児教育を学ぶこととなった[33]。森島は、カリフォルニア幼稚園練習学校（California Kindergarten Training School）の九二年クラス（九一年八月—九二年五月のコース）に在籍し、実習と講義を通して幼児教育を学び[34]、九二（明治二十五）年八月には津田と共に帰国した[35]。方郎の記憶では、津田梅子が森島家を訪ねてきたことはないが、山川捨松はしばしば森島を訪ねて来ていたという[36]。

カリフォルニア幼稚園練習学校は、フレーベル教育のアメリカでの展開を扱った書籍でよく目にする著名な幼稚園である。松川は、この練習学校が「太平洋岸の幼稚園普及に大きな役割を果たしていたようだ[37]」と指摘する。カリフォルニア幼稚園練習学校は、一八七八年にサンフランシスコに設けられたシルバー・ストリート無償幼稚園に附設して、一八七九年[38]に幼稚園教員養成のために開設された。当時シルバー・ストリートは、さまざまな人種の貧しい移民が集住していた地域で、子どもたちを「路上の悪習から守り、望ましい性格の形成を目ざして[39]」無償の幼稚園がつくられた。中心になったのはケイト・ダグラス・スミス（Kate Douglas Smith）で、のちにウィギン夫人として名が知られる人物である。当時、「ウィギンと妹ノーラ・スミスによって指導されて有名となったシルバー・ストリート幼稚園ほど広い名声を博し、子どもたちの間でも彼らの家庭においても成功を勝ち得た幼稚園はない」と言われていたという[40]。保姆たちはスラム街の園児の家庭を訪ね、母親と親しくなりながら園の保育方針を語って親の理解を求めるという方針をとっていたため、保護者の間で「子どもの守護者」と呼ばれるほどの信頼感を得ていた[41]。当時アメリカではすでに、フレーベル教育の形式主義や抽象的で難解な保育内容を批判する風潮があり、フレーベル教育に新たな展開をもたらす実践的な教育を行っていたとされる。シルバー・ストリート無償幼稚園は三園あり、合わせて約二一〇名の園児が通っていた。こうした活動は、すべて寄附によってまかなわれており、サンフランシスコの裕福な市民によるシルバー・ストリート・キンダーガーデン・ソサエティ（Silver Street Kindergarten Society）とよばれる慈善団体が後援についていた[42]。

森島が在籍していたとき、このカリフォルニア幼稚園練習学校で教えていたのは、ウィギン夫人の妹である校長ノラ・スミス（八一年クラス卒業）、助手のメアリ・ライト（八六年クラス卒業）、特別講師であるウィギン夫人であった。スミスとライトはシルバー・ストリート無償幼稚園で保姆も勤めていた[43]。松川によれば、週三日の実習、週三日午後に講義と実技指導、手技帳の制作とレポートの提出と試験が課せられていた。フレーベルの理論、恩物、手技、遊戯に関するウィギンの講義がコースの中心であり、講義内容の要約の課題が学生に与えられており、フレーベル色の濃い教育内容であった[44]。

野口は「森島さんは、津田梅子先生のお世話でアメリカの西海岸で貧民幼稚園の勉強をしたのち、麴町平河町で一年ばかり私立の幼稚園を開いておられた新知識の方でありました[45]」と述べており、まだ日本では事例のほとんどない貧民幼稚園についての知識を備えた「新知識の方」として、野口にも影響力をもっていたことがうかがえる。野口は、華族女学校附属幼稚園での仕事について「保姆に任命された二人は、幼稚園新設に臨んで一方は日本式、もう一方はアメリカ式の教育方法によって意見をたたかわせ、両方の特色を生かすよう努力した」と語っていた[46]。経歴の異なる野口と森島が、それぞれの知識や経験を活かして試行錯誤していた様子がうかがえる。松川は、シルバー・ストリート無償幼稚園と、二葉幼稚園の類似性も指摘しており[47]、二葉幼稚園を運営するにあたって、森島の影響力は非常に大きかったことが想像できる。にもかかわらず、二葉幼稚園の設立者としてはスポットがあたるのは野口ばかりで、森島の教育観等については資料もなく、これ以上のことは不明である。

徳永恕

徳永恕《ゆき》（一八八七―一九七三）は、二葉幼稚園設立後に保姆として働きはじめ、後に野口を継いで園長になった。徳永が二葉幼稚園に出会うまでの経歴をみてみよう。

徳永は、明治二十（一八八七）年、東京市牛込区戸塚町に、六人きょうだいの四番目として生まれた。徳永家は兵庫県安志《あんじ》の小藩の三役の一家として仕えていたが、一八八六（明治十九）年に安志を引き払い、昔のまま主家を補佐して四谷左門町に住んでいた。決して豊かな暮らしではなかったという。上笙一郎らの聞き取り調査では、きょうだいの末子である幾美の話として、幾美が小学校の書き方の時間に半紙を持参しなければならなかったが、半紙を買う一銭が家中探しても見つからず、廃品などを屑屋に持って行き辛うじて半紙が買えた、という話や、女学校時代に徳永が学校に黒の革靴を履いていかなければならなかったが、買うことができないため、白いズック靴を墨で塗って履いていた等のエピソードが紹介されている。(48)

兄績《いさお》が熱心なクリスチャンだったため、徳永も幼いころから教会に通っており、一九〇二（明治三十五）年、十五歳の時に、荒木町の福音教会で洗礼を受けた。徳永の両親はクリスチャンではなかったが、宗教や進路に関しては子どもたちの意思に任せていたという。女学校時代の級友であった山川菊栄は、徳永について、下記のように回想している。

徳永さんの父君は信者でもなく、旧藩主の家令を勤めていた恐ろしく厳格な武士かたぎの人ながら、子供のことはいっさい本人にまかせて干渉せず、母君も兄妹もみなそういうふうだったので、徳永さんはなにものにもわずらわされず、一生を仕事にうちこむことができたようです。(49)

クリスチャンとなることや、二葉幼稚園の仕事に従事することについて、父親は特に干渉しなかったようである。「近所のわんぱくたちから、『耶蘇《やそ》、味噌、鉄火《てっか》味噌』とはやされながら、その頃は四谷荒木町の福音教会へ、日曜ごとにいっていました」(50)と語っているように、当時、キリスト教はまだまだ受け入れられていなかった時代であるが、両親は気にしなかったようである。母よしは、黒住教を信仰しており、その信仰心からか、貧しい人々に対して施しをしていたようだ。(51)

図 2–8　野口幽香（左）と徳永恕（右）
（前掲『二葉保育園八十五年史』所収）

海老なりの腰に襤褸《ぼろ》を下げたその老婆が戸口に立つと、よしは、家のあちこちをかきまわし五厘か一銭を探し出して茹で豌豆を買ってやり、お茶を淹れて飲ませてから帰すのが常だった。（中略）物貰《ものもら》いが来れば、その晩の飯米を隣家へ借りに走らねばならぬような日であっても、工面《くめん》して何かしら与え、空手《からて》で帰すようなことはなかったという(52)。

母よしが、生活が苦しいにもかかわらず、貧しい人々にお金やら食べ物やらを与える様子を、徳永は幼いころから見ていた。徳永は二葉幼稚園で働くことになった際の心情を次のように回想している。

わたくしの家は、士族貧乏の御多分に洩れず、毎朝、芋粥《いもがゆ》をふうふう吹いてすするような暮しでしたが、鮫河橋の人たちの生活は、とても、とても、そんなどころではありません。それでわたくしは、自分の家の暮しが楽になることも、望まなかったわけではありませんけど、それよりも、何よりも、あの鮫河橋の人たちのひどい生活が、少しでも良くなってほしい――と、祈らないでは、おられませんでしたのです(53)。

徳永の、自らの暮らしのためではなく、貧しい人のために生きる姿は、母よしから受け継いだのかもしれない。
徳永は、四谷第一尋常小学校に四年まで在学し、左門町高等小学校に転校した。卒業にあたり徳永は、高等女学校への進学を希望した。当時貧しい家の娘としては、珍しいことだった。府立第一中学校を卒業しすでに就職していた兄績《いさお》が、「これからの時代の女は、もっともっと高い教養を持たなくてはならない」と勧めたからだと言われている(54)。徳永は、現在の竹早高校にあたる東京府立第二高等女学校（以下、第二高女）に進学した。この第二高女で、山川菊栄（一八九〇―一九八〇）が同級生となる。山川は徳永について、下記のように述べている。

同級生の中で異色のあったのは徳永恕（ゆき）さんでした。在学中から当時有名な貧民窟、四谷鮫ヶ橋の二葉幼稚園に献身的につくし、年長でもあれば気分もおとなで、熱心なクリスチャンであってもお説教はしたことがなく、したがって宗教くさいところがなく、いつもニコニコしてゆうゆうとかまえており、同級生から「お父さん」などと呼ばれて親しまれていました。読書家でトルストイの愛読者、人道家で無抵抗主義者でもありましたが、私はこの人から木下尚江の『火の柱』『良人の自白』などを借りて、裁縫の時間に布の下にかくしてこっそり読みふけったものです。（中略）この人は、クリスチャンにありがちな偽善的なところやセンチメンタルなところがなく、のんき者で、女学校時代から幼稚園の仕事に熱中していて出席日数が足らず、一年おくれて私と同級になり、それでもまだ超然としてフラリと午後から顔を見せた

りすることもよくあり、しかし学校の方で別格扱いにしていたような人でした。(55)

山川の記憶では、徳永は貫録のある穏やかな人であった。留年して山川の同級生となったため、「年長であれば気分もおとなで」あったと書かれている。二葉幼稚園に関わっていたために留年したという記述になっているが、教会で知り合った友人が病気に罹り、毎日見舞に通っていたのが理由だったとも言われている。(56)のちに徳永の人柄を、次のように紹介する書籍もある。

自己について多くを語らず、行動の人であったといわれる。それは「人に施しをする場合、右手のしたことを左手に知らせるな」という聖書の言葉とともに、徳永の謙虚な性格そのものに由来するところでもあった。誠実にことにあたり、努力していれば神がよくご存知であるから、いちいち自分がした仕事を人に報告する必要がないという宗教的信念である。(57)

徳永は、キリスト教について熱心に説いたり、自らの志を熱く語るような人ではなかった。坦々と自らの道をゆく人柄は、女学生の頃からすでに持ち合わせていたようである。

徳永と二葉幼稚園の出会いは、徳永が第二高女に通っていた時期であった。一九〇五（明治三十八）年の夏休みに、徳永の住んでいた四谷大番町（現在の大京町付近）から麴町に住む教会の友人を見舞うとき、近道である鮫河橋を通った。当時、鮫河橋は「シマ」という隠語で呼ばれる地域であった。

その際に、「私立二葉幼稚園建設敷地」と書かれた立札を発見したのだという。

この十文字ばかりを読みました刹那、わたくしは、何と申したらよいのか、そうですね、謎でも解けたときのような気分——そんな気持を味わいました。ここに幼稚園が建つのだ、そう思うと、眼の前が、ぱっと明るくなったような感じなのですね。なにしろ明治の時代ですから、幼稚園は、貴族方や財産家方のお子たちの行くところ、普通の家の子どもたちにも、縁のないところです。ところが、その幼稚園が、鮫河橋にできると書いてあるのですよ。貴族方や財産家方のお子たちの幼稚園を、選《よ》りに選って、鮫河橋に設けるはずはございませんから、これは、鮫河橋の子どもたちのための幼稚園に、相違ありません。そうしましたら、わたくしには、神の御栄えをあらわす道がここにある——と、思えて来てしまいましたのです[58]！

徳永は、二葉幼稚園の建設予定地の看板を見て、鮫河橋の子どものための幼稚園ができるのだと感動したようだ。当時二葉幼稚園はすでに麹町に開園していたが、新築・移転が決まっていた時期であり、移転地である鮫河橋に立札が置かれていたようである。その一年後、徳永は再びこの場所を訪れることになる。

その翌年の初夏、わたくしは、また鮫河橋の町を通りました。そうしますと、いつか標柱の建っていた空地には、もう建物ができていて、そのなかから、可愛らしい子どもの声がしているのです。わたくし、たいそう引っ込み思案の人間なのですが、小さい子どもたちの声を聞くと、そのまま通り過ぎることができなくなりました。それで、表の柵を押して、おずおずと幼稚園のなかへ足を踏み入れ、事務所らしいところへ、「見学させていただきたいのですが――」と、お頼みしてみました。すると、「どうぞ」と声がして、出て来てくだすったのが、なんと、合羽坂で逢う、眼の涼しい、あの女の方ではありませんか。「まあ、あなたですの――」と、言ってくださいました(59)

徳永が学校へ通う途中で、毎朝すれ違う女性がいた。それが、「合羽坂で逢う、眼の涼しい、あの女の方」であり、偶然にも、二葉幼稚園の保姆である百島増千代であった。

この日は、出来て間もない園内を見せていただき、その新しさにそぐわないぼろ着物の小さな子たちが、増千代さんともうひとりの保姆の指導で、嬉しそうに遊ぶのを見学して、おいとましました。おいとましたのですが、それからというもの、わたくしには、二葉幼稚園が何としても忘れられません。前の年の夏の日に、白木の標柱を眺めたときの衝撃《しょうげき》と、日頃から慕《した》わしく思っていたあの方が、ほかでもない二葉幼稚園に深いゆかりの人だったことの感激とが、ひとつに綯《な》い合わさって、寝ていても醒《さ》めていても苦しいのですよ。そこで、わたくし、これはもう、二葉幼稚園に入ることが主《しゅ》の御心《みこころ》なのだ、自分の生きる道は、それ以外にはないのだ――と思い、そのように決意したのでした。(60)

偶然二葉幼稚園の存在を知り、毎朝すれ違い気になっていた女性が働いており、運命のようなものを感じ、徳永は二葉幼稚園で働こうと決心した。徳永は女学校卒業後すぐに働きたいと思っていたが、保姆の資格をとる必要があった。ちょうど徳永が卒業する春、第二高女に補習科ができ、そこで小学校の教員の免許が取得できるようになった。当時、小学校の免許があれば保姆としても認められていたため、両親の許可を得て補習科に通うことになった。

補習科へ通っておりましても、わたくし、何となく心が落着きません。それで、その年の夏休み四十日間を、増千代さんにお願いして、二葉幼稚園の保育の手伝いをさせていただきました。鮫河橋の幼い子どもたちから、あどけない眼で見上げられ、初めて「先生」と呼ばれた朝のこそばゆい気持、今も忘れられません。この四十日間のお手伝いのあいだに、もちろん、野口・斉藤〔森島〕両先生にもお目にかかりました。わたくしが、二年前の夏、「私立二葉幼稚園建設敷地」の標柱に心打たれた話を申し上げると、たいそう喜んでくださいました。そうして、わたくしを、補習科を終えたら保姆に採用すると、約束してくださったのです。(61)

補習科に通いながら二葉幼稚園で手伝いをし、一九〇八（明治四十一）年、ちょうど二十歳の年、第二高等女学校補習科を修了すると、正式に二葉幼稚園に勤務し始めた。徳永は保姆として非常に優秀で、一九一〇（明治四十三）年に主任保姆を任され、一九三一（昭和六）年には野口から徳永へと園長が引き継がれた。徳永は、二葉幼稚園の業務だけでなく、様々な仕事をこなすことになる。一九一七（大正六）年に東京府慈善協会が発足した際には、理事の一人となり、一九二二（大正十一）年には四谷区方面委員に任命されている。一九三九（昭和十四）年からは司法保護委員、東京府救護委員、人事調停員にも選任された。一九四〇（昭和十五）年に藍綬褒章を受章し、戦後、一九五四（昭和二十九）年には名誉都民に選ばれた。

協働者・支援者たち

二葉幼稚園で働いた者には、野口や森島、徳永のほか、専任の保姆がいた。第一回年報には「平野まち氏を専任保姆に依頼し森島野口両人は公務を終りてより隔日に出園して監督し重大なる事務を取扱ふ[62]」とあり、野口と森島は華族女学校附属幼稚園で保姆として働きながら、この事業を運営していたため、常駐できる保姆が必要だった。専任の保姆として平野まちを雇い、のちには保姆の人数も増やし、事業が成り立った。しかし、二葉幼稚園に常駐する保姆として働くことは、容易なことではなかった。例えば第十一回年報には次のように記されている。

難義な事は茲に働く保姆の上へ参ります、世間の幼稚園は四時間位のものですが、茲に居る人々は先づ八時間は働かねばなりませぬ、其上に皮膚病が移ったり眼病が移ったり、虱にたかられたり、それはそれは一通りの覚悟ではありませぬ、幾度か、働きたいといふ希望者に面会は致しますが、時間の長いのと子供の穢いのと報酬の余りに少額なのとで、大多数は止めてしまひます、私共何が難義と申て、かゝる事情の下に、適任者を得る事の困難以上はありませぬ、併し此一年間は保姆の交迭なく、誠に好都合に参りました事を感謝して居ります、実は日曜日も休む事を望みませぬが、これでは保姆が続きませぬから、先づ休む事に致して居ります、夏休には他より助手を頼みまして、交代に休む事に致して居ります[63]。

労働時間が長く、給料も多くは払えず、また、子どもたちから病気をもらってしまうこともあり、労働条件は非常に悪かった。そのような環境にもかかわらず、この幼稚園の事業に尽力してくれる保姆たちがいたことにより、運営できていた。年報には、「よくかくも熱心に働いて下さると、私共は子供と共に此特志の諸氏に感謝して居ります[64]」と、保姆たちへの感謝の言葉が記されることもあった。

女性が学歴をもち、職業に就くことが少しずつ可能になっていった時代ではあるが、結婚し家庭に入ることがあくまで前提であった。若い女性たちや、経済的・時間的ゆとりのある華族の夫人たちにとって、自らの身体を壊してしまう可能性のある慈善事業の現場は、適した職場とはみなされなかったのだろう。実際に働くことを決意し、長く勤め続ける者は決して多くはなかった。

二葉幼稚園の運営者や保姆はすべて女性であったが、さらに寄附者も女性が非常に多い。理念に共感しながらも、現場に携わることのできない女性たちは、寄附を通して事業を支えていたのである。一九〇九（明治四十二）年からは政府から下付金をもらうようになるが、それまではすべて寄附によって運営されていた。二葉幼稚園の年報に毎年寄附者の名前が書かれている。安岡憲彦は設立年の一九〇〇（明治三十三）年から一九〇九（明治四十二）年の年報、つまり政府による下付金が下りるまでの年報に載っている寄附者を整理している。(65) 安岡の整理によると、定額寄附者は二七〇名で、そのうち一八〇名は『大日本婦人録』や『大衆人録』等で略歴・出身を確かめることができたという。定額寄附者の三分の二は、明治期に社会的地位の高かった者や、世に名前を知られた人物だったことがわかる。さらに、五六名は有爵者あるいは有爵者の姻戚者だった。略歴等が確認できた一八〇名のうち、男性は三〇名のみで、一五〇名が女性であり、女性が圧倒的に多い。現場の担い手も、支援者もほとんどが女性である点が、二葉幼稚園の特徴であり、当時としては非常に特殊なことだった。

キリスト教言説と皇后による正当化

二葉幼稚園の中心的人物である野口、森島、徳永の三人は、高学歴であり、保姆という専門職の資格をもった、クリスチャンの女性であるという共通点をもつ。しかし、高学歴な保姆という特徴と、キリスト教とのつながりは、単に三人の個人的な心情だけの特徴ではない。女性の高等教育を担った組織や、保姆という職業や幼児教育という領域自体が、キリスト教との結びつきが深かった。官立の教育機関である東京女高師や、皇族や華族の通う華族女学校附属幼稚園に、キリスト教色の強い女子教育や幼児教育が取り入れられる際に、その矛盾を正当化するかのように利用されたのが、皇后という象徴だった。

高学歴女性の直面した矛盾

野口幽香は、東京女高師を卒業している。東京女高師は、官立の師範学校という教員養成機関であると同時に、女性の学ぶ場が少なかった当時の最高学歴であり、全国から学問を求めて女性たちが集まる学校でもあった。そのため菅聡子が指摘するように、志の高い優秀な女性が集い、学び、卒業すると、国民教育の担い手として全国の学校へと派遣されていく、という構図があった(66)。野口の場合も同様で、学問を続けたいと思い上京し、東京女高師に通い、在学中に教員養成のカリキュラムに浸り、友人からの影響により幼児教育を目指すようになった。卒業後は、師範学校附属幼稚園で働き、のちに華族女学校附属幼稚園へと異動して上流階級の子弟の教育にあたり、そして二葉幼稚園の設立に至っている。

師範学校に通う女性たちに期待されたことは、単に優れた学校教師になることだけではなかった。

『東京女子師範学校六十年史』には、開校時の祝詞が紹介されており、当時の師範学校への期待がうかがえる。初代摂理（校長）であった中村正直は、下記のように述べている。

今や文明の化漸く進歩に趨き東京女子師範学校の設けあり即ち今日臨駕ありて開業式の盛挙あるを致すは億兆人民の共に慶すべきことなり仰き望むらくは後来茲に在て学習卒業するもの善き婦人となりて夫を輔け善き母となり児女の教師となり善種の人民を生育して我国をして福祉安寧の邦たらしめんことを敬んで祝す(67)

女性を師範学校で教育する目的には、教師として学校で多くの子どもたちの師となるだけでなく、善き妻、善き母となることも含まれていたことが読みとれる。

しかしながら、女性に学問の道を開き、良き教師を養成していくことは、必ずしも良妻賢母という枠組みには収まるものではなかった。良妻賢母という枠組みから外れていく可能性を同時に生み出すという、矛盾を含んでいたといえる。菅が「〈学問〉は本来男性の領域とされていただけに、そこへの女性の進出は反発を招かずにはいなかった(68)」と指摘するように、学歴をつけ、教育の専門家として職に就くことは、一般的には受け入れ難く、良妻賢母養成の一環という文脈に載せられながらも、実際には様々な矛盾とぶつかることであった。例えば、官立というお墨付きや、男袴を身に付けた姿(69)は、当時の人々に畏敬の念を抱かせたようで、「女高師卒というと、一目も二目もおいて、畏怖した男教員も多かった」[70]という。また、師範学校に通う女性は、容姿が悪い者や経済的に困窮している者だと揶揄されることも多かったという[71]。実際、東京女高師を卒業し、それぞれの業界で活躍した者で、生涯独身であった女性も少なくない。野口もその一人である。上京することを両親が許した理由も、縁談が破綻したことがきっかけであった。世間一般の娘のような結婚をあきらめた際の選択肢として、学問の道を選ぶ、という感覚は、野口家においても当てはまる。

女性に学問は必要ないといわれていた時代に、女性を対象とした学校教育を積極的に擁護したのは、キリスト教の言説であった。今日の女子大学の多くがキリスト教とのつながりをもっていることからもうかがえるように、キリスト教が日本の女子教育において果たした役割はきわめて大きい。その背景には、日本における宣教の特殊な事情があった。当時の宣教師について森岡清美は、「婦人が男子の間に伍していけるように、キリスト教とは直接には関係のない技芸と教養の伝授にも使命感を」もっていたと指摘している[72]。宣教する側にとって、単に女性に信仰心を芽ばえさせるということだけではなく、男女平等の考えから、女子教育が普及し、女性の社会的役割が認識されることが、日本社会における布教の成果として受けとめられていた。そのため、宣教師やクリスチャンたちは、積極的に学校の創設等に奔走していたのである。女性が学歴を積むことは、学校教育を広める上で必要であっただけでなく、キリスト教の布教の文脈においても、宣教の成果として評価される事象であった。

東京女高師も、官立ではあるが、やはりキリスト教との結びつきが強かった。特に初代摂理（校長）

が中村正直であったことは象徴的である。初代摂理への就任は、当時の文部大輔である田中不二麿が再三頼み、中村が承諾したと言う。[73] 中村が、クリスチャンの啓蒙思想家であり、明六社などで活躍した人物であることは周知のとおりである。中村の女子教育論として有名なのが「善良ナル母ヲ造ル説」であるが、この演説において中村は、「人民ヲシテ善キ情態風俗ニ変シ開明ノ域ニ進マシメンニハ善キ母ヲ得サルヘカラス」[74] と述べており、日本の文明化において人々の精神を進歩させるには、まずは善き母を得る必要があると指摘する。そして「男子婦人共ニ皆一様ナル修養ヲ受シメ其ヲシテ同等ニ進歩ヲナササシムベシ」と述べている。[75] 女子教育を通して文明化に適した女性を育成する必要性を説く背景には、男女が同等に修養の機会をもつべきだという考えがあったことがわかる。また小川澄江によれば、中村が男女平等を基に女子教育の推進を説くとき、そこには彼のキリスト教的人間観がある。中村は「敬天愛人説」[76] において、人は皆、神の創造物である点で同等であるため、男女も平等であると説き、男性と同様に女性が学ぶことの必要性があると指摘している。

中村に限らず、明六社を中心とする啓蒙思想家たちは、女子教育の重要性を説いていたのであるが、中村は言説空間だけではなく、実際に女子教育普及に尽力していた。一九七四（明治七）年に同人社女子部をつくり、女性を集めて学問を教えるという実践を試みている。そうした実践が田中不二麿の目に留まり、東京女高師の摂理就任に至った。[77] 女性に学問は必要ないといわれていた時代に、女性を対象とした学校教育を提供した中村は、まさに先駆者であった。また、東京女高師の学生の中には、野口を洗礼へと導いた塚本はまのようなクリスチャンもおり、官立とはいえ、キリスト教を排除してはいなかった。当時、女性に学問の道を開くことを正当化するとき、キリスト教の言説との親和性があったことがうかがえる。女性が学問をするということが、キリスト教的な人間観を含みながらも、善き母、善き妻の養成という良妻賢母主義の文脈も否定せず、また増設が急務であった小学校教員の養成を担う、という東京女高師の特殊な位置は、当時の女性と学問を考える上で象徴的である。

数少ない専門職としての「保姆」

女性の社会的役割を認めていくことは、世間からの反感を招いた。しかしながら、限定された範囲ではあっても、女性の社会的地位を認めていくことは、日本の文明化を計る尺度という側面ももっていた。当時知識階級に影響力をもち、野口や森島とも直接交流のあった巌本善治（一八六三―一九四二）が主宰する『女学雑誌』では、雑誌の「発行の主旨」が下記のように述べられている。

吾日本国内の景況或は之に似たるなからんか西洋学者の言に国内婦人の地位如何を見れば以て其国文明の高下をさとるべしと云はれんに今ま之と言ひとくべき理なきを憾む吾等平生いたく之に慨し且つ吾等の母吾等の姉吾等の妻の何故にかく世に軽ろしめらるべきものなるやを憂ひ先に女学雑誌を発刊して専ら婦女改良の事に勉め希ふ所は欧米の女権と吾国従来の女徳とを合せて完全の模範を作り為さんとするに在りき(78)

社会の文明化の尺度として女性の地位を見るとき、欧米に比べて日本の女性は「かく世に軽ろしめらるべきもの」となっており、この雑誌を通して「婦女改良」を目指すと述べている。単に欧米を模倣するのではなく、「欧米の女権」と日本の「女徳」を合わせ、「完全の模範」となる女性へと日本女性を導いていくことが主旨であったことがわかる。中村正直が、近代化の精神をキリスト教に見出し、女子教育を通した女性の近代化の必要性を説いたように、巌本もまた、女性の地位を文明化の尺度としてとらえている。さらに二葉幼稚園の資料から、明治末には、政府もはっきりと女性の地位を文明化の指標の一つとして持ちだしていたことがうかがえる。二葉幼稚園の第十一回年報には、下記のような記録がある。

日英博覧会出品　日本に於ける婦人社会上の置位を示す為に本園事業の特色を現はせる出品をせよとの勧告にあひまして覚束ない考案ながら左の出品を致しました、ところが此稿を終らんとする頃の新聞ははからずも受賞の仲間に幼稚園の名前をのせて居ります其内御沙汰があるかも知れませせぬ、余りに意外で汗顔にたへませせぬ。

一、写真。全景、入浴、昼寝、水遊、おやつ

二、額。鼠地に子供の作りたる白の蓮華を列べて富士山を現はしたるもの

三、幼児製作品。天然物の細工、あねさま、縫取、貼紙、等

四、英文主意書[79]

二葉幼稚園の事業を、女性の社会的地位の向上を示すものとして、世界へとアピールする狙いがあったことがわかる。保姆という職業や、慈善事業という政治の周縁として見られた領域においては、政府も女性の社会的役割を認める余地があったようだ。

職業が男性の領域である中、その隙間を見つけるように女性の領域として見出されたものの一つが、保姆という職業であった。幼児教育は、明治維新後に新しく取り入れられた近代的教育制度の一部であり、日本では上流階級向けに始まった。世界的には、幼稚園は託児所として、労働者階級の女性を助け、不衛生で不道徳な環境にいる子どもの保護を目的として広まることが多い。しかし日本では、官立[80]で、上流階級向けの、今日でいう早期教育を担う教育機関としてはじまっているという特徴がある。日本で最初の本格的な幼稚園は、前述の一八七六（明治九）年に設立された東京女高師の附属幼稚園である。かなりの高額で、松野クララ[81]を中心にフレーベルの教育思想に忠実な実践が試みられた。浜野兼一によれば、東京女高師では、初等教育を小学校だけでなく幼稚園も含めたものとして捉えており[82]、積極的に保姆の養成が試みられていた。

当時、就学年齢未満の子どもも小学校に通っており、年々その割合が増加していた。地域によって多様に展開していた小学校教育に統一性を与えるため、一八八四（明治十七）年文部省は学齢未満幼児の就学を禁止した。禁止された層の受け皿として、各地に幼稚園が設立されるようになる。

一八八一（明治十四）年に全国に幼稚園は七園だけだったが、一八八六（明治十九）年三八園、一八八七（明治二十）年六八園、一八八八（明治二十一）年に九一園と増加し、一八九九（明治三十二）年には二二九園まで増えた。多くは小学校附属幼稚園という形態をとり、東京女高師附属幼稚園をモデルとした。政府には、小学校の整備が進んでいないのに幼稚園まで手を出せない等の事情があり、幼稚園の増設には消極的であった。しかし、前述の就学年齢規制以降、実際には幼稚園は増加していた。幼稚園の乱立を防ぎ、幼児への不適切な教育を防止するためとして、一八九九（明治三十二）年「幼稚園保育及設備規程」を公布する。遊戯や手技、唱歌を中心とした方法で教育を行う幼稚園を制度化した。なお、幼稚園の就園率は、幼稚園の増えた一九一二（明治四十五／大正元）年に二%、戦前のピーク時でも一〇%である。一部の階層に限定された形で幼稚園教育が行われていったことがわかる。

幼稚園は、まずは初等教育を普及させたいと考える政府にとって、周縁的な存在であった。全国に学校をつくるために急速に教員養成がすすめられたが、その傍らで、政府が後回しにしていった職業として、保姆があった。幼児教育については政府の中でも賛否が分かれており、増えていく幼稚園・託児所を追認する形で制度化が行われたため、国を挙げて保姆を養成し、幼稚園を増設する動きにはならなかった。新しい教育機関でありながらも、初等教育の主流とはならず、男性の職業として確立していなかったため、女性の職業領域としての余地が生まれていたといえる。

保姆という仕事、幼児教育という領域自体が、キリスト教との関連が深い。当時幼児教育の主流であったフレーベルの教育思想は、そもそもキリスト教的な世界観からはじまっている。野口が後に、「幼稚園には宗教が必要です。官立はゆるされない。それで貧民幼稚園を建てたのですよ」[83]と語っているように、当時、フレーベルの教育思想に基づいて幼児教育を考える際、キリスト教は切りはなせないものだった。角野雅彦が、「予感を通した子どもの先見的な宗教的情操が重視されており、保育者には恩物に代表される象徴によってそれを育むことが期待されたのである」[84]と指摘するように、フレーベルの教育思想においては、万物は神より生成されるものであり、そこにある普遍的な法則は、象徴性をもった有限なものによって直観されるという宗教観が背後にある。そして子どもを普遍法則の直観へと導くものが、恩物であった。[85]フレーベル主義に基づいた幼児教育を学び、実践を試みるとき、キリスト教とは無縁でありえなかった。[86]実際に、キリスト教系の幼稚園は数多くつくられることになる。日本で最初の幼稚園は官立であったが、その後増えていく幼稚園はほとんど私立で、特にキリスト教系の幼稚園が多かった。幼児教育の発展は、キリスト教的な言説を背景に含みながら展開していった。[87]

保姆という職業は、新しい近代的な教育の一つであったにもかかわらず、当時の日本の富国強兵、殖産興業の文脈においては周縁的な職業であった。男性の職業領域としてまだ確立しておらず、そもそもキリスト教との結びつきの強い幼児教育が、男女平等を説くキリスト教言説にも支えられ、女性の職業として少しずつ普及していった。政府にとって、日本の文明化を示す指標として女性の社会的役割を認めていくことも必要であり、私的なキリスト教系慈善事業であり幼児教育を担う二葉幼稚園は、政府にとってもよき模範であった。

皇后に託された新しい女性像

さまざまな矛盾を抱えていた東京女高師を頂点とする女性の高等教育や、保姆という職業であるが、その正当化に寄与したのが、皇后であった。天皇の慈悲が強調されると、それは、国家の政策の正当化に結びついていた。しかし、皇后の慈悲が強調されると、それは、国母として、すなわち理想的な女性のあり方として、意味づけされた。

明治天皇の皇后は美子《はるこ》皇后（のちに昭憲皇太后、一八四九―一九一四）である。美子皇后は、幼少の頃より『古今和歌集』に親しみ、習字、箏曲、作歌、笙を学び、聡明で学究肌だった。性格は勝気だったというが、体は弱く度々病気に罹り、皇后になってからは、冬場は温泉地へ避寒していた。子どもに恵まれず、天皇の側室柳原愛子の子どもを嫡子として養子に迎え、この養子がのちの大正天皇である。

天皇・皇后は近代的夫婦の理想像として、臣民のあるべき姿を示すことが求められていた。例えば、明治初期は天皇と皇后が共に行動することは珍しかったが、一八八九（明治二十二）年、憲法発布の式典において、天皇と皇后が同じ馬車に乗っている姿を初めて人々に示した。この出来事は、夫婦の平等と、女性の地位の向上を求める多くのお雇い外国人や思想家、運動家たちを感激させた。(88)天皇や皇后の言動は、常に人々の模範としての意味を付与され、近代化を奨励するものとして機能していた。

明治維新に始まった天皇・皇后の新しい公務として、巡幸・行幸がある。維新以前には人前に姿を現すことが皆無に等しかった天皇・皇后は、維新後、積極的に人々の前へと出てゆく。その一環として巡幸・行幸が盛んに行われたが、必ずしも天皇と皇后が共に訪れたわけではなく、一八七二（明治五）年から一八八五（明治十八）年にかけて全国を訪れた六大巡幸も天皇とその従者のみであった。六大巡幸には同行しなかったものの、皇后も全国各地をまわっており、その際には近代的な諸施設を行啓することが多かった。特に皇后は、女子教育、医療福祉、軍事慰問、蚕業振興、殖産興業に関わる施設を訪問した[89]。一八七四（明治七）年頃までの皇后に関する記事・事績のほとんどは、後宮（皇室の私的な領域）の近代化や後宮での皇后の役割が焦点となっており、後宮以外での皇后としての仕事は、一八七一（明治四）年には、岩倉遣欧使節団に同行する日本人初の女子留学生五人を呼び、謁見したことが最初だと言われている[90]。その後、一八七三（明治六）年には開成学校、東京女学校、開拓使仮学校と、学校行啓を行い、一八七五（明治八）年には、東京女高師（当時は東京女子師範学校）の設立に、手許金五千円の下賜を行った。一八七七（明治十）年、皇后は天皇と華族学校開業式に臨んで学習院と改称させ、その後学習院は一八八五（明治十八）年に女子部を分離、四谷仲町に華族女学校として開校することとなった。赤坂仮御所に隣接していたため、たびたび行啓し、授業を視察している。華族女学校だけでなく、東京女高師にも何度も行啓した。一八七五（明治八）年開校式から一九一二（明治四十五）年六月の最後の行啓まで、一二回行啓しており、華族女学校に次ぐ回数であった。[91] 皇后による行啓は、女子教育を正当化し、その必要性を人々に示す、という意味をもっていた。一八七六（明治九）年、皇后が東京女高師に和歌を下賜している。

みかゝすは玉も鏡も何かせむまなひの道もかくこそありけれ[92]

一八七七（明治十）年には校歌にもなり、代々受け継がれていった有名な歌である。玉や鏡を磨かなければならないように、学問の道でも切磋琢磨していくように、という学業を奨励する歌である。菅聡子によれば、この歌はさらに、女性たちが玉や鏡であると例えることで、女性のもつ能力の潜在性を示唆し、切磋琢磨しその能力を輝かせるようにと歌っていると読むことができる。[93] 皇后自ら行啓し、歌を下賜し、女学生たちを鼓舞することは、様々な矛盾にぶつかる女学生たちの奮闘に寄り添うものとして映ったことだろう。

皇后の公的な役割は、女学校の行啓だけではない。戦時の包帯づくりや傷病兵の慰問も、皇室の女性たちの重要な役割だった。初めてこれらの仕事を行ったのは、西南戦争であった。[94] それ以来、包帯づくりと傷病兵の慰問（予備病院への行啓）は、戦争の度に欠かせないものとなった。もう一つ皇后による行啓が盛んであったのが、殖産興業に関する行啓である。特に皇后の行啓は、養蚕、製糸、紡績など、布と衣服に関する産業を中心に行われた。[95] 女性労働者の多い産業とも言えるだろう。これらの産業の奨励として、洋服にまだ抵抗があった時代に、皇后自ら国産の洋服を着ることもあり、[96]積極的に洋服の普及、国産化を後押ししていった。

大正天皇の皇后である貞明皇后（節子《さだこ》皇后、一八八四―一九五一）は、天皇に側室をおかせず、はじめて一夫一婦制を取り入れた皇后である。体の弱かった大正天皇は貞明皇后を頼りにし、明治天皇・皇后よりも、二人が共に行動することが多かった。貞明皇后も先代からの役割を継承し、教育、戦時の慰問、産業奨励のための行啓を行っている。特に貞明皇后は、ハンセン病に関心をもっており、一九二四（大正十三）年には、ハンセン病患者の施設であった神山復生病院へ金一封と、患者一人一人にと縞布地一反と裏地一反を贈り、その後もたびたび援助がなされている。病院側は、感謝を表したいと申し出、貞明皇后が沼津御用邸から帰京する際に、皇后の乗っている東海道線沿いでお見送りをすることとなった。一九三三（昭和八）年、軽症者三〇余名がお見送りをし、皇后が黒い洋装で車窓に起立している姿を見たという[97]。

女性が、家庭の中だけではなく、国家のため、社会のために働く、という役割が、このように皇后によって示され、模範とされていった。片野真佐子や若桑みどりらによって指摘されているように、天皇の行幸は軍事関連施設や政治に関わるものが多かったのに比べて、皇后の行啓は教育、戦時の看護事業、製糸業等に偏っている。皇后の行啓は、女性の役割としての教育や看護、製糸業を奨励することを意味していた。このような皇后の姿は、キリスト教関係者からも歓迎されていた。キリスト教系の雑誌である『女学雑誌』にも、皇后が理想の女性像として紹介されたり、写真や和歌が掲載されている。慈善の源としての皇室、女性の模範としての皇后は、宗教や政治的な立場とは関係なく、尊敬の対象であった。

皇后のこうした行啓を模範として積極的に受けとめたのは、上流階級の女性たちであった。一九〇一（明治三十四）年には愛国婦人会が創設され、華族の女性たちによる積極的な戦時の慰問や寄附金を募るバザーが行われている。初代会長は当時の宮内大臣であった岩倉具定の妻、岩倉久子である。当時の著名な政治家の夫人、華族や皇族が名を連ねていた。また、鹿鳴館において、婦人慈善会がバザーを行うという宣伝が、『女学雑誌』にもしばしばみられている。これらの婦人会は、実際の慈善事業従事者とは異なり、お金を集め、慈善事業などへ分け与えることや、戦時や震災時に一時的に慰問にあたることが主であった。かなり限定された範囲での社会的な活動ではあるが、女性が家庭の外にも役割を見出しはじめた、という意味では大きな変化だったといえる。実際に、こうした人々が二葉幼稚園へ積極的に寄附し、事業を支えていた。野口や森島が、二葉幼稚園設立後も、華族や皇族の子弟の通う華族女学校附属幼稚園で働き続けており、上流階級の婦人たちと交流があったことによって、慈善事業を支援することを自らの社会的役割として認識しはじめた貴婦人たちを、二葉幼稚園の事業へと結びつけていくことが可能になった。

二葉幼稚園では、皇后に触発された上流階級の婦人たちとの関わりのほかに、直接皇后と関わる機会があった。貞明皇后は、皇子の養育の際に、華族女学校附属幼稚園において、野口幽香と関わりをもつようになった。当時皇族の子育てはすべて宮中で行われていたが、大正天皇と貞明皇后の第四皇子である澄宮（三笠宮）が初めて、宮中の外、すなわち学習院で教育を受けることになり、その一番はじめの幼児教育に、野口が携わった。当時華族女学校附属幼稚園の園長だった野口は辞表を提出しており引退するつもりであったが、貞明皇后たっての希望で、澄宮が卒園するまでの教育を引き受けることになった。(98) 幼稚園での教育が終わったのちも、貞明皇后は野口を毎年、皇后の生誕祭である地久節に招くなどの交流があった。(99) 皇后の野口への信頼を示すエピソードとして、戦時中の宮内修養講話がある。一九四二(昭和十七)年からは、公的な会ではなく、宮中修養講話と称して野口の話が聞きたいと皇后が野口を呼んでいた。野口は聖書の話もしたが、宗教の違いは障害ではないほど、貞明皇后と野口の間には信頼関係が構築されていたという。(100) 野口は「心から人間天皇に期待し、天皇のこの上ないお人柄を敬愛していた」(101) と言われており、天皇・皇后を、道徳的な尊敬の対象としてみていたようである。皇后が、野口の人柄や教育者としての実力を認めており、その力を皇室のため、さらには日本のために発揮するよう求めることは、二葉幼稚園の社会的意義やその教育の質を保証することでもあったと言える。キリスト教者であること、また、独身であることなど、当時としては女性の逸脱とみなされていた者にとって、その存在意義を認める存在として、皇后は映ったのではないか。皇后は、単に象徴的な遠い存在ではなく、自らの事業の共感者であり、協働者として受けとめられており、野口たちにとって、親しみを感じる存在であった。

小括

二葉幼稚園の事例から、慈善事業の発展していった社会的背景を見てみると、一見全く異質なものである天皇制とキリスト教が、共に、日本の近代化の矛盾を繕い、その歪みに対応していく言説だったことが明らかになった。天皇制の拠り所となった国家神道と、キリスト教は、相反する宗教的側面をもちながらも、日本の近代化という文脈においては、その宗教的違いが争点とはならず、むしろ奇妙な連携をとって政府の意向を擁護していたのである。

第I部で見てきたように、戦前の救貧行政は、天皇の慈悲を臣民へと施す天皇制慈恵主義という形をとって展開していた。日露戦争後の社会情勢への新たな対応として、地方改良と結びつけた感化救済事業への政策転換は、それまでの中央集権的な天皇の権威化から、天皇の慈悲に臣民が応えることを求め、民間の慈善事業を救貧行政の担い手として浮上させていった。キリスト教系の事業が政府に注目され、支援を受けることは、当時「耶蘇」と差別的に呼ばれていたキリスト教が、その社会的地位を承認されていく過程ともいえる。近代的精神としてキリスト教を捉え、文明化をキリスト教布教の成果として評価する傾向にあった当時のクリスチャンたちにとって、天皇の慈悲の実践として慈善事業が世間に受け入れられることは、自らの社会的立場を肯定し、堂々と自らの主張をもって実践を行う領域を獲得することを意味していた。また女性の高学歴や、専門家としての社会的地位は、人々から偏見をもたれ、時に反感をかったりと、女性たちに矛盾を突きつけることにも結びついた。世間からは様々な批判を受けながらも、二葉幼稚園が女性を中心に成り立った背景を分析していくことで、女性の高学歴や職業が、キリスト教の言説に後押しされつつ、同時に、皇后を模範とする文脈によって正当化されていたことが明らかになった。

天皇をはじめ皇室は、明治初期には政府を正当化するためにしきりに権威化されたが、大日本帝国憲法の制定により立憲君主制をとり、天皇は憲法の範囲内でのみ力を認められることとなった。明治天皇は、即位した時まだ十四歳だったこともあり、はじめはその強化が目指されたが、政府の基盤が整いはじめ、天皇が大人になるにつれ、天皇自身の権限を狭めていく方向へと進んでいった。すなわち、政治の中心からはずれていき、政治的なものではなく、慈恵という非政治的なものを通して臣民を鼓舞し、政治を支える象徴へと転換させられていった。皇后もまた、天皇を支える良妻として、皇子を育てる賢母として、国家の中枢を支える女性として位置づけられていた。こうした皇室の担う周縁性は、慈善事業、キリスト教、女性といった領野と共通点をもつ。常に政治や男性の領域の外におかれながら、それらを支える者として献身することが求められていた。そうした政治の中心にはいなかった者たちが、政治の主流にはできないことを自分たちの使命とし、積極的に政治を支えていくという点で、天皇制と、女性によるキリスト教系慈善事業である二葉幼稚園は、共通点をもっていた。政治の主流にはいないからこそ、非政治的に見える慈悲や善意といった感情と結びつき得たのであり、天皇制とキリスト教が共鳴する余地が生じていた。慈悲や善意への肯定感が共有されていたからこそ、天皇制慈恵主義は説得力をもち、また慈善事業も成り立ち得た。政府による近代化の矛盾を、私的な同情で補うことが、天皇制においてもキリスト教においても美徳だった。天皇制とキリスト教は反発するのではなく、意外な共通項をもって協調し、自らの存在意義を担保するかのように、共に近代日本の中枢を支えていたのである。

二葉幼稚園という、当時としては珍しい女性による慈善事業の成り立った背景にも、国家の意図があり、天皇制によって正当化されていたということは、国家による主体化＝服従化は、単に既存の社会構造の再生産にはとどまらないと考えられる。既存の力を利用しながら、社会の変化が生み出されている側面もあったのである。

第Ⅱ部　都市下層の近代家族化——新たな共同性の創造

二葉幼稚園の年報を読んでいくと、この事業の従事者や協働者たちには、社会悪だと思われていた都市下層への同情心が芽ばえていたことに気が付く。特に、子ども、母、家族といったカテゴリーを通して人々をまなざすとき、不思議と階級差や文化の違いが、取るに足らない差異のように感じられていたことがわかる。子どもや母など、家族にまつわるカテゴリーは、あらゆる差異を飛び越えて共感を生み出す力を秘めていた。子どもや母への共感は、都市下層も自分たちと同じ家族であり得ることの発見でもあったのである。

しかしながら家族は、発見されるものであると同時に創造されるものであった。二葉幼稚園が理想的な家族と考えていたのは、子育てする家族、情緒的結びつきの強い親子、母子であったため、都市下層家族を、そのような近代家族へと教育していくことが目指された。共感によって可能となった、二葉幼稚園を介した階級を越えた交流は、それまでとは異なる新たな連帯を生み出していった。

これらの仮説を証明するために、第3章「貧民窟の異質さと母子への共感」では、当時の貧困が蔑視の対象であったことを確認し、そのような人々に二葉幼稚園が共感を生み出していったまなざしについて論じていく。第4章「都市下層家族と二葉幼稚園」では、二葉幼稚園の具体的な教育内容から、近代家族を創造していく過程と、そこに関わっていく家族の思いと慈善事業家の意図との交錯、そして二葉幼稚園がもたらした新たな共同性について論じる。

第3章 「貧民」へのまなざしの変化――蔑視から共感へ

戦前の東京には、貧民窟と呼ばれるスラムが多く存在していた。貧民窟をめぐるルポルタージュが多く書かれたように、雑駁で不衛生な様子から、貧民窟は人々にとって異質な世界であり、蔑視の対象だった。二葉幼稚園は、そのような貧民窟で暮らす人々に対する共感をつくっていった。二葉幼稚園の創設時には、子どもが特別なまなざしを獲得し、同情や哀れみを誘い、支援の必要性が発見された。同情は徐々に広がっていき、子どもだけに限らず、母子や親子、家族といった見方は、階級の差を越えて同情を集めるようになり、共感が生み出されていった。

「暗黒」としての貧民窟

二葉幼稚園が対象としていた貧民窟は、単に貧しい人々の暮らす場所、という経済的な意味だけを帯びていたわけではない。貧民窟は、悪の温床として蔑視され、恐怖を持たれていた。当時の記録を読むと、今日の東京からは想像できない世界がひろがっていたことが見えてくる。

貧民窟の異質さ

二葉幼稚園が対象としていたのは、東京府の貧民窟の子どもたちである。特に、下谷万年町（現在の台東区東上野）、芝新網町（現在の港区浜松町）と並び、明治の三大貧民窟の一つである四谷鮫河橋（現在の新宿区若葉）や、明治末頃から新たに下層地域となった新宿旭町(1)の子どもたちを集め、幼児教育を行っていた。いったい当時の貧民窟とはどのような場所だったのだろうか。

図3―1は、一九〇三（明治三十六）年に描かれた四谷鮫河橋の様子である。「鮫ヶ橋貧家ノ夕」とタイトルが付けられている。

木造の家屋が連なり、それぞれの家の境界はあまり意識されていないようで外に開かれている。継ぎ接ぎした服を着た人々があいさつを交わしながら行きかう様子が見て取れる。この図が掲載されているのは『風俗画報』の「東京名所図会」の四谷区之部であり、四谷鮫河橋の説明として、貧民窟という項目が設けられている。

四谷鮫河橋《さめがばし》は、芝新網《しばしんあみ》、下谷山伏町《したややまぶしちやう》と並びて、東京市中に於ける三大貧民窟と称せらる。谷町《たにまち》を中心として凡そ卑湿《ひしつ》の地、到る所、軒低《のきひく》く、壁破《かべやぶ》れ、数千の貧民、蠢々如《しゅんしゅんしょ》として纔《わず》かに雨

図 3–1　鮫河橋の様子 1

（『風俗画報新撰東京名所図会第卅九編四谷区之部上』臨時増刊第277号、東陽堂、1903年）

露を凌《しの》ぐの状、愍《あはれ》なり。質屋は唯一の機関にして、九尺間口の米屋あり、薪炭商あり、酒舗、魚戸、古着店、日曜の肆、次く所あらず、以て一社会を組織せり。(2)

「数千の貧民」と書かれるほどの、かなり多くの人々が暮らしていたことが窺える。じめじめした土地に、古びた家屋が軒を連ね、「一社会を組織せり」とあるように、一つの独特な社会として成り立っていたようだ。**図3―2、3―3**を見ると当時の様子がイメージしやすい。狭い路地沿いに木造の長屋のような建物が続いており、所々壊れているのがわかる。子どもも多かったようである。

明治期の貧民窟の様子を知る手がかりとして、桜田文吾（一八六三―一九二二）、松原岩五郎（一八六六―一九三五）、横山源之助（一八

図 3–2　鮫河橋の様子 2

（草間八十雄「どん底の人達」磯村栄一監修『近代下層民衆生活誌Ⅰ　貧民街』明石書店、1987年）

図 3–3　鮫河橋の様子 3

（下中邦彦編『日本残酷物語　第5部　近代の暗黒』平凡社、1960年、45頁）

七一—一九一五)に代表される貧民窟のルポルタージュがある。松原の明治中期の代表作である『最暗黒の東京』の記述をみてみると、ルポに行くような異質な空間として貧民窟がまなざされていたことがわかる。(3)松原は一八九二(明治二十五)年に「芝浦の朝烟」という貧民窟の探訪記事を連載し始めた。(4)「独りみづから暗黒界裡《あんこくかいり》の光明線たるを期し、細民生活の真状《しんじょう》を筆端に掬《むす》ばんと約して、羈心《きしん》に鞭うち飄然《ひょうぜん》と身を最下層飢寒の窟《くつ》に投じぬ(5)」と記しており、芝新網町や四谷鮫河橋などの貧民窟に、変装して入り込み、未知で異質な空間への探検記を記事にしたのである。連載後、記事の一部に加筆し、一八九三(明治二十六)年に『最暗黒の東京』を刊行した。(6)一八九三年十一月二十三日の『国民新聞』に「再版　定価十三銭郵税四銭　発売後数日にして数千部を売り尽くし既に再版成る　速に購読せよ」と宣伝されるほど売れたようで、(7)一八九七(明治三十)年には、英訳本すら横浜で刊行されたという。(8)

松原の報告からまずうかがえるのは、貧民窟の不潔さである。松原は三銭を払って木賃宿に泊まる。「三間開放《まうちとお》したる座敷にて二十畳ばかり敷かるる処」で、「泊り客すでに五六人ありて各一隅に割拠し」たと記している。(9)二十畳ほどの座敷に雑魚寝する宿であり、松原が着いた時、すでに五、六人の先客があった。部屋の様子については、下記のように記されている。

新賓客なる予は右側の小暗き処に座を取りしが、そこには数多《あまた》積み重ねたる夜具類ありて垢に塗《まみ》れたる布団の襟より一種えならぬ臭気を放ち、そぞろに木賃的の不潔を懐《おも》わせたるのみならず、予の隣に坐せる老漢はいわゆる子供たらしの文久的飴売りなるが其の煮しめたる如き着物より紛々と悪臭を漲らし、頸筋または腋《わき》の下あたりをしきりに掻き捜しつつ、所在なき徒然《つれづれ》に彼の小虫を嚙み殺しつつありしを見て予は殆んど坐に堪えがたく、機会《おり》を見て何処へか場所を転ぜんと思い居る(10)

一部屋に雑魚寝であるため寝具が積まれているが、どれも汚く、ひどい悪臭がした。寝具だけでなく、宿泊客の臭いもひどく、体には虫がついているようで、掻き毟ったり、虫をかみ殺そうとしていたようだ。

蚊軍蚤軍の襲撃とは平凡なる形容のみ、其の実いかほどうるさき蚊、耐えがたき蚤、シラミのために攻めさいなまるかに至っては、予をして殆んど言語を絶たしむ(11)

それまでの日常生活からは想像できないような、蚊や蚤、虱の多さだったことがわかる。

前田愛は、松原が記す貧民窟における「ものの豊饒さ」に注目している(12)。貧しいと聞いて想像するような物や金銭、道徳の欠如だけが特徴なのではない。一般的には捨てるもの、食べないものや、壊れたあらゆるガラクタが売られ、買われ、使用されているのである。知らない職業や、食べ物、道具という、物の豊饒さ、過剰さも貧民窟の特徴だった。そういった意味で、明治初期の貧民窟は文明に対置される野蛮とは異なり、「暗黒」という異質な空間として存在していた、と前田は述べている。前田の議論を踏まえ成田龍一は、貧民窟が「文明と相補の関係をもたず、文明とは異なった秩序をもつ社会を暗黒」として捉えていたと指摘している[14]。探検記という形をとるルポルタージュの題材となったことからわかるように、貧困はまず、好奇心の対象となるほどの、異質な空間として認識された。貧困は貧民窟という空間と分化しておらず、具体的に目に見えるものだった[15]。

貧困と差別

明治維新以降、江戸とは異なる貧困への新たな賤視が生じている。この変化を北原糸子は『貧民』であることがあたりまえであった時代から『貧困』に陥ることを恥として、隠蔽する社会へ向う過程[16]」と指摘する。明治以前にも当然貧しさはあったが、それは身分と共に理解されていた。明治になって身分制が解体されると、貧困のもつ意味も変化していった。藤森照信によれば、明治以前の封建都市では主要街路の出入口にスラムが配置される例も少なくなく、恥ずべき隠すべきものとは見られていなかったという[17]。しかし明治になると、貧者の集まる貧民窟は、差別的なまなざしで見られ、排除の対象となってゆく。

そもそも貧民とは、誰のことか。意外にもこの定義は難しい。ひろたまさきは「乞食から貧民街の住民までをその対象としてはいるが、そうした人たちと他の貧民との間に引く明確な境界はないのであって、一般社会の中にも最低生活にあえぐ厖大な貧民が存在し、町村の構成員として認められながらいつ破産しても不思議でない状態から村はずれの孤立した茅屋でその日暮しをたてている状態までさまざまな段階があって、それが貧民街さらには乞食へとつながっていくところに、ある意味で『貧民』の『特殊性』があるといえるように思われる」と述べている[18]。家計をもとに貧困ラインを定め、貧困の範囲を定めることもあるが、その線引きの仕方によって対象範囲は変わり得る。また、経済的な基準だけでは貧困を捉えられないという議論も多い。ひろたが指摘するように、近代になって乞食や貧民窟の人々、という可視化された一部の貧民が差別の対象となるが、そのような人々と、差別はされないが貧しい人々との間に、はっきりとした境界線はないのである。にもかかわらず、一部の貧しい人々には差別がつきまとった。貧困が恥ずべきものとして認識され、貧民窟など貧民の集まる地域は見えない所に隠すべきだと考えられるようになっていく。

露骨な事例として、火事[19]をきっかけとした橋本町のスラムクリアランスがある。一八八一(明治十四)年、神田から両国一帯にかけての火事があり、全焼家屋一万五千戸以上という、この時代でも有数の大火であった[20]。この火事の火元、松江町の東隣が橋本町という貧民窟だった[21]。橋本町は、東京府の中央部に位置し、東京の主要街路である本町筋のすぐ裏手にある、という地政学的特徴を持っていたため、「都府の体面に関す」る、と指摘され、火事による焼失が再開発の機会として政府に認識された[22]。防火令[23]と同じ一八八一(明治十四)年に橋本町の買収が立案され、実際に八八%が買い上げられることとなった[24]。買い上げに伴い橋本町一帯は瓦葺の屋根制限地域[25]に入れられ、実際に買収後に建てられた家屋をみると、塗屋造が多数を占め、東京防火令で定める基準以上に防火家屋が増加した[26]。政府が土地を買い上げたということは、江戸時代以来の差配人から、新たに政府に選定された地主へと、差配人の権限が移ったことを意味していた。差配人とは、借家人の人選や家賃の取り立てを行ったり、借家人へ保護や干渉の権限を持ち、貸し手と借り手をつなぐ役割の人である[27]。橋本町のような貧困者の集まる市域では、犯罪人の隠蔽や賤業への周旋も行っていたと言われている[28]。政府の方針に沿った借家の管理のできる差配人を新たに人選することで、新たな借家人が選ばれ、住まう人の層が変わっていった。

一八九一（明治二十四）年のロシア皇太子来日の際、政府は東京市に、すべての乞食を元加賀藩邸の長屋に収容し、金を与えて外出させない処置をとるように命じている[29]。この対応も、貧困を恥として隠蔽しようとした事例と言える[30]。貧民窟という土地だけでなく、貧しく浮浪している人々も、賤視の対象であり、隠蔽されるべきものと考えられていた。ロシア皇太子の来日、という理由が示しているように、欧米列強に対して、日本の恥が意識された。

なぜ貧民窟や乞食は賤視されたのであろうか。一つには、伝染病の流行に対する恐怖が、不衛生である貧民窟へのネガティブなまなざしによって上書きされたことが指摘できる。もう一つは、封建的惰民論や、立身出世主義の言説であり、不学や不勤勉による頽廃としての貧困、という学問や道徳と結びついたイメージが付されたことがあげられる。

ネガティブなイメージが貧困と結びついた背景として、コレラへの恐怖が人々の生々しい記憶として存在したことがしばしば指摘されている。前田愛は、伝染病への恐怖が、「腐敗した悪性の空気（中略）という〈神話〉」を生み出したと述べている。[31]伝染病の流行は明治以前にもあったが、交通が頻繁になり、開国後に外国船の来航が増えたことにともなって増加していった。[32]天然痘や腸チフスなどいくつかの伝染病があったが、中でも最も恐怖を与えたのが、コレラである。コレラは「虎列刺」「虎列拉」「虎狼痢」「三日コロリ」と俗称され、虎のように恐るべき病だと言われていた。[33]コレラは十九世紀に突然世界的大流行をみせ、その度に日本も犠牲者を出してきた。[34]小野芳朗によれば、コレラによる死亡者数の全国的な統計が残っているのは、一八七七（明治十）年以降である。一八七七年は西南の役の帰還兵が全国にコレラを蔓延させ、維新後初めて大流行となり、死者は八千人にのぼった。[35]その後の大流行は、一八七九（明治十二）年、死者一〇万五七八六人、一八八二（明治十五）年三万三七八四人、一八八六（明治十九）年一〇万八四〇五人、一八九〇（明治二十三）年三万五二二七人、一八九五（明治二十八）年四万一五四人で、流行しない年でも死者が数百人から数千人いたが、大正、昭和に至ると、その傾向は漸減していく。[36]当時の罹患者の死亡率は六〇％から八〇％と非常に高く、感染してから死亡するまでが約三日であり、[37]非常に恐れられていた。大流行を経験しながらも、一八八四（明治十七）年のR・コッホによるコレラ菌を発見など西洋医学の成果が導入されるまでは、予防や治療の決定的な方法がなかったことも、人々の恐怖をかきたてていた。

伝染病と貧困との関連は、幕末から指摘されはじめていた。ひろたまさきは一八六四（元治元）

年の本間玄調『内科秘録』を例として示し、「流行病は凶作飢饉につきものであり、飢饉による不養生や不衛生が流行病を生みだすことは気づかれていた」と述べている[38]。さらに当時、掃除洗濯によって清潔にすることが対策として挙げられていた[39]。コレラの大流行によって、コレラに対する大きな恐怖感を植えつけられるのと同時に、一八八〇（明治十三）年に『朝野新聞』に掲載された「伝染病予防法心得書」に「土地ノ不潔ハ伝染病ヲ蔓延セシムルノ媒介[40]」とあるように、不潔さが伝染病を蔓延させるという考え方が共有され、それまで以上に広がっていった。当時東京には多数の貧民窟があり、こうした地域が忌避の対象として浮かび上がった。ひろたまさきは「触穢思想」が「衛生観念の中にもぐり込んでしまった観がある[41]」と指摘する。江戸時代の貧困は、身分制と結びついていた。身分制において穢多・非人は、蔑視の対象でもあったが、「キヨメ」の役割を担う存在でもあった。しかし身分制の解体による、穢多・非人の身分の解除は、他の人々と穢多・非人の間にあったそうした身分制に基づいた関係の変化をもたらした。掃除作業、皮革業、犯罪者の処分といった彼らの役割は、警察官、看守に代わられ[42]、キヨメの役割を奪われた。貧民窟は、穢れに対する忌避が、不衛生な者に対する忌避によって上書きされるように、賤視の対象になっていった[43]。

　貧困は、伝染病の脅威に相まって、不衛生に対する恐怖と結びつき、さらに、不学の者に対する蔑視とも結びついていく。典型的であったのが明六社に代表されるよう啓蒙思想である。福沢諭吉（一八三五—一九〇一）は『学問のすゝめ』の冒頭で、「生まれながら貴賤《きせん》上下の差別」はない、と説きながらも以下のように書いている。

されども今広くこの人間世界を見渡すに、かしこき人あり、おろかなる人あり、富めるものあり、貴人もあり、下人《げにん》もありて、その有様雲と泥との相違あるに似たるは何ぞや。その次第甚だ明らかなり。実語教に、人学ばざれば智なし、智なき者は愚人なりとあり。されば賢人と愚人との別は、学ぶと学ばざるとに由《よ》って出来《いでく》るものなり。(44)

福沢は、貧富の差を学問の有無に結びつけた。さらに福沢は「凡《およ》そ世の中に無知文盲の民ほど憐れむべくまた悪《にく》むべきものはあらず」とも述べており、不学の者を蔑視し、「智恵なきの極は恥を知らざるに至り、己が無智をもって貧窮に陥り飢寒に迫るときは、己が身を罪せずして妄に傍の富める人を怨み、甚だしきは徒党を結び強訴一揆などとて乱妨に及ぶことあり」と、秩序を乱す者として位置づける。(45) 啓蒙思想には当然、啓蒙＝立身出世に反するものとしての貧困への蔑視があった。福沢をはじめ明六社の代表的な人物として、西村茂樹（一八二八―一九〇二）、津田真道（一八二九―一九〇三）、西周（一八二九―九七）、中村正直、加藤弘之（一八三六―一九一六）、箕作秋坪（一八二六―八六）、杉亨二（一八二八―一九一七）、箕作麟祥（一八四六―九七）、森有礼（一八四七―八九）などがあげられるが、明六社初期の構成員の社会的共通性として「下級士族出身、当初儒学後に洋学学習、ほとんどは幕府開成所に勤務、幕末まで西洋見聞者過半、薩長出身者ほとんどなし」(46)という点が指摘されている。彼ら自身が下級士族から学問を通して出世してきたという背景をもっていたことがわかる。啓蒙思想に限らず、当時の多くの知識者、政府関係者には、貧困に対する蔑視があった。ひろたは「彼ら指導者のほとんどは愚民観の持ち主だったが、それは愚民ゆえに啓蒙意欲をかきたてるとともに他方で軽蔑するという二重性をもっていた」[47]と指摘する。岩倉具視は「士族授産ノ議」で、「彼ノ所謂貧民ナル者ハ懶惰ニシテ業ヲ勉メス、自ラ貧困ヲ招クモノヲ指スナリ」[48]と述べ、四民平等による士族無産者を授産によって救済する必要性は認めながらも、それ以外の貧民を、自ら招いた貧困とし、救済の必要性を認めていない。そもそも性が悪いために自ら招いた貧困だと考えている点では福沢と大きく異なるが、貧困を個人の責任へと転化していく点では共通していた。その点については、岩倉をはじめ封建的な政治家と、福沢諭吉をはじめとする自由民権論者との、暗黙の癒着関係が指摘されている[49]。他にも、原敬は「救恤論」[50]を書いており、社会変化による貧困の救済の必要性を指摘してはいるが、「全体の論旨は独立自営が重視され、救恤は弊害を伴うとの指摘にある」とする[51]。貧困を軽蔑し、自ら招くものとして救済の必要性を認めず、救済による人々の自立心の弊害を説く言説が多く見られた。

しかし、当時の貧富の差は決して学問の有無によってのみ生まれたものではなかった。身分制は解体されたものの、実態としては江戸時代に生み出された貧困を引きずり、さらに松方財政によって困窮した人々の東京への流入等、近代化に伴う歪みを象徴するように下層民の増加が起こっており、個人の問題には還元され得るものではない。にもかかわらず貧困は、不学や怠惰と結びつけられていった。貧困の原因を個人へと向けることで、貧富は個人の努力次第であり、貧しく生活が苦しくとも、それは個人が責任を負うべきことであり、貧民救済は本来必要のないことだという認識がなされた(52)。こうした貧困に対する認識は、救貧ではなく防貧の必要性に焦点を当てることへとつながっていき、教育や労働の整備によって担うことが期待されることとなった。

二葉幼稚園関係者からのまなざしも、こうした貧困を悪とする見方と無縁ではない。野口幽香や森島峰をはじめ、この事業に関わった人々は、社会問題として都市下層を見ており、貧民窟が社会悪の巣であるという認識を少なからず持っていた。終日保育を実行した年の年報には下記のように記されている。

創立以来の希望でしたが、親を助けるといふ目的からは、もとよりの事、又子供を家庭やら社会やらの、悪習慣から離れさせますには、どうしても一刻も永くこゝに置く必要がありますので、断然実行致しました(53)

「家庭やら社会やらの、悪習慣」とあるように、都市下層の家庭環境や社会状況を問題視し、子どもたちをそのような環境から少しでも長時間引き離したい、という意図が読み取れる。また、貧民窟を悪の温床とする記述も見られる。

三尺許の入口、即横町がいくらもあります、其中には所謂棟割長屋が建ち並んで、六畳一間の家、四畳半一間の家が、沢山に列んで居ります、其中に二家族三家族の、同居して居るのもありまして、生れ落ちるから此中に育ち、何も知らぬ内から金銭の味を覚、寒さと暑さと戦ひ、虱や蚤に攻められ、悪い事のありたけを見せられ、不道徳不衛生の中に大きくなつてしまふのであります。真面目な労働者にでもなりますなら、此上もない事でありますが、一つ間違へば何になるかわかりません、世間の物持が枕を高ふして寝る事の出来ぬ様な、大泥棒になるかも知れず、人を殺したり放火をしたり、煉瓦の高塀をこしらへて、大勢で番をして居らねば、安心の出来ぬ様な人間が、かゝる場所で成長しつゝあるのであります。[54]

狭い路地に長屋が密集しており、多くの家族が雑居し、「不道徳不衛生」な環境であることが述べられており、「一つ間違へば何になるかわかりません」とあるように、子どもが悪に感化されれば、自分たちが安心して生活できなくなる可能性があることを指摘している。

実に泥坊、人殺し、火つけ、などゝ恐ろしい犯罪人の玉子はこんな社会で毎日育て上げられつゝあるのが事実であると知つた以上、誰しも黙つて居られないではありませぬか[55]

都市下層の人々全員が犯罪者であるわけではないのだが、貧民窟で育つ子どもは「恐ろしい犯罪人の玉子」と捉えられており、犯罪者にならないために、手を差し伸べなければならないと考えていたことが分かる。二葉幼稚園においても、貧民窟を悪の温床として見ており、子どもがそのような環境で毎日を過ごすことを問題視していた。

共感の醸成――「子ども」「母」という回路

異質な空間として見られ、差別の対象であった都市下層に対して、野口や森島は同情をもって支援を行っていく。同情をもつようになるきっかけとして、子どもという存在があった。子ども、そして母子というカテゴリーは、階級や文化を越えて、共感を生み出していった。

「子ども」への注目と共感

第1章でも引用したものだが、野口は下層向けの幼稚園をつくろうと思ったきっかけとして、「往来で子供が地面に字を書いたり、駄菓子を食べたりして遊んでゐる姿を、よく見かけ」、「夕方そこを通つても、やはり、往来で遊んでゐ」る様子を見て、「道端に捨てられてゐる子供」と感じ、「そのまま見過ごせないやうな気がしてきました」と述べている[56]。都市下層の人々は、当時異質な存在として人々の目に映っており、決して同情や慈愛の対象ではなく、むしろ悪の温床であり恐怖の対象であったはずだ。しかし、「子ども」という存在は、その階級や生活習慣の違いを越えて同情心をかきたて、保護されるべき存在、適切な環境で育てられるべき存在として、野口や森島には認識されていた[57]。

子どもに対するそのような認識は、当時はまだ広く普及しておらず、子どものために幼稚園を設立することも、世間一般には理解されていなかった。野口と森島は、幼稚園の設立資金を得たのち、幼稚園のための土地・家を探すのに大変苦労していた。設立当初、野口らは麴町区下六番町に小さな家を借りたが、普通の民家であるため、幼稚園としては不十分なつくりで非常に狭かった。第一回年報には、「もし家屋十分ならは尚一人の助手を頼みて四五十名の子どもの入園を許さるゝが故に目下頻りに家屋捜索中なり[58]」と書かれている。事業の拡大を望み、適した土地・家を探していた。一九〇〇（明治三十三）年一月に開園した後、同年八月には麴町区土手三番町に移転している。最初の借家よりもずっと広い家であったが、やはり普通の民家であるため「誠に不便で、広い程に役にたゝぬのには困ります[59]」と第二回年報に記されている。さらに、下記のように述べられている。

今少し適当な家をといはるる方もありますが、家の良否をいふ所ではありませぬ、幼稚園ときては、大抵の家主が皆いやがりて、貸してはくれませぬ、それ故余義《ママ》なく茲で辛抱して居ります[60]。

貧しい子どもたちのための幼稚園と聞いて、賛同してくれる人ばかりではなかったことが窺える。家主に嫌がられながら民家を転々とした後、御料地を無料拝借することとなり、まさに貧民窟の中心である四谷鮫河橋へ、一九〇六（明治三十九）年に新築移転することになる。この御料地の拝借は、一般の借家と違い、第1章でみてきた政府や上流階級からの賛同によって実現している。

> 毎年毎年報告を書く度に地所を地所をと申ました皆様には今も御尽力下さる方があらうと存じますが四谷鮫ヶ橋に甲武線の直北に当って貧民窟とは地続ぎ《ママ》の最適当なる御料地がありまして今度とうとう無料拝借といふ有り難い御許可を得ましたこれに就いては同地の直お隣りの松平伯爵が一方ならぬ御尽力を給はりました(61)

年報からわかるように、御料地の無料拝借に尽力したのは、松平伯爵という華族階級の者である。二葉幼稚園の記録では「松平伯爵」としか記載されていないが、一九〇五（明治三十八）年八月三十日『読売新聞』朝刊「霖雨と貧民」と題した記事に、「所謂《いはゆる》鮫《さめ》ヶ橋《はし》　一概《がい》に鮫《さめ》ヶ橋《はし》と言《い》へバ貧乏《びんぼう》人《にん》を意味《いみ》すれど同所《どうしょ》に八雲州松江《うんしうまつね（ママ）》の旧藩　主《きうはんしょ（ママ）》　松平伯《まつだいらはく》（直亮《ちょくりゃう》）も住《す》み玉《たま》へり」とある。出雲松江藩第十代（最後）の藩主松平定安の三男、松平直亮からの協力があったことが窺える。華族階級の人々の中には、資金面等で支援する者が多くいたが、それは決して世間一般から賛同があったということではない。下層の子どもであっても、保護され教育されるべき存在であると考え、二葉幼稚園の社会的意義を共有している人は、限られていた。

森島峰は、アメリカで移民の子どもたちの教育に関わった経験をもっており、民族等の違いを越えて、子どもを保護・教育の対象として捉え、手を差し伸べることを、身をもって知っていたはずである。野口が下層の子どもに目を向けるようになったのが森島の影響だったのかどうかはわからない。しかしいずれにせよ、幼児教育という領域は、「子ども」の対象化によって、階級差や異質さを飛び越えてしまうことを可能にしていた。第1章でも触れた二葉幼稚園の設立主意書を見ると、子どもの特殊な位置づけがわかる。少し長いが、全文引用する。

> 幼稚園の必要はこと新しく述ぶるまでもなきことにして、既に我国に於ても、広く世に行はれ、家庭と相待つて、将来の教育を完全せしめんとするは、真に悦ばしきことならずや。されども、多くの幼稚園は主として中等以上の子女を保育すべき傾あり、これらは其の家庭に於ても、両親の保護監督あるが上に、侍婢あり従僕ありて、衣服飲食の世話は勿論何一つ欠くることなきに、尚幼稚園に通ひて、喜と楽の内に生育せらるゝに反し、社会の下層に沈淪せる貧民に至りては、全くかゝる恩沢に沿《ママ》すること能はず、加ふるに、彼等の両親は概して教育思想無く、かつ生計の為に心志を労すること多く、愛する子女を顧るに暇あらざるが故に、彼等は幼稚の時代より街路に立ちて塵埃の内に寒風に打たれ、暑熱にさらされて、思ふまゝに悪戯を為に至る。加ふるに楽しかるべき父母の傍に帰るも、そが家は、辛ふじて風雨を凌ぎ膝を容るゝに足り、食物衣服またいふに忍びず、其の境遇は、誘惑と悪しき実例とにて満たさるゝが故に、愈々其の不幸を増し、為に将来罪悪に陥り、社会の進歩と国家の秩序とを害するが如きことあるに至

らしむるは、真に歎かはしき至にして、涙ある者の空しく看過すべきことならんや。されど彼等は、不幸の境遇にあるを知らず、なほ無邪気に遊べること、実に可憐にして憫然至極といはざるを得ず。嗚呼これらの幼児をして、未だ悪しき感化の浸潤せざる時代より、良き境遇に置き教育を施し、良き国民と為ことは、実に吾等同胞の義務といふも不可なかるべし。然かのみならず此の事業は、啻に保育を受くる者と其の父母との幸福のみならず、社会一般の程度を高め、罪悪を未発に防ぐを得るべく、随ひてかの養育院、感化院、出獄人保護等の慈善事業よりは、根元的にして『予防の一オンスは治療の一ポンドに優る』といへる諺の如く、社会改善の上に於て一層有効なるを見る。おのれ等多年中等以上の子女を保育し、其の経験により、益々貧児の境遇憫むの余り、彼等の為に特殊の幼稚園を起さんと欲し、微力を顧みず計画する所あり、既に世の教育慈善家の賛助を得て、今年一月十日此の目的をもて貧民幼稚園を開き、名付けて二葉幼稚園といふ、二葉をして生育せしめ、愈々茂り益々栄えしめ、幾多の貧児が此の蔭に世の風雨を避けて、安らかに生ひたつを得しむるは、世の慈善家の助力に依らざるを得ず、依りて此の主意を述べ、切に世の賛助を仰ぐ(62)

すなわち、社会の下層である人々は、幼稚園の恩恵を受けることができず、両親も無教育な上に生活が苦しく仕事に追われており、子どもを教育することができない。子どもたちは、道端で遊び悪戯をなすようになり、家に帰っても、その家は辛うじて風雨を凌ぐ狭い家で、衣食住が満たされず、誘惑や悪い習慣が溢れているため、不幸が増し、将来悪に陥ることとなり、社会の進歩や国家の秩序を乱す者となってしまう。そのような不幸な境遇にあることも知らずに無邪気に遊ぶ子どもたちが、悪に感化される前に、適切な環境で教育し、良い国民へと育てることが、私たちの義務である。子どものため、家族のため、そして社会のためのこの事業は、「予防の一オンスは治療の一ポンドに優る」と言うように、すでに家族を失った子どもの養育院や、非行に走った者の入る感化院や出獄者支援よりも社会的効果の大きな事業である、というのが、この主意書の内容である。野口と森島は、都市下層や貧民を悪の温床、不適切なものと捉えており、前述した差別的なまなざしを共有している。その上で、都市下層の子どもたちについては、都市下層であることよりも、子どもであるということが重視され、子どもにふさわしい環境で教育がなされるべきである、と考えていたことが読み取れる。子どもであるにもかかわらず、道端で野放しにされている、ということが、救済の必要性の根拠として持ちだされ、支援者から同情を引きだす要素となっていた。都市下層ではあっても、子ども自身は悪ではなく、貧民窟という悪の温床である場所から保護され、教育されるべき存在として認識されていた。こうした子どもという存在の特殊性が、異質な貧民窟へと関わっていくきっかけとして機能していた。

二葉幼稚園を始めるきっかけとして、子どもへの哀れみがあり、それによって多くの支援者を巻き込むことが可能になったのであるが、さらに実際の活動を通して、「子どもらしさ」が発見され、年報を通して伝達されていく。前述のように年報の中には、貧民窟や都市下層に対する差別的でネガティブな表現も見受けられるが、それと同時に、子どもらしい子どもの姿を発見しては度々報告していた。

幼稚園近くに親孝行の娘がありますが、父母共にありますが、父はもと車夫をして居つたそうですが俄に盲になり、しかたがないので昼は煮豆を売、夜はカリントを売りに出ます、けれど、娘はまだ十一二で、重いものが持てませんから、父親がそれを持つて、娘が手を引いて年が年中雨が降つても、休んだ例しがありませぬ、寒中のしかも夜深けて、帰つて来る其声のきこえるのが、毎夜つらい位で御坐います、皆様御寄附の綿入や足袋など、とりまぜて此孝行娘にやりました、此様に心懸のよい家族が貧民のお手本になるやうにと思いまして、奨励した積りであります(63)

目の見えない父親を気づかい毎日仕事を手伝っている少女が紹介され、「貧民のお手本」と見ていたことがわかる。親を思う子どもらしい子どもの姿として、記述されている。

上流階級であろうと下層であろうと、階級に関係なく同じ子どもである、という時、野口や森島にとって、子どものあるべき姿は、必ずしも上流階級の子どもを理想としていたわけではない。野口と森島は、華族女学校附属幼稚園での仕事と掛け持っていたため、下記のような出来事が報告されている。

〔華族女学校附属幼稚園の子どもは〕行列を組んで散歩に連れて出ましても、一寸眼を離せば、すぐ転げる、溝に落ちる、といふ風で、はらはらしながら始終気を使つてゐなければなりませんでした。（中略）二葉の子供に同じ遊び場所で落ちあふことがありました。二葉の先生は『二葉の子供は、放つておいても溝に落ちたりはしない』と、笑つて答えました。（中略）貧民窟の子供は、人が保護してくれないため自分で自分を保護する力を持つてゐます。（中略）この対照は、子供を育てるものとして、深く考へねばならない問題だと思ひました。[64]

上流階級の子どもは、いつも守られて育っているため、自分の身を守る術に乏しく、目を離せないが、二葉幼稚園に通う子どもたちは、たくましく生きており、保姆が常に見張っていなくても大丈夫だと言うのである。階層の上下にしばられてまなざすのではなく、子どものあり方として観察されている。

二葉幼稚園を通して、子どもへのまなざしから下層を捉える、という視点が少しずつ伝わっていった。全く異質で蔑視の対象だった都市下層に、共感の余地が徐々に広がっていったようだ。

「母親」への連帯

前述のように、設立主意書では、設立の動機として子どもに焦点があてられる一方、下層の家族の救済や、子どもを預かることで親を助ける、という主旨は書かれていなかった。しかし、設立から半年後の第一回年報には自らの事業を「如何なる幼稚園にても家庭との連絡は最大切なる事なるが本園の如く親を助けんとの主意を兼ねたる所にては殊更其の必要あるなり」と書かれており、今日の幼稚園同様、働く親たちを助けるという役割は意識されていたようだ。異質な存在として見えていた貧民窟の大人たちに対して、実際の幼稚園という事業を通して、親であるという点から保姆たちは同情をもっていく。差別的なまなざしだけではなく、彼らを好ましく記している報告もなされている。

車夫の児の兄弟があります。この児達は雨でも降ると、ちやんと二人乗の車に乗て来、また帰りにも迎ひに来てもらつて、それに乗つて帰ります。大層贅沢な様ですが、その車のひき手を見るとこれはこの児達の阿父さんなのです。[65]

子を思い、幼稚園への送り迎えをする父親が紹介されている。下記は、毎週土曜日に子どもたちを入浴させることになり、母親たちが当番で手伝いに来た時の話である。

最初お金をやらうとも申、御飯でも御馳走しやうとも申合ましたが、何しろ忙しい中ですので、お金を拾銭つつ包んでやりましたのに、どうしても取りません、逃げる様にして受け取りませんでした、随分美しいぢやございませんか、人の物でもひつたくる様かと思へば、どう致してこちらが親切に出れば、あちらも亦善の方向をむけて、其間にいはれぬうるはしい処があります、併しとうとう説諭して此頃では一回拾銭つつやる事になりました。(66)

手伝ってもらった報酬としてお金を渡そうとしたところ、いらないと言って受け取らないというのである。ネガティブな下層の様子だけでなく、保姆たちが驚くような、謙虚さも見出されていた。一五年目には、下記のような記述も現れる。

炎熱やくが如き夏の真昼中、破れた帽子を唯一の蔭として、路傍に働いて居る労働者を見たことのない人は恐らくはありますまい。けれども亦あの状態をしみじみと観察して、あの身なりから顔の表情、たへず続くところのあの働きぶり、それから進んでは彼等の心の状態、更に進んで彼等の家庭のありさま、木賃宿の一夜の状況をしんみりと考へてみる人も、恐らくめったにはないことだらうと思ひます。(67)

当時一般的には、下層の人々が異質な存在として見られていたことが窺える。その上で、二葉幼稚園では、彼等の気持ちに寄り添おうとする姿勢がくみ取れる。事業を通して、悪の温床としての貧民窟というだけでなく、そこに暮らす人々に人間らしさやその暮らしの辛さへの同情が出てきたようである。

両親の親らしい姿を見いだしていく中で、特に母親への思い入れが強くなっていく。二葉幼稚園には、子どもを抱えて路頭に迷う母たちがしばしば相談に訪れ助けを求めに来ていた。そうした母親たちへの共感が形になったのが、「母の家」の事業である。二葉幼稚園では、一九二二（大正十二）年に母子寮である「母の家」[68]をつくり、家もなく生活力もない母子たちに住居や仕事を提供するようになった。

> 乳児を抱へて俄に夫に逝かれた若き寡婦　多数の幼児をのこして置き去りにあつた力なき母など　これらの同胞から万べてを訴へて頼らるゝ時先づ要するものは安全な住居であります　此住家の無い為に又は不安全な為にみすみす暗い生活に落ちゆくのを看過すのほかなき場合が少なくございません　保育者として彼らにまづ安全な住居を与へ職業を介し何かと日常生活の友となつてゆく事によつて其不遇な家族の幾分をでも救ひうるとせば真に適当な御用だと存じます[69]

「母の家」建設が決まった年の年報では、上記のようにその必要性が述べられている。助けを求める母たちのことを「これらの同胞」と呼び、「日常生活の友」になろうと考えていたことが分かる。最初の「母の家」では、四畳半八室、六畳二室の一〇室を用意し、家賃は南側は四円、北側が三円五〇銭だった。[70] すぐに満員となり、仕方なく一部屋に二家族で住まわせたり、幼稚園の治療室なども住居として提供せざるを得なかった。一九二五（大正十四）年には四畳半一六室、五畳半四室、六畳七室、三畳二室の計二九室へと増築し、一室一家族を目指したが、やはりそうもいかず、二家族で住まわすことが避けられなかった。[71] この年は合計三三家族一〇四人の世話をしていた。その後も機会を見つけては増設し、さらに一九三五（昭和十）年には深川区海辺町に「母の家」の分園を創設した。

「母の家」では、母親たちに二葉幼稚園内での仕事や、幼稚園付近での仕事を紹介し、昼間は幼稚園に子どもを預けて働かせ、夜は「母の家」で親子共に過ごせるように配慮していた。

まづ参りますと其人に適した仕事を見つけます、これがまた中々ありませぬ、とにかくに其仕事のあるまでは主婦が中心として食を共にし、何かと園の手伝ひなどさせ、裁縫のできる人には縫物を、其間に性質もわかり長短も知らされる、仕事が定まれば子供を園に託して大ていは外に出て働く、或者は事務員に、或人は工場に、折よくも臨時にお依頼などがあると通ひ女中に向けます、お洗濯とかお掃除とか、御病人あっての臨時の人手などに日通ひで御求めに応じます、電車賃別お昼付一時間十銭の割で。[72]

食事の準備や掃除、病人の世話などを手伝う「主婦」として、医者の未亡人で四人の子どもの母である大屋梅子、少年審判所で保護司をしている植田玉代、長年二葉幼稚園に勤めている片岡卯辰などが、二葉幼稚園に住み込み、もしくは自宅から通って、その任に当たっていた。[73]

野口は、「母の家」について下記のように述べている。

最初は子供相手の仕事でありましたが、夫に死別れたり、棄てられたりした不幸な母親が、子供を抱へて途方に暮れ、幼稚園へ飛びこんできて、身の振り方を相談されるやうなことが度重なるにつけ、「これはなんとかしなければならない」といふことになってきました。[74]

子どもたちのために始めた二葉幼稚園ではあるが、子どもを対象とするがゆえに、悩みを抱えた母たちとも多く接することになり、母たちへの同情が芽ばえ、手を差し伸べていたことがわかる。当時廃娼運動などはすでに盛んになっていたが、二葉幼稚園では独り身の女性への支援はしていない。

母親たちは、「子供を預かってさへくれれば、住込みで働いてでも仕送りする」といふのですけれども、私どもは、なんとかして母と子を別々にしないで、いつしよに暮させる方法はないか——と考へ徳永の創案ではじめたのが、母の家でありました。[75]

上記のように、女性の支援というよりも、母子の支援であり、母としての女性を支えることが目的だった。年報には、次のように記されている。

父のない母と子に身と心の安住所を与へるそれが、母の家の使命でございます。はからざる死別の不遇から、不用意な結婚の破滅から、若い婦人のあやまりから、生活難の圧迫から其原因は如何にもあれ、均しく幼児を抱えた生活力のない女の身、其ゆきつまりは死か墜落か。が、誰が無理と云ひえませう。まあこんな人々が何と無数に泣いて居る事でございますか。(76)

夫を失くした理由は問わず、道徳性によって分類せず、「均しく幼児を抱えた生活力のない女の身」として支援をすると述べている。

女の弱さ、無智さ、男性の横暴、社会の裏面には何処迄暗さが禍ひして居る事かに戦慄せざるをえませぬ、けなげにも戦ひ尽して来た涙の同性もある、いづれにしても均しく母といふ名にたつた人々、子供の為にとの母心の一念には変りはない。(77)

似たような記述であるが、女性の社会的に不利な立場を問題化し、そのような境遇に苦しむ女性を「涙の同性」と述べ、子を思う母としては同じ女性であると強調している。

母は子により子は母により、貧しくはあれ希望をもつて其日其日を幸福に安全に生きてゆくのでございます[78]。

どんな背景をもった親子であっても、母子が共に暮らすことが幸せであると考えていたことが分かる。

実際に「母の家」で世話をした母子には、次のようなケースもあった。

幼時父母に死なれ弟と二人きり百姓の生活から工女へと勧誘にしたがひて来て王子方面の工場生活数年、十九才で結婚した夫が間もなく病死し以後人まかせの第二婚第三婚みなひどい目にあつたあげく堪えかねて飛び出した時はすでに懐妊、先夫の子がまだ一年になるやならずに今また臨月近い身を置きどころなくどんな片隅でも屋根の下でさへあればと泣きこんだ若い婦人もあります（中略）此人にとつてもつと早く安住の場所と真実な保護……相談相手がありましたなら斯うまで無茶な目に遇はないですみましたでせうに[79]。

本人の無知や不道徳として責めるのではなく、もっと早く誰かが手を差し伸べていれば、こんなにひどい状況にはならなかっただろうに、という同情を寄せている。

そして、同じ女性として下層の母たちを助けようと、上流の婦人たちに呼びかけていく。「婦人へ」という限定された支援の呼びかけが最初に記されるのは、第十五回年報である。それまでは広く支援を呼びかける記述であったが、突如第十五回年報から「婦人共同の事業」という見出しで下記のように述べられている。

私共は此事業を婦人の力で完成したいと願って居ります。一ヶ月五十銭の倹約の出来る人は東京に幾人ありませうか、数へも尽くせぬ程の人数ではありますまいか、其無数の婦人の力を集めて、お預りするのは私共の役目、といった風にお互に力を尽し、社会の暗黒界に幾分の光明を与へたいではありませぬか。されば此事業を私共のみの事業と思ふて下さらぬ様に、皆様と共働《ママ》の事業として、今後格別にお力をお添へ下さる事を切にお願致して置きます。(80)

婦人へ向けた支援の呼びかけが明記されるこの年報を待たずとも、設立時から寄附者のほとんどが女性であり、女性による支援で成り立っていたという事実はある。しかし、一五年目から「此事業を婦人の力で完成したい」という希望がはっきりと語られるようになる。なぜこの年だったのか、そのきっかけは他の資料を見てもよくわからなかった。しかし明らかなことは、事業を実践するなかで、上流階級の女性たちをこの事業の協働者として意識的に捉え、積極的に関わりを求めるようになったということである。第十五回年報の後は、女性に支援を呼びかける記述がたびたびみられる。

第一に皆様の御来園を希望致します。いつも申上げます通り小さな努力ならが《ママ》婦人の力を集めて此仕事を益々進め度、幾分にても社会の暗黒面の光明となりたいとの希ひ、幸に御同意いたゞきましたる以上、どうか御自身のお仕事と思召されて、御覧下されます様に、園ではいつでも御歓迎申ます、そしてどうか益々興味をお持ち下さる様にと御願い致します。(81)

ここでも婦人の力でこの事業を発展させたいと明記されている。公的な下付金が継続的に支給されるようになっても、その願いは変わらなかった。

宮内省内務省東京府東京市等の助成金、誠に有り難く、心強い事ではございますが、世の多くの御婦人方の細やかな同情心のあつまりで成らせ度に此仕事の主意はどこまでも忘れ度くございません。(82)

微力であっても女性にこの事業を支援してもらい、女性の共同として成り立たせたい、という思いが伝わってくる。女性によって成り立たせる、ということが、二葉幼稚園の一つの重要な目的になっていったと考えられる。

「母の家」の完成した年である第二十五年報には、下記の様に述べられている。

私はまるで此頃乞食のやうでございます。道すがら、大きなお家を見ますと、もし此家のお主婦様が何とか然うした同姓《ママ》の一人に心づかれてそれに御自身の幾分をわかつ事が自己の責任だと自覚して下されたら。また広い御やしきが目につく時、あゝ此ほんの一隅でもに母の家を建てさせて頂けたら――私はあなたの母性におすがりしたい。何卒此乞食心を助けて下さいと(83)

上流階級の女性たちが、同じ女性として下層の母親の境遇を哀れみ、支援を手助けしてほしい、という期待が込められている。女性たちにこの事業の必要性を訴える際に、初めは子どもの対象化が同情を生み出し、支援を促したが、それだけでなく、母としての女性、同じ女性としての下層の母親たち、という見方が、新たに浮上していった。その結果、女性による、母子の救済という連帯へと展開していった。

第4章　二葉幼稚園と近代家族の形成

二葉幼稚園は、幼稚園という教育機関である。都市下層家族への共感は、彼らに無償で何でも提供するような支援を生み出したのではなく、あくまで教育を通した支援を促していった。子どもや母子への共感によって事業を展開したため、子どもを子どもらしく教育し、親を親らしく指導し、家族が家族らしい生活を送れるように援助することが目指された。しかし一方的に、家族のあり方が指導され、都市下層が臣民へと主体化＝服従化された、と理解するべきではないだろう。二葉幼稚園を頼ると決め、通い続けた都市下層家族にも、慈善事業を利用して生き延びようとする戦略があった。世帯化しつつあった下層の人々は、二葉幼稚園の支援と結びつくことによって、近代家族へと変化していくこととなった。

近代家族とは何か

近代家族とは、長らく、大正期あたりに出現し始めたサラリーマンの父親と専業主婦の母親と子どもによる核家族という新中間層の家族を指し、社会全体に広まったのは戦後であると考えられてきた。しかし、本書で見てきたように、家族の変化は戦前から、そして下層においてもおこっていた。

落合恵美子は、国内外の社会史や歴史社会学等の研究成果を踏まえ、家族は、「他のあらゆる人間に関する事象同様移ろいやすい歴史的存在である」[1]とし、家族の可変性を踏まえた上で、近代家族の特徴を、①家内領域と公共領域の分離、②家族成員相互の強い情緒的関係、③子ども中心主義、④男は公共領域・女は家内領域という性別分業、⑤家族の集団性の強化、⑥社交の衰退、⑦非親族の排除、⑧核家族、という八点にまとめた[2]。言い換えると、近代においては、人々の生活領域は私的な領域と公的な領域とに二分され、私的な領域すなわち家内領域は、公的な領域に人的資源を供給し支えるという非対称な位置を占めることとなった（①）。近代家族のイメージとして浸透しているように、家内領域を担うのが女性、公的領域を担うのが男性、という性別分業が広まる（④）。核家族を単位とし（⑧）、家族内の情緒的結合（②）や子どもを中心とした家族関係が重視され（③）、核家族という境界が強固となる一方で（⑤）、親族とは疎遠となり（⑦）、それまで盛んに行われていた社交の機会は減少してゆく（⑥）。このような特徴をもった家族が、近代家族であるという。ただし落合も指摘しているように、例えば父子家庭や母子家庭、共働きの家族、単身赴任の家族など、形態だけをとっても多様であり、必ずこの特徴が全てあてはまらなければ近代家族とは言い切れず、はっきりと定義することは難しい[3]。

落合のあげた特徴一つ一つについては、その是非が議論されているが、近代家族の大きな特徴として、本論では心性の特徴に注目する。家族構成や夫婦の役割分担といった形態だけではなく、Ph・アリエスが指摘したように、近代家族は子どもを中心とした集団としての情緒面や家族意識の変化を伴っている。確かにサラリーマンの父と主婦の母という性的分業を基にした核家族が広まったのは戦後であるが、それだけが近代家族の特徴ではない。子どもを中心とする愛情深い家族、という心性の変化に注目すれば、戦前から大きな変化が生じていた[4]。

これまで近代家族の誕生については、新中間層の台頭と関連付けて議論されてきた。新中間層は、明治期から徐々に現れ始め、大正期には一四・六八％を占めるようになったと言われている[5]。新中間層の家族とは、教育水準の高い夫婦による核家族で、サラリーマンの夫と専業主婦の妻という役割分担をもち、子どもの教育に熱心な家族を指している。新中間層の家族観は、特に雑誌などの刊行物を中心に多くの研究がなされてきた。例えば牟田和恵の『戦略としての家族』（一九九六）では、明治期の総合雑誌において「家庭（ホーム）」という観念が登場し、一八九〇年代には『女鑑』、『家庭雑誌』、『家庭』、『婦人之友』といった婦人・家庭雑誌が創刊され、「主婦」の役割を主題とした記事が多く登場してきたと指摘されている[6]。近代家族は、こうした新中間層を典型とし、戦後になって広く普及したと考えられている。しかしながら、近代化する日本において、近代家族へと変化したのは新中間層だけであろうか。雑誌から家族の変化を読み解こうとするとき、読者層である知識階級に限定された家族観のみが注目されてしまう。実際には、都市下層においても、家族形態及び家族の心性に変化が生じ、近代家族化が生じていた。本書の後半は、都市下層の家族の変化を明らかにしていく。

都市下層の世帯化

生活苦に喘ぐ人々にとって、二葉幼稚園を頼ることは、生き抜くための術だった。人口の自然増加率がようやくプラスに転じた都市下層は、それまでの雑居した生活から世帯化し、家族という形態をとることで、二葉幼稚園による支援を利用していった。

雑居から「家族」の形成へ

都市は江戸時代には、再生産の担えない地域だった。速水融は宗門改帳等の分析から、明治以前の日本では農村で人口増加が起こっている一方で、都市（関東地方と近畿地方）では人口減少が続いていたことを発見し、「都市アリ地獄説」として分析している。速水は「都市というのはアリ地獄のようなもので、引きつけておいては高い死亡率で人を（やってきた人だけではないが）殺してしまう」地域だったと指摘する。[7] 都市に職を求めて来る流入者は多いが、実際には、都市に暮らす人や出稼ぎに来た人々が生きていける環境は整っておらず、多くの人が亡くなっていた。都市の中では再生産が担えておらず、常に他の地域からの人口流入によって都市を維持するための人口を補っていた。

人口流入の多くは、農村から出稼ぎにくる二男、三男だった。江戸の宗門改帳では、十五歳から三十歳の年齢層が非常に多く、出稼ぎの若者を多く受け入れていたことがうかがえる。[8] 速水が濃尾地域の西条村の資料から得た考察では、出稼ぎに行った後、地元に帰ってきて改めて宗門改帳に記されている者は二割強であった。[9]「出稼ぎ」とは本来地元へ帰ってくるはずであるが、実際には帰ってこない者も多かったようだ。しかし帰らない者が、都市で結婚したり出稼ぎ先の縁で自立することはまれで、彼らが都市の人口再生産を担うことにはならなかった。

中川清の整理によれば、明治初期には江戸期同様、東京の人口は自然増加率がマイナスであった。中川清は、明治初期の都市下層は「極めて短期かつ流動的な形で都市および都市周辺に滞留し、多くの場合所帯を構えることなく、都市で死にあるいはその都市から移動していった」[10]と指摘する。明治初期の都市下層の人々は、家族として世帯を形成、維持できず、長期的にとどまることなく都市から消え去っていったということである。明治中期になると、東京府の自然増加率は、全国平均よりは低いものの、プラスに転じるが、都市下層においては死亡率が三〇%を超え、出生率が二〇%

台で、依然としてマイナスであった。しかし明治末には都市下層においても死亡率が三〇%を下回り、出生率が三〇%近くになり、都市下層の自然増加率もプラスに転じたと推定されている。[11]都市下層において再生産が可能になったということである。貧民窟が単に流入者を次々と消滅させてしまう地域ではなく、そこで再生産が可能になる、世帯形成が可能になる、という変化である。こうして都市下層の人々にも、家族をどのように形成・維持するか、子どもをどのように育てるか、という問題が新たに生じることとなった。近代家族の形成と聞くと、大家族が核家族化していくイメージをもつが、都市下層の場合、大きな家族から小家族化したというよりも、家族という形態の維持できなかった人々が、家族という単位で生活を営めるようになる、という変化だった。

明治期の都市下層家族の様子は、ルポルタージュからも知ることができる。松原岩五郎は、一八九三(明治二十六)年に出版した『最暗黒の東京』において、木賃宿で見かけた人々の親子について、次のように記している。

また四五人の客どやどやと入り込み来れり、見れば皆いずれも土方、日曜取的人物にて半身に襦袢一枚引掛けたる立坊風《たちんぼふう》の男、あるいは老車夫もありしが、続いて帰りきたりしは旅商売の蝙蝠傘直しを職とする夫婦連れの者にて中に四歳ばかりの小児を伴《つ》れて居たりしが、その妻なる者は広き世間の木賃的経験を積みきたりし者と見え万事すこぶる世馴れて軽快なる愛嬌をもち、其の入り来るや室内の数多き人を見て『マア沢山こと叔父さんが』と一言まず其の小児を

嬉ばせつつ、予が傍らに座を占めて双方へ会釈しぬ(12)

木賃宿は、一部屋に一家族が泊まる宿屋ではなかった。妻子が一緒であっても、狭い部屋に様々な人と雑居していた様子がうかがえる。また横山源之助も一八九九（明治三十二）年に出版した『日本之下層社会』において、貧民窟について記している。

九尺二間の陋屋、広きは六畳、大抵四畳の一小廓に、夫婦子供同居者を加へて五六人の数住めり、之を一の家庭とし言へば一の家庭に相違なけれど、僅に四畳六畳の間に二三の家庭を含む、婆あり、血気盛りの若者あり、三十を出でたる女あり、寄留者多きは蓋し貧民窟の一現象なるべし(13)

非常に狭い部屋に複数の家族が、男女も関係なく、大人も子どもも一緒に暮らしていたことがわかる。「寄留者多きは蓋し貧民窟の一現象なるべし」と書かれているように、貧民窟ならではの風景だったようだ。中川は、雑居する人々について、「家族であること自体が困難であるほどに貧しかった(14)」と指摘している。貧民窟で暮らす人々は、家族という単位で、それぞれの家族が自立した生活を送ることすら困難であった。家財を揃える資金もなく、雑居という形で周囲の人々と生活の必需品を共有し、なんとか生き延びていた。

数多く存在した木賃宿は、一八八七（明治二十）年警視庁による宿屋営業取締規則によって次第に分布地区が制限されていった。政府は木賃宿を建ててよい場所を制限することを通して、東京の中に貧民窟を形成してよい場所を限定していったのである。松原は次のようにも書いている。

数年前、いまだ都下に木賃宿《きちんやど》の廃せられざりし時は、有妻独身の差別なく労役者の過半は茲《ここ》に同住雑居して各自に世帯道具を所有し、十畳ないし十四、五畳の一ト間に三家族もしくは五家族混合して一個の竈《かまど》を五、七人ずつ組合にて使用し、甲家族は北の隅、乙家族は西の隅、丙は左側、丁は右側と、銘々座舗《ざしき》の片隅に陣取《じんどり》して飲食し、僅かに一脚の衝立《ついたて》または腰屏風《こしびょうぶ》の類を以て相互の庖厨《ほうちゅう》を隠蔽し、やがて夜に入れば銘々の陣屋を撤して入来客の臥床《ふしど》に譲り、鼾声《かんせい》合々《ごうごう》たる傍らに喫飯啜汁《きっぱんせつじゅう》するあり。あるいは小児の放尿一座を擾《さわ》がすなど、終夜蚤虱《のみしらみ》に襲われて安眠するを得ざりしこの満目襤褸《まんもくらんる》の社会、今那処《いずく》に向ッて落ち行きけん。浅草松原町、四ツ《よっ》谷鮫ヶ橋《やさめがはし》、芝新網《しんあみ》等の裏店《うらだな》がけだしこれらの歓迎者たるべし。[15]

一つの部屋に複数の家族や多様な人々が雑居し、不衛生な木賃宿の様子が描写されているのであるが、ここに「いまだ都下に木賃宿《きちんやど》の廃せられざりし時」とあるのは、一八八七（明治二十）年の宿屋取締規則の影響によって下層の様子が変化したからである。

安宿の需要は減っている訳ではないにもかかわらず、木賃宿の地区が制限されたことによって新たに増えたのが、共同長屋であった。横山源之助は一九〇三（明治三十六）年に「下層社会の新現象共同長屋」というタイトルで以下のように報告している。

その創立者は、（中略）木賃宿営業を遣《や》っておる中井平八《なかいへいはち》という者である。中井はどうしてこの破天荒の事を考えたかといえば、同人は自分の営業としている木賃宿を拡張しようとするにも増築する場所はなく、たとい空地《あきち》はあっても、地主は木賃宿のためには貸してはくれず、さりとて警視庁規定の区域以外に木賃宿を建てる訳にも行かず、どうしたものと種々考えた末、花町より四、五町離れた横川町《よこかわちょう》に空地あったものをこれ幸いと、夫婦者の木賃宿止宿者のために建築したのは、そもそも共同長屋の出来た濫觴である。家賃の支払いは、木賃宿と同じく日掛けで、竈《かまど》はあり、水道もあり、台所も備えられてそれで一ト間一ト間壁で劃《かぎ》られてあるから、貧民には誠に調法な建物、されば横川町に共同長屋は出来たという報道が貧民社会に伝えらるるや、我れ先に借り入れを申し込む者続々現われ、二、三ヶ月の中《うち》に一ト間だも明き間はなくなったのを見ても、共同長屋はいかに貧民の急に応じたものであるかがわかるであろう。(16)

横山によれば、共同長屋は、木賃宿を経営していた者が、宿屋営業取締規則によって増築を制限されたために考えついた、新しい宿屋の形だった。当時すでに、普通長屋というものもあったが、横山によれば、普通長屋は家賃が月末払いで、また部屋を借りるとしても家財を自分たちで揃えないと暮らすことができず、貧しい者には手の届かない部屋だった。ところが共同長屋は、木賃宿と同じく家賃は日払いで、必要最低限の家財は共有物として備えてあり、各人が揃える必要がなかった。その上、木賃宿とは違い、壁で一部屋一部屋区切ってあった。木賃宿では人数分の屋根代(宿泊料)を払ったが、長屋では一部屋あたりの屋根代のため、親子連れなど複数人で暮らすものにとって安上がりだった。

さらに住宅事情は急速に変化していったようで、中川清は、細民調査の結果から、明治末期には棟割長屋や共同長屋が激減し、ほぼ九割が普通長屋になっていたと分析している。それまで木賃宿や共同長屋において共同で使用されることの多かった炊事場や便所も、炊事場は九二・六%、便所は七六・一%各部屋に設置されるようになり、それぞれの家族が、自分の家族だけで使えるようになっていった。ただし、飲料水は多くの場合「共同栓」または「共同井戸」であり、畳が敷いてある家屋は二九・九%に過ぎない状態であった。家賃の支払い方法は、明治中後期まではほとんど日払いであったが、明治末から大正初期には約六割が月末払いとなり、日払いが二割程度にまで低下した。人々が家族(世帯)を単位に一定期間一定の場所に住むことが可能になっていた。

中川清の整理によれば、世帯規模は、この明治末から大正初頭が過渡期である。貧民窟に暮らす人々の世帯人員が二〜四人中心に収まっていき、家族以外の者との同居という雑居形態がほとんど皆無になった。ただし、この世帯人数は、非現住人口を含んでいない。当時、子どもを奉公に出すことは多く、「比較的早期に相当数の非現住人口を家族から排出することによってのみ、小規模の核家族世帯を維持するのが可能であった」[17]と言われている。非現住人口の多くは、世帯主の、十歳代（一部は二十歳代）の子どもであり、就業していた。[18]第一次世界大戦前後になると、平均世帯人員は、日露戦争後の三・五人から増加して四・一人となる。[19]十歳代の子どもが増えたにもかかわらず、非現住化せずに現住人口として世帯内に留まっていたため、世帯人員が増加したと中川は指摘する。

木賃宿が集まる地域が減っていく一方、新たな長屋が増築される地域は、それまでの木賃宿の密集地よりも、全体として次第に東京の周辺部へ延びていく傾向があった。本所区、深川区、小石川区など、明治後期に産業革命の進展とともに工場が設立された地域に連動していると考えられており、下層の人々の一部は工場労働者として働き口、暮らす場所が移っていった。また、周辺部へ広がった市街地は家賃が安かったため、都心部の家賃は相対的に高くなった。周辺部には「より安価で、粗雑ではあるがより広い住居」があり、人々はそれまでの集住地区から分散していった。[20]こうして下層の人々は世帯化することで、明らかな異質さを放つ貧民窟のような生活形態から、他の人々と同様の生活形態へと変化していき、社会の内部へと取り込まれていった。特に関東大震災は、下層の人々の居住地の分散の決定的契機となったと言われる。この分散が可能になったのは、すでに下層の人々が家族としての生活をそれなりの形で展開し始めており、貧民窟のような共同性を必ずしも必要とはしなくなっていたという事情であったのではないかと指摘されている。[21]その結果、集住地区（不良住宅二〇戸以上の集団地区を指す）内の人口が、東京市全体の人口に占める割合は、明治期には一〇%を上回っていたが、大正中期には五%を下回り、昭和期に入ると一%にも満たなくなった。[22] この変化は、『貧民窟』といえばそこに必ずといっていいほど木賃宿を含み、雑多な景観を呈していた」[23]という貧困の形態からの変化であった。長屋の普及で、家族以外の人々との同居という雑居した暮らしや人々の貧民窟での共同性は喪失し、一家族が一部屋に住み、世帯という単位を維持して生活していくようになった。

家族の戦略と二葉幼稚園の役割

二葉幼稚園の創設は、下層の家族が世帯化していく過渡期にあたる。徐々に家族という形式を維持し始めていた人々が、子どもを二葉幼稚園に通わせていたと考えられる。しかし、下層の人々が幼稚園の創設を願った結果、二葉幼稚園ができたわけではない。前述したように、創設のきっかけは、野口幽香と森島峰が毎日路上で遊ぶ子どもたちを見て、この子どもたちにも幼児教育を施してやりたいと思っていたこと、そして、当時勤めていた華族女学校では理想的な教育ができないと感じ、自分たちで幼稚園をつくりたいという夢であった。設立者のやりたいことがあり、その意義を共有してくれる賛同者がいたため、事業が成り立ったのである。言い換えれば、当の下層の人々が通いたいからつくってくれと頼んだわけでもなく、その必要性を下層の人々が認識していたわけでもない。社会的な要請や、実際に貧民窟に幼稚園の需要があったわけではないのである。当時の幼稚園は上流階級向けの早期教育であり、子どものための幼児教育は一般的なものではなかった。なにしろ小学校の就学率がまだまだ伸び悩んでいた時期である。下層の人々から見れば、突然、あなたたちのために、と勝手に設立された幼稚園である。初めから二葉幼稚園の主旨を理解し、賛同した人々が多かったとは考えにくい。

実際、一九〇〇（明治三十三）年一月に開園した時、園児数はたった四名だった。しかしその後、驚くほど園児数が増えていく。**表4―1**のように、設立半年後の一九〇〇（明治三十三）年七月の第一回年報では一六名となっており、その後第六回年報までは四〇名前後、鮫河橋に新築移転後は規模が拡大し、移転初年は定員百名と定め、その後は一二〇名とした。設立から一五年目には園舎

表4–1　園児数の変遷

（人）

	園児数	（男・女）
第1年度（1900.1-1900.6）	16	（12・4）
第2年度（1900.7-1901.6）	46	（24・22）
第3年度（1901.7-1902.6）	37	（18・19）
第4年度（1902.7-1903.6）	44	（25・19）
第5年度（1903.7-1904.6）	50	（28・22）
第6年度（1904.7-1905.6）	45	（26・19）
第7年度（1905.7-1906.6）	100	（47・53）
第8年度（1906.7-1907.6）	120	（63・57）
第9年度（1907.7-1908.6）	120	（70・50）
第10年度（1908.7-1909.6）	120	（70・50）
第11年度（1909.7-1910.6）	124	（74・50）
第12年度（1910.7-1911.6）	120	
第13年度（1911.7-1912.6）	120	（58・62）
第14年度（1912.7-1913.6）	120	（62・58）
第15年度（1913.7-1914.6）	253	（139・114）
第16年度（1914.7-1915.6）	261	（145・116）
第17年度（1915.7-1916.6）	260	
第18年度（1916.7-1917.6）	本園　265 分園　128	（131・134） （68・60）
第19年度（1917.7-1918.6）	本園　248 分園　124	（129・119） （59・65）
第20年度（1918.7-1919.12）	本園　250 分園　100	
第21年度（1920.1-1920.12）	309	
第22年度（1921.1-1921.12）	本園　147 分園　98	（72・75） （46・52）
第23年度（1922.1-1922.12）	本園　116 分園　96	
第24年度（1923.1-1923.12）		
第25年度（1924.1-1924.12）	本園　152 分園　96	
第26年度（1925.1-1925.12）		
第27年度（1926.1-1926.12）		
第28年度（1927.1-1927.12）		
第29年度（1928.1-1928.12）	本園　146 分園　88	

（前掲『二葉保育園八十五年史』48-49頁）

を増築し、定員がさらに増え二五〇～二六〇名となった。前述の宿屋営業取締規則などの影響によって、下層の集住地域が四谷鮫河橋から旭町へと移っていったため、その変化に対応して一九一六（大正五）年には旭町に分園を設立し、さらに百名ほどを受け容れられるようになった。初めはほとんど子どもの集まらなかった幼稚園が、これだけの大人数を抱える幼稚園へと成長したことは、驚くべきことである。

入園者数には含まれない入園希望者数は、定員よりも多かった。「私立二葉幼稚園規則」を見ると、入園の条件によって入園者を制限していたことがわかる。

第一条　本園ハ虚飾ヲ去リ簡易ヲ旨トシ満三年以上就学年齢ニ達スル迄ノ幼児ニシテ普通幼稚園ニ入園シ能ハザル事情アル者ヲ保育スルヲ目的トシ傍父母カ育児上ニ於ル煩労ヲ求キ家事ヲ営ム余裕アラシムルヲ期ス

（中略）

第五条　入園ヲ望ム者ハ父兄又ハ後見人ノ職業幼児ノ住所妙名年齢等ヲ申シ出デ園長ノ許可ヲ受クベシ(24)

基本的には、三歳から小学校就学年齢までの子どもを対象としていた。また年報には、「入園志願者は家庭の状況、と申しても家族の数子どもの数収入職業生年月など書き出させまして、一度訪問し実状に接した上で適当と認めた者から許します」[25]とある。父母が子育てに十分な時間を割くことができないが、他の幼稚園には通えず、二葉幼稚園の教育が必要だと園長が判断した場合は、入園を認めていた。「数ある申込者の中から幸に選ばれた此子等は、皆此近処の裏長屋から小さい手にお弁当ぶらさげて、毎朝得々として参ります」[26]とも報告されている。希望者は多かったが幼稚園の収容人数には限界があり、入園者を選抜していた様子がうかがえる。入園者の基準については、「どの位の程度からと標準を定めることはとても出来ませんが只表通りに住んでる者は入れないと云ふことだけは表むきにきめて居ります」[27]と書かれている。貧しい人々の集住する区域に限って入園を認めていたようである。鮫河橋に校舎を新築し、定員を百人に増やした時期の年報には次のような記録がある。

現在幼児は百名の定員と致して居ります、之を五組に分けまして、一組廿人、一人の保姆を受持と致しましては、世間の幼稚園に比べますと、余り少数との批難を、或は受けるかも知れません、併し私共は幼稚園にてほんとうに保育致すには、これ以上ではとても出来ぬとの、年来の持説でございますのと、家庭もなく躾もなき貧民の子供に対しましては、尚更多数に致して、よい加減に致すよりは、少数にても充分にして見たいといふ希望から、かく致して居ります[28]

当時、二葉幼稚園では保姆一人あたりの園児数を二〇人と定めていた。一八九九（明治三十二）

年制定の「幼稚園保育及設備規程」には、保姆一人当たり四〇人以下という規定がある。他の幼稚園と比べ、保姆の受け持つ子どもの数を少なく定め、園児の人数を制限していた。こうした事情からも、前述の入園者数以上に、入園希望者は多くなっていたことがうかがえる。
しかしながら、入園希望者が多いという話がある一方で、野口たちが貧民窟をまわり幼稚園へと勧誘しても、振り向きもしない人々もいた。勧誘したものの二葉幼稚園には入園しなかった親子の話が、次のように紹介されている。

三畳一間に四五人の子供がごろごろしてゐる中に四十五六のおかみさんが背をまるくして麻糸をつないで居る、ごめんなさいこちらにも子供さんがゐなさるやうですねおよこしなさいませんか、へエありがたうござんす、まあそのうちおたのみ申ませう、(見向きもせずに云ふ) 何故ですかもう此十一日から初めますからすぐよこしなすってはどうですか、(へエそのうちに、と一向にへきらないだんだん聞いて見ると五人の子を置いて昨年おやぢが死んだあと長男はよそへ年期に行って今は十六になる娘が近処の糸工場に行って六円位とつてくる、あとは自分がかうして糸をつないで居るが何しろ大ぜいでおあしくれくれとねだられるが然うはやれないからかうしてごろごろさしとくのだ、きものもこの通りだし、と云ふ其おかみさん眼がたゞれてゐて、見ればごろごろしてゐる子供等もみんな眼がわるいしそこら中おできが出来てゐる。そんな事なら尚更一番に容れてあげますから、着物なんか其儘でよろしい、一銭も持って来られ

郵便はがき

料金受取人払

牛込局承認

9445

差出有効期間
令和3年11月
24日まで

162-8790

東京都新宿区
早稲田鶴巻町五二三番地

株式会社 藤原書店 行

（受取人）

ご購入ありがとうございました。このカードは小社の今後の刊行計画および新刊等のご案内の資料といたします。ご記入のうえ、ご投函ください。

お名前	年齢

ご住所 〒

TEL　　　E-mail

ご職業（または学校・学年、できるだけくわしくお書き下さい）

所属グループ・団体名　　　連絡先

本書をお買い求めの書店	
市区郡町　　　書店	■新刊案内のご希望　□ある　□ない ■図書目録のご希望　□ある　□ない ■小社主催の催し物案内のご希望　□ある　□ない

書名		読者カード

●本書のご感想および今後の出版へのご意見・ご希望など、お書きください。
（小社PR誌『機』「読者の声」欄及びホームページに掲載させて戴く場合もございます。）

■本書をお求めの動機。広告・書評には新聞・雑誌名もお書き添えください。
□店頭でみて　□広告　□書評・紹介記事　□その他
□小社の案内で　（　　）（　　）（　　）

■ご購読の新聞・雑誌名

■小社の出版案内を送って欲しい友人・知人のお名前・ご住所

お名前　　ご住所 〒

□購入申込書（小社刊行物のご注文にご利用ください。その際書店名を必ずご記入ください。）

書名　冊	書名　冊
書名　冊	書名　冊

ご指定書店名　　住所

都道府県　　市区郡町

ない時は持つて来なくともいゝのです、たゞごろごろさせて置いては身体にもよくない、為にもなりませんからぜひおよこしなさい、私達の方では面白く遊ばせて知らず知らず丈夫になるやうにして上げる、さしづめ眼もおできもなほして上げます、そしてあなたも身軽になつてもう少しお金になる仕事をした方がいゝでせう、糸では四銭か五銭にしかならないんでせう、地形にても上れば廿四五銭とれると云ふではありませんか、一とふんぱつして然うなさいね。へエありがたうござんす、いづれ娘さんが帰つておいでなすつたら相談してとどうしてもすぐにうけ入れません（遂にこれはよこしませんでした）、思ふにこれなどはずるずるに費う一銭二銭はさほど苦にもならないがきまつて一銭持つて行くとなると重く感ずる、食事にしてもある時は食べるが無ければごろごろ寝せてをくと云ふ処をちやんとお弁当持たせるなどは大へんめんだうな事になる。うるさければピシャッと一つぶてばすむ位な最も低い連中でして、進んで頼まうと思ふ位なのはどの意味からにせよ幾分向上の見込みもあるのでございます。(29)

（傍点原文）

どんなに幼稚園へ誘っても、「ヘエそのうちに」などと言って返事を濁し、結局二葉幼稚園には一度も来なかった。まだ幼稚園が一般化していなかった当時、幼稚園に通うことは当たり前ではなく、幼稚園に通わない、という選択肢も当然ながら存在していた。この報告に「ちやんとお弁当持たせるなどは大へんめんだうな事」だと書かれているように、二葉幼稚園に通い続ける大変さもあった。通わなければ罰せられる、というものでもないため、通わなくてもよいのである。それでも、二葉幼稚園に通うと決め、通い続ける家族は、家族が生き抜く術として、二葉幼稚園という選択肢を選んでいる。慈善事業が介入していくとき、その介入に対する拒否が存在することは、忘れがちである。有無を言わせず、押し付けるように事業を進めていったと見てしまうと、そこで生活苦に喘ぎながらなんとか生き延びようとしていた下層の人々が見落とされてしまう。通わないという選択肢もある中で、二葉幼稚園に通う、ということは、下層の人々にとって、生きていくための戦略でもあったのである。設立者の思いからはじまった事業であったが、下層の人々にとって二葉幼稚園は、単に押し付けられた慈善幼稚園ではなく、苦しい生活の中で頼ることのできる一つの選択肢となっていったと考えられる。

では、二葉幼稚園に通うことは、下層の生活をどのように支えていたのだろうか。まず、下層の家族は共働きが多く、母親の内職の稼ぎを少しでも増やすために子どもを預かってもらうこと、すなわち託児の利点があったことが指摘できる。年報に「そこで親の手足まといになる子供を引き取つて、一方には親を自由に働かせる様にしてやり、一方には子供を悪い境遇から救ひ出し、衛生にも道徳にも智識にも、夫々適当した方法を以て、なるべく長い時間面白く有益に遊ばせてやる、といふのが二葉幼稚園の目的であります[30]」と書かれており、二葉幼稚園は母親の事情を理解しており、積極的に母親たちの内職を助けようとしていた。

第一回から第十一回までの年報には、園児の両親の仕事の内訳が掲載されている。父親の職業は圧倒的に車夫が多く、半数ほどを占めている。そのほかは、日雇、小使、車力、工夫、左官手伝、集配人、ブリキ職、白米粉挽、指物職、青物屋、電車掃除、屋根職、縫箔、大工、建具職、木挽、桶直し、ヒゴ削り、職工、八百屋、荒物屋……と、あらゆる職種の名前が並ぶ。父親がいるが無職・無業である人数は、第七回年報では五名、第八回年報では一名と書かれている。ただし、第八回年報においては、「無業とは近頃迄小使なりしも目下免職となりしもの」と補足されている。[31] ほとんどの父親が何らかの職業についていたことがわかる。母親については、巻煙草の内職が最も多く、半数から三分の二を占めている。第七回年報から「麻裏草履」も急増し、ほとんどの母親が巻煙草か麻裏草履の内職に就いていた。第九回年報では「母の職業の内最多きは麻裏と煙草とであります」と紹介されている。[32] 巻煙草とは、近くの工場へ出かけていき煙草を巻くのであるが、第一回年報では「手間賃百本仕上迄壹銭五厘普通上手なる者ハ一日千二三百より千五百迄極上手なるもの一日二千本なる由」と記されているが、第九回年報では「かの口紙を巻くのが千本巻いて五銭、普通大人は十銭から十三銭位は出来るよし、子供の上達したのは一日五千本も出来るのもあるよし子供の方が、手が柔らかくてよいのだそうでございます」と書かれている。[33] この数字が正確であるとすれば、八年の間に手間賃は少し変化したようだ。百本で一銭五厘だったものが、千本五銭になったのであるから、手間賃は下がっていったということになる。麻裏草履の仕事内容は、「麻裏といふのは、裏の麻を付けるので、十足付けて九銭、内二銭は糸につかふよし故、先つ七銭、早い人は一日に十五足乃至二十足出来るよし」とある。[34]

仕事をしていない母親については、「子供多くて内職の出来ぬ者あり病気に罹れる者もあるなり[35]」と補足されているが、人数は不明である。第七回年報には無職が二五名、第八回年報では二四名、第九回年報は二一名、第十回年報では二三名、とある。第八回から第十回の年報には、「右無業といふは家族多くして内職の出来ざるもの又は身体弱き者[36]」、「無業といふのは、乳飲児のある為に内職の出来ぬ人々[37]」、「無業といふは自身病身なるか又は赤坊があつて内職の出来ぬ人々[38]」などと記されている。働けない理由のない者は皆働いていたようだ。煙草や草履の例からもわかる通り、出来高によって賃金の変わる仕事であったため、子どもを二葉幼稚園に預けることが、収入を少しでも増やすことにつながっていたことが考えられる。また、「裏の物置の子供が、先月末頃休んで居ります、なぜかときいて見れば、赤坊の守りをさせるそうでして、月末になると苦しいから内職を沢山にせねばならぬと申事、実際休ませて守りをさせて置けば、巻煙草の千本も巻ける由[39]」と報告されており、幼稚園に預けられないような乳幼児のお守りをさせるために、園児を休ませることがあるほど、子どもの世話を誰かに任せることは、家計に大きく関わっていた。

子どもを預かる時間数は、二葉幼稚園に通ってくる子どもの実態に合わせていた。当時の幼稚園は、文部省が一八九九（明治三十二）年に定めた「幼稚園保育及設備規程」に沿って運営を行うことになっており、この規程では、一日五時間以内と定めていた。しかし「私立二葉幼稚園規則」を見ると「保育時数ハ一日七時間或ハ八時間トス」と書かれている。第一回年報には「幼児は毎日午前九時より午後三時に退散する規則なりされど朝飯を終るや直に幼稚園に行かんと望む親も亦子供等の早く出て行かん事を欲するが故に七時八時頃には来園せしむるを常とす」(40)とある。規程を超える保育時間だったことがわかる。ただし、同じ第一回年報には、次のような記述もある。

> 保育時間は日に五時間で、その課目には、矢張り普通の幼稚園の通り、遊戯、唱歌、談話、手技等ありますが、兎に角相手は貧家の小児で、今まで野放しの癖が付いて居ますから、今急に規則にはめて、強いて秩序を立てやうとする、と却つて利益に成ませんので、まだ此頃の処では、手技とか唱歌とかは次にして、まづ遊戯を首にして居ります(41)

早く登園してくる子どもがおり、子どもたちが幼稚園で過ごす時間は規定より長いが、幼稚園としての教育・指導を行う時間は五時間ということにしていたようである。規定時間以上の運営を行っていることは文部省も把握していたようだが、大きな事故が起こらなかったこと及び、野口と森島が華族女学校附属幼稚園に奉職していたため黙認していたと言われている(42)。そして一九一六（大正五）年に「保育園」と改称し、公的にも「幼稚園保育及び摂理規定」から外れた事業が行えるようになったと考えられる。

二葉幼稚園に通う二つ目の利点として、一日一銭だけで済む、ということが挙げられる。二葉幼稚園では、始めは一日一銭を保育料として徴収していた。のちにこれは、五厘を貯金、五厘をその日のおやつ代として徴収することに変更するのであるが、いずれにせよ、園児は毎日一銭もってくることになっていた。少ない収入の中から毎日一銭出すのは大変なことだったのではないかと想像できる。しかし実は、一銭だけで済む、ということは下層の人々にとって安上がりだったようだ。第一回年報には、次のように記されている。

> 親達に取りましては、小児の小遣銭が入らなくなつたの丈でも、大きに喜ぶべき事でありましやう。全体から云ふ社会の小児と云ふものは、大抵買食の好きなもので、やれ飴屋が来たと云つては、一銭ねだり、ボツタラ焼に行くと云つては二銭もらひ、かう云ふ風で朝から晩まで買食に斗り出たがりますから、其度に巾着を開けて、小遣銭をやらなければなりません。それが幼稚園へ行く様に成つてからは、そんな暇が無く成つたのと、第一行儀が直つたのとで、これがすつかり止んでしまひました[43]。

また、第一六回年報にも「家に居ればどうしても二銭も三銭も小遣いをつかうさうですから、毎日一銭持つて来ることは左程困難ではない筈であります[44]」とあり、下層の子どものお小遣いは多かったと言われている。下層の子どものお小遣いについては、二葉幼稚園の記録だけではなく、横山源之助も「児童《こども》二人の小遣銭十銭に上《のぼ》る」という報告を書いている。

> 古顔《ふるがお》といわれている右手の奥に住んでいる車夫のお神さんに、小供の多い長屋だね、というと、

「大抵二、三人はおります」と澄ましていた。バタバタ駆けてきた七歳ばかりのは、母親《おふくろ》の足にからまり、五厘おくれと鼻を鳴らせば、「此奴《こいつ》め、今の前《さき》に持って行って、また五厘だ、父親《ちゃん》が帰ると言いつけてやる」と叱《しか》りながら、懐中《ふところ》を探り、やはり五厘を出していた。日に幾何《いくら》遣うだろうと聞けば、二人で十銭は欠きません、と笑っていた。亭主の賃銀一日七十銭の七分の一、家賃日掛けの一日半分、驚き入った多額の小遣銭である。収入と比較せば、貧民児童の小遣は貴族富豪の小遣銭より多額となるであろう。ただし児童に多額の小遣銭を支出するのも無理でない仔細がある。亭主一人の収入で遣《や》ってゆけぬ所から、十人は九人までお神さんは内職をする。内職の邪魔除《よ》けのために、小遣銭で家外《やがい》へ放逐《おっぱ》なす必要もあるからだという。ともかく貧民長屋の児童は、東京市随一等の贅沢者《ぜいたくもの》である。(45)

横山も指摘する通り、母親が内職をはかどらせるために、子どもにお小遣いを渡して外で遊ばせようとする光景がしばしば見受けられたようだ。一銭だけ持たせれば一日子どもが幼稚園で過ごせるということは、下層の家族にとってお金のかからない選択肢だった。

三つ目の利点として、おやつがある。二葉幼稚園では、お弁当は毎朝親がつくって持たせなければならない決まりにしていたが、その代わりにおやつは幼稚園で用意していた。第一回年報には次のような様子が記されている。

これは煎餅とか、「もなか」とかで、別に結構な物でハありませんが、「豆ねぢ」や「飴ン棒」斗り食べて居た口には、どう云ふ物でも珍しいと見えて、みんな目を細くして嬉しがるさうで。或時お菓子の代りに、葛湯を拵へて飲ませたら、「こんな物は食べた事はありません」と、頻桁を落さない斗りで、その時間が過ぎてから後も、「あゝ甘かつた」「あゝおいしかつた」と、交る交るに洩らす言葉が、凡そ十分も続いたと云ひます。(46)

子どもたちは、おやつとして、「もなか」や「葛湯」など普段は口にできないものを食べていたのである。また、前述のように途中からはおやつ代として五厘徴収するのであるが、五厘では買えないものも、駄菓子屋の好意で買わせてもらっていた。

おやつは子供の持つて来る五厘で駄菓子屋と特約して、おろし値で買ひます、三月五月のお節句などには特別に御馳走を致したり、時には上の組の子供にお料理をさせて、おやつの時にたべる事もあります、又お菓子の寄附があつて時ならず大喜をする時もあります(47)

おやつを用意し、また五厘以上のものが与えられるように配慮した背景には、母親の持たせるお弁当の中身が貧相だったからである。

一九九五年二月二七日第三種郵便物認可　二〇一九年一二月一五日発行（毎月一回一五日発行）

月刊
機
2019
12
No. 333

発行所　株式会社 藤原書店©
〒一六二-〇〇四一 東京都新宿区早稲田鶴巻町五二三
電話　〇三・五二七二・〇三〇一（代）
FAX　〇三・五二七二・〇四五〇
◎本冊子表示の価格は消費税抜きの価格です。

編集兼発行人
藤原良雄
頒価 100円

ブルデュー社会学の集大成、大ベストセラー、遂に完訳刊行始まる！

畢生の大作、『世界の悲惨』発刊！

ピエール・ブルデュー

社会は、表立って表現されることのない苦しみであふれている――ブルデューとその弟子ら二三人が、五二のインタビューにおいて、ブルーカラー労働者、農民、小店主、失業者、外国人労働者などの「声なき声」に耳を傾け、その「悲惨」をもたらした社会的条件に迫る。社会的分断の激化の実相を浮き彫りにし、現代における国家の役割を再焦点化し、フランスで十万部を超える大ベストセラーとなったブルデュー最後の〝主著〟の完訳版。　**編集部**

● 十二月号 目次 ●

なぜ多様な視点を並置したのか

「団地地区《シテ》」とか「巨大団地《グランザンサンブル》」と呼ばれるような場所、また多くの学校のような場所は、あらゆる点で離れた（＝違う）人々を接近させる。お互い知らぬ顔、お互い無理解という場合もあれば、隠然たる、あるいは公然たる対立関係にあり、そのためにいろいろ苦しんでいる場合もあるが、共生することを余儀なくされているのである。

そのような場所で生起していることを理解するには、個々の人々の視点を個々別々に捉えて説明するだけでは不十分である。彼らの視点を現実にあるがままに対決させる必要がある。様々なイメージの対比を際限なく繰り返し、それらの視点を相対化しようというのではない。それとは反対に、それらの視点をただ単に並置することによって、人々の、異なった、あるいは対立する世界観の対決から生じるものを明らかにするためである。すなわち、ある場合には、それぞれ社会的な根拠があるがゆえに相容れない視点の、譲歩も妥協も許されない対決から生まれる悲劇をあらわにするためである。

ここに収めた聞きとり調査は、それぞれ独立したものとして構想され構成されたものであり、個々別々に（また、好きな順序で）読むことができるが、その配列には特別な配慮をした。つまり、物理的空間において接近する、それどころか対決する機会のありそうなカテゴリーに属する人々（たとえば低家賃団地の管理人と団地住民――成年や未成年、労働者、職人、商店主たち）の証言を、相前後して読むことができるように接近させて配列したのである。

これは、二つの効果を狙っている。第一に、いわゆる「困難な」場所（今日では「団地」あるいは学校がそう言われる）というのはまずもって記述することが、また考えることが困難な場所のことであるということを明らかにしたい。（特にマスコミが流布する）過度に単純で一面的なイメージに代えて、同一の現実がときには互いに相容れないいくつもの異なった談話をとおして表出されるという事実を踏まえて、複合的・多面的なイメージを提示しなければならない。

第二に、フォークナーやジョイス、ヴァージニア・ウルフのような小説家たちのひそみに倣うことを考えている。つまり、観察者が（そして、自分には無関係な話と思っている限り読者も）取りがちな視点――唯一、中心的で、支配的な、要するに神のような視点――を棄てて、共存するそしてときには相争う複数の視点に対応する複数の遠近法《パースペクティヴ》を採用しようとしたのである。

衝突・対立が生む苦しみを明かす

この遠近法主義《パースペクティヴィスム》は主観主義的な相対主義(これはある種のシニシズムあるいはニヒリズムに導くだけである)とは何の関係もない。それはまさに社会の現実そのものに基礎を持っており、この社会で生起することの多くを説明することに寄与する。とりわけ、様々な利害や性向、生活スタイルの衝突——こうした点のいずれにおいても異なる人々が、特に居住地や仕事場で共生することで生起しがちになる衝突——から生まれる苦しみを説明することに寄与するのである。あらゆる経験の生きた地平をなす恒常的な集団(同じ地区や同じ棟の住民、会社の同僚など)の内部においてこそ、異なった階級や民族や世代を隔てる諸対立——特に生活スタイルの面での対立——が、遮蔽作用に由来するあらゆる間違い(特に標的に関わる間違い)とともに、知覚され生きられるのである。

確かに、ときには自分の位置と自分の歩んだ軌跡ゆえに内部で引き裂かれ分裂した見方をする人々に出会うこともある。(たとえば第I部「割に合わない投資」に登場する、「困難な」団地地区のスポーツ用品店主の女性である。彼女は団地の若者たちに一定の理解を示しながら、その一方で、強固に自分の立場を擁護するのを当然と考えている。)しかし〔より一般的には〕、異なったもの同士が直接に対峙することからは、争点となっている問題について、当事者ゆえに部分的〔一面的〕な洞察力を高めるという結果が生じる。(それがたとえば第I部「フランスに同化した家族」のスペインからの移民女性の場合である。彼女は、子どもの数が少ないことと、しっかりした規律のある生活とがしばしば結びついているヨーロッパ人家庭の構造と、子どもの数が多く、親の権威の失墜——その原因は、慣れない土地でうまく適応できず、ときには自分の子どもたちに依存せざるをえない異国生活者の境遇にある——のためにしばしばアノミー的状況に陥っている北アフリカ出身者の家庭との間の違いを指摘している。)

「小さな悲惨」を見落とさぬために

マクロな社会空間で占めている位置にかかわる経験さえも、(会社、工場、小企業、近隣、拡大家族といった)ミクロな社会空間において直接受けた社会的相互作用の影響によって決定されるか、少なくとも変質させられるのである。パトリック・ジュースキントの劇作品『コントラバス』は、オーケストラの中で〔周辺に〕位置づけられるコントラバス奏者のように、高い評価を受けている特権的な集団の内部で低く地味な位置を占めているすべての人々が経験する社会的苦しみをとりわけ見事に描き出している。この経験は、彼らがどうにかそこに加わってはいるものの、結局、そこでは自分の相対的位置の低さを思い知らされるほかはない小世界が社会空間全体の中で占めている位置が高ければ高いほど、おそらくいっそう苦しいものとなる。

　こうした位置の悲惨〔位置から生じる苦しみ〕は〔社会的〕小世界の境界の中に閉じこもってそれに耐えている者の視点に関係する相対的なものだが、〔包括的な〕大世界の視点に立って、それを大きな〔重大な〕状態の悲惨〔生存条件から生じる深刻な苦しみ〕――「それぐらいのことで文句を言うな」と非難したり、「もっとひどい人もいるよ」と慰めたりするために、毎日のように持ち出される重大な事態――と比べると、どうしても「ごく相対的」と言われてしまうもの、つまりまったく非現実的なものと見えてくる。

　しかし、大きな悲惨をすべての悲惨を計る唯一の尺度にしてしまうと、今日の社会秩序――おそらく大きな悲惨を後退させはしたが（だが、しばしば言われるほどではない）、しかし、相互的な差異化をへて、社会空間（特化した界と下位の界）を増殖させもした社会秩序――に特徴的な様々な苦しみの一定部分を見つけ出し理解することがまったくできなくなってしまう。これらの細分化された社会空間は、あらゆる形の小さな悲惨が未曾有の規模で拡大する条件を提供しているのである。

　もしも〔本書において〕、小さな悲惨に晒される可能性が特に高い〔社会職業〕カテゴリーの人々――大きな悲惨に取り組んだり、あるいは、それについて語ることを任務とするすべての職業に従事する人々――に、様々な視点からなる空間で、彼ら自身の視点の特殊性に由来する歪みもすべて考慮しつつそれぞれの場所を用意していなかったら、〔下位の社会的小宇宙を含む〕社会全体と同様、それ自身を対象とする無数の表象を生み出すという特徴を持っている一つの世界を、正しく描き出すことはできなかったであろう。

（櫻本陽一・荒井文雄訳）

（本書第I部より抜粋。構成・編集部）

（Pierre Bourdieu／社会学者）

世界の悲惨 Ⅰ

P・ブルデュー編
荒井文雄・櫻本陽一監訳

『世界の悲惨』とは何か（日本版独自）　P・ブルデュー（聞き手＝加藤晴久）
読者に（P・ブルデュー）

第Ⅰ部　様々な視点からなる空間　P・ブルデュー

ジョンキーユ通り　P・ブルデュー
二つの労働者家族　〈聞き手〉P・ブルデュー／R・クリスタン
行き所のない一家　A・サヤド
労働者の町の住民たち　〈聞き手〉A・サヤド
だれにも邪魔されない我が家で　R・クリスタン
郊外に一戸建ての家を持っていた女性　〈聞き手〉R・クリスタン

メディアの視点　P・シャンパーニュ
どうにもならない現実　P・ブルデュー
フランス北部の二人の若者　〈聞き手〉P・ブルデュー
フランスに同化した家族　P・シャンパーニュ
低家賃住宅団地に暮らす女性　〈聞き手〉P・シャンパーニュ
割に合わない投資　G・バラーズ
女性商店主　〈聞き手〉G・バラーズ
悪評との戦い　G・バラーズ
低家賃住宅の住民　〈聞き手〉G・バラーズ
最後まで残る相違　P・シャンパーニュ
低家賃住宅の管理人　〈聞き手〉P・シャンパーニュ
「バッサリ却下」　G・バラーズ
市会議員　〈聞き手〉G・バラーズ／J・バラン

第Ⅱ部　場所の作用　P・ブルデュー

アメリカという逆ユートピアから　L・ヴァカン
ゲットーの「ヤバいとこ」　L・ヴァカン
アメリカの黒人ゲットーに住む稼ぎ人　〈聞き手〉L・ヴァカン
エル・バリオのホームレス　Ph・ブルゴワ
ハーレムのプエルトリコ人麻薬売人　〈聞き手〉Ph・ブルゴワ

第Ⅲ部　国家の不作為　P・ブルデュー

達成不可能な任務　P・ブルデュー
フランス北部のプロジェクト主任　〈聞き手〉P・ブルデュー
制度の自己欺瞞　P・ブルデュー／G・バラーズ
不安定な立場とダブルバインド　P・ブルデュー／G・バラーズ
街頭指導員　〈聞き手〉P・ブルデュー／G・バラーズ
「作　業」　G・バラーズ
地域ミッションセンターのセンター長　〈聞き手〉G・バラーズ

国家の視点　P・シャンパーニュ
秩序を維持する法執行者の無秩序　R・ルノワール
貧乏人の警察　R・ルノワール
警　視　〈聞き手〉レミ・ルノワール
女性であり、警察官であること　R・ルノワール
若い女性刑事　〈聞き手〉レミ・ルノワール
生身の糾弾　R・ルノワール
司法官　〈聞き手〉レミ・ルノワール

［以下、第Ⅱ、第Ⅲ分冊］
（全三分冊）Ａ５判　四九六頁　**四八〇〇円**

フランス現代思想〝最後〟の巨人、A・バディウの主著、遂に完訳

『存在と出来事』をめぐって

藤本一勇

フランス哲学の「知の巨人」

本書は、Alain Badiou, *L'être et l'événement*, Éditions du Seuil, 1988. の全訳である。一九八八年に刊行されて以来、哲学の伝統的な存在論と数学とを組み合わせた独創的な発想とその厳密な議論によって、フランスのみならず、全世界的に（特に英語圏において）大きな反響を呼んだ本である。弟子のカンタン・メイヤスーを通して、現代の最先端思想の一つである「思弁的実在論」の流れにも影響を与えている。バディウを一言で形容するなら、フランス現代思想の最後の巨人であろうか。それは彼が、フランスの一九六〇年代から九〇年代の煌びやかな「現代思想」を飾ったフーコー、ドゥルーズ、デリダなき後の、最後の「大物」だからというだけではない。バディウの哲学の中には、フランスの伝統的な、あるいは現代的な様々の思想潮流が渾然一体となって流れ込んでおり、さしずめフランス哲学の総決算あるいは精髄といった様子があるからである。その流れを簡単にまとめてみよう。

1．**存在論の伝統**　これはもちろんフランスのみならず、西洋哲学の根本体制であり、バディウもこの伝統に棹さしている。特に存在者と存在の区別、いわゆる「存在論的差異」を探究するという方向性は、そこにラディカルに数学的な形式化を持ち込むという点において一般的な存在論者たちとは違うが、しかし「存在としての存在」を根本的に問うという姿勢は西洋哲学にオーソドックスなものである。そこからハイデガーの重視、それゆえの対決（ハイデガーの「詩的存在論」との対決）も生じてくる。

2．**数理哲学や科学認識論の伝統**　日本では、文学や政治とのかかわりが深いサルトル以降のフランス思想の受容や、あるいは古くは三木清による人間的実存や「人生」論に立脚したパスカル紹介などのイメージが強いためか、あまりフランスが数理哲学や科学哲学に強いというイメージはないかもしれない。しか

▲アラン・バディウ
（1937- ）

し、多くのフランス人にとっての「国民的哲学者」であるデカルトやパスカルを見てもわかるように（パスカルも本来モラリスト以上に数学者である）、フランスには強力な数理哲学の伝統がある。それはさらに広がりを見せ、バシュラールに始まるフランス科学認識論の伝統を生み、その流れのなかにバディウの師の一人であるカンギレムも存在するし、さらにフーコーも登場してくる。特に数理哲学において、対ナチレジスタンス活動で若くして殺されてしまったため、日本ではあまり知られていないが、ジャン・カヴァイエス（1903-44）とアルベール・ロトマン（1908-44）という、二十世紀の前半において、現象学および存在論と数学とを結び付けようとした先駆的かつ画期的な仕事もあった。この二名は本書においても他の本においても、バディウの数学的存在論のアイディアの源泉であり、たびたび言及・参照される貴重な存在である。

3．**実存主義**　とはいえ、もちろん、日本でもよく知られている実存主義の流れもフランス哲学の重要な柱の一つであり、ときにキリスト教思想やスピリチュアリズムと、ときにマルクス主義と関係をもちながら、パスカルからルソーを経て、サルトルに至るまで、フランス実存哲学の中核である単独者の思想を伝えている。バディウが慎重に距離を取りながらも、本書でも「実存（existence）」や「単独性（singularité）」という言葉にこだわっているのも、こうした地盤の上でのことである。

4．**マルクス主義**　バディウはまた母校のパリ高等師範学校においてアルチュセールの弟子でもあり、実際に「六八年五月」の際にも、様々な工場ストライキを組織したり、学生たちの抗議運動をリーダーとして指導した闘士（マオイスト）でもあった。そうしたマルクス主義の運動の理念や現実に対する透徹した思考は彼の哲学を貫徹しており、単なる抽象的な数理哲学や観念的存在論に終わらずに、それらを「歴史」や「状況」の運動性のなかで捉え、問い直すという「思考の方向づけ」に結実している。

5．**精神分析**　本書でも最終省察がラカン論で締めくくられていることからもわかるように、バディウは精神分析との関係も深い。彼が数学的存在論を展開している道中でも、いたるところにラカンの「現実的なもの」「想像的なもの」といった言葉や発想が介入してくるし、また「知」（＝百科全書」＝「全体知」）に穴を穿つものという「真理」の理解や「主体」の捉え方には、明瞭にラカン理論の影響が見られる。実際、ラカンのセミネールにも出席し、ラカンの『セミネール』の編者であるJ＝A・ミレールとも交流がある。

以上はきわめて粗雑なまとめではあるが、これだけの過去・現在に及ぶフランス思想の潮流がバディウの哲学には流れ込んでおり、さらに彼が演劇や文学にも深い造詣を持ち、実作にも関わっていることも含めて考えると、バディウはまさしくフランスの知の巨人と呼ぶにふさわしい存在と言えるだろう。

詩的存在論と数学的存在論

バディウ哲学の最重要概念にして人々を恐れさせるテーゼと言えば、「数学＝存在論」というテーゼだろう。このテーゼはバディウ本人も書いているように、哲学と数学の両方から反発を招く。哲学は、その伝統と歴史に見られるように、「存在」の問いの数学による形式化を拒否するし、数学は、「存在の問い」などという、超越論的な歴史と（場合によっては）神学的な含みを持つ思考によって、みずからが「存在論化」されることを嫌うだろう。

そもそも存在とはいかなる事態だろうか。ハイデガーにならって、バディウはそれを「現前化」として理解する。「存在とは恒常的現前性」のことであるというのが、『存在と時間』においてハイデガーがえぐり出した西洋存在論の隠れた基本通念である。従来「忘却」されてきたこの基本概念にあらためて光を当てたのはハイデガーの大きな功績であった。

しかしそのハイデガーが、ではさらに「現前」とはいかなる事態なのかを明らかにする段になると、存在運動それ自体（出来事 Ereignis）の「出現＝隠遁」（Enteignis）とか、「ピュシスは隠れることを好む」（ハイデガーが好んで援用するヘラクレイトスの箴言）とか、ヘルダーリンやトラークルの詩の「解釈」を通した言語の自己否定運動（自己言及性とその不可能性）といった、否定神学的な方向づけしか出てこない。バディウはこうした言及不可能性に帰着する言語の自己言及性（そしてこの言語の自己脱構築性や不可能性の承認があたかも自他の他者性を尊重する「倫理」的態度であるかのように解釈する思考の方向づけ）に立脚する思考形態を「詩的存在論」と呼ぶ。

バディウにとって、こうした方向は、図式的に言えば、否定神学とロマン主義の方向にすぎない。それらは結局みずからが主張する出来事性——硬直した時代や世俗(=時間性や歴史性)に風穴を開ける潜勢力——を根拠づけ肯定することができず、「否定弁証法」に終わるのが関の山である。それは最終的には、それらの言語や記号をどう解釈するかという「主観性」に舞い戻るしかない。

しかし、存在論の数学化、数学による存在論の抑制は、逆に数学の覇権主義、数学がすべてを語る権力をもつということではけっしてない。バディウが繰り返し主張しているように、数学は「存在としての存在」についてしか語ることができない。数学は存在者についても、さらには出来事についても一切語る能力をもたない。「存在としての存在」を語る数学的存在論は、存在論を数学に押し込めるが、それと同時に数学自身をも存在論に押し込めるのである。そこでは実在論的数学論も、主観的数学論も成り立たない。

そしてバディウの数学的存在論が真に主張しようとするのは、数学的に語ることの可能な「存在」の問題ではなく、存在の領野を逸脱し、そこから差し引かれる(「免算」される)「出来事」の問いなのである。バディウの最終目標は、「数学=存在論」を確立することによって、たんに数学と存在論双方の限界画定をすることではない。その限界画定の作業を通してバディウが狙っているのは、むしろ「数学=存在論」を出来事をめぐる「袋小路」へ追い詰めることによって、数学的存在論では語り尽くすことのできない出来事性のポテンシャルを、数学的存在論の臨界点において、しかし数学的に証明することである。

(構成・編集部/全文は本書「訳者解説」)

(ふじもと・かずいさ/哲学)

鉛筆画の世界を切り拓いた画家、初の自伝！

いのちを刻む

——鉛筆画の鬼才、木下晋自伝——

木下　晋

城島　徹＝編著

富山の風土

もし私が富山の極貧家庭に育って身内の死に遭遇していなければ、人生はどうなっていただろうか。

孤独とは無縁の、心安らかなサラリーマンとして生きていたかどうかは定かでないが、『重苦しい』『凄まじい』などと形容され、平和な家庭空間には決して飾られることのない、モノトーンの鉛筆画の絵描きなどには少なくともなっていなかっただろう。

狂おしいほどに人への思慕に焦がれた私は、ただ生き抜くため、画家としての人生を選んだのである——。

「赤ちゃんが泣いている。怖いよ、父ちゃん」

物心ついた頃、床に入ると私は幾度もこう訴えたという。幻覚に違いなかったが、家の周りにポツポツとあった空き地から、赤ちゃんのすすり泣きが聞こえる気がしたのだ。

太平洋戦争末期の一九四五年八月二日未明、富山市中心部は米爆撃機一七四機による空襲で市街地の九九パーセントを焼失し、約三千人の命が奪われた。原爆が投下された広島と長崎を除けば、これほど壊滅的な被害を受けた地方都市はない。この富山大空襲で焦土と化した街で私が生を受けたのは、敗戦から二年後、つまり団塊世代の走りである一九四七年の六月四日だった。

B29爆撃機の編隊は、富山城址公園を標的に一万余りの爆弾を投下した。豪雨の如く降り注ぐ焼夷弾の炎に覆い尽くされた市街地では、夥《おびただ》しい数の犠牲者が怨念の呻き声を上げたであろう。街の復興が緒に就いて日が浅かったのか、焼け野原の残像が幼い私の目にシュールな光景として刻まれ、無意識のうちに「生と死の境界」を感知していたのだろうか。復興の槌音が高鳴るにつれ、いつとなく赤子のすすり泣きは聞こえなくなったが、破壊された焦土に宿る情念が血路となっ

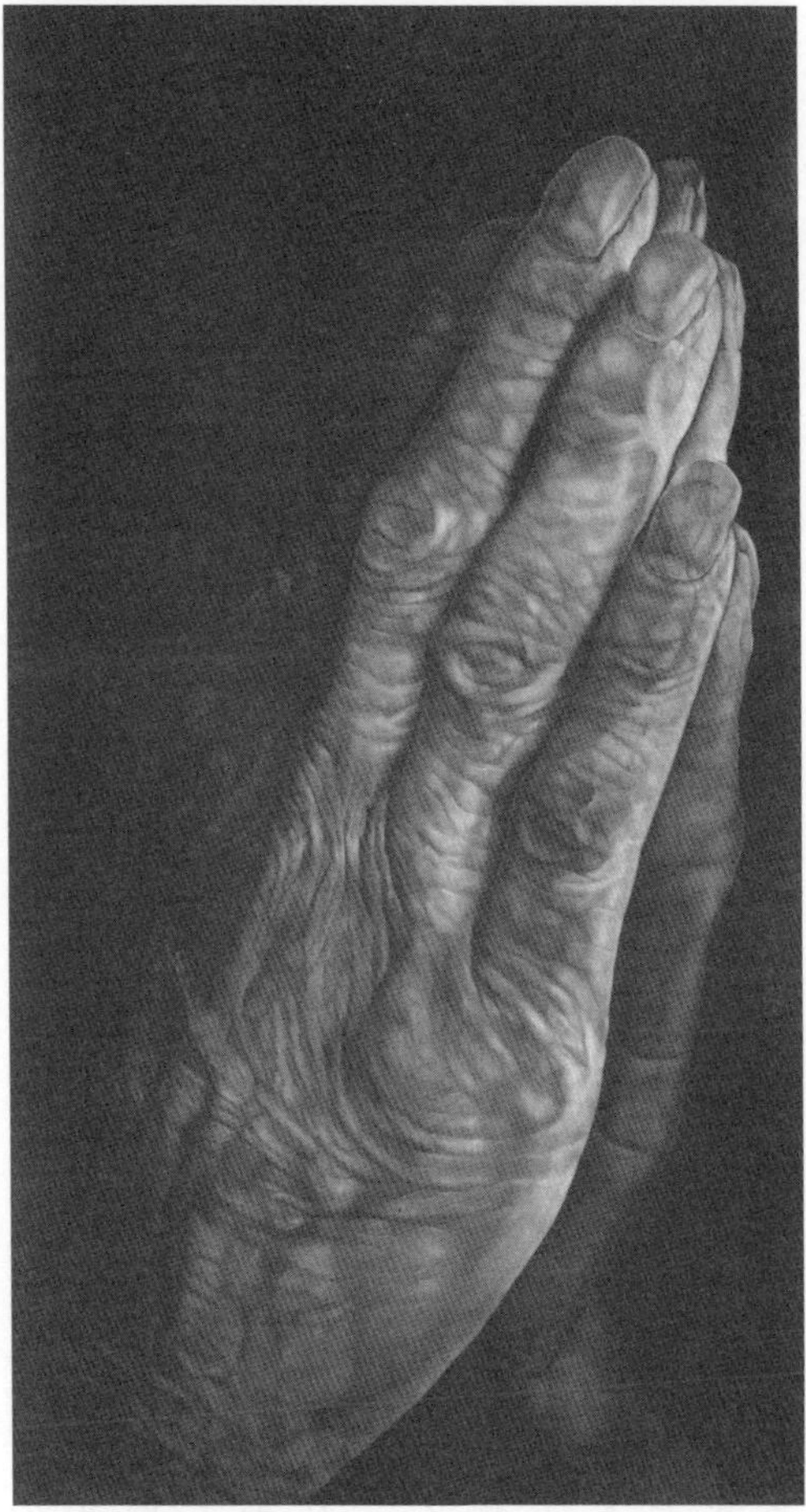

木下晋「合掌図」　2013年　230.0 × 128.0　モデル・妻

て、私を造物主へと駆り立てたのかもしれない。

一方で心に残る光景は、うっとりするほど穏やかな万葉の世界であった。富山平野は呉羽山《くれはやま》という丘のような山を境に、高岡から金沢にかけての呉西《ごせい》と、富山市街地から魚津の方にかけての呉東《ごとう》に分かれる。越中国の国守として赴任した、万葉を代表する歌人、大伴家持は奈良盆地南西の二上山になぞらえ、富山にある同名の二上山《ふたがみやま》を歌っている。

《玉櫛笥《くしげ》　二上山に　啼く鳥の　声の恋しき　時は来にけり》

そのやわらかな稜線は、幼き私の目を和ませてくれたものである。雪解けに春を気づかせる詩情をたたえた万葉の風土は、母の胎内に棲むが如く私を優しく包み、悠久の時に誘うのだった。

シュールな焦土と甘美な万葉の景観。幼き私の感性を育んだのは、対極にある二つの原風景だったのである。

母と妻

「コノクソババアア！イツマデイキトルンヤー、

ハヨ死ネ!」

私の罵声がよほど癇にさわったのか、母は積年の悔しい思いを爆発させ、初めて反抗的に声を震わせた。

「なんやとぉ！ オラは、生きて！ 生きて！ 生きまくるんや‼」

私に浴びせる精一杯の叫びだった。これが母から私への唯一最大の遺言であった、と私は受け止めたのである。

翌日、一九八六年一月二日午後五時十六分、居場所を求めて生涯を放浪に身をやつし、黄泉の国に旅立った母の、最後の姿でもあった。

私は私で、母と同様、常に自分の居場所を求めて、その痕跡を刻むかのように、作品のモデルとなった人びとへの愛で、七十二年の歳月を生きながらえてきた。分不相応な身で大変おこがましいが、私は作品を創作する時、常に〝描かされている〟と思うのだ。これまでの私を支えてくれた人々に、直接恩返しはできないまでも、もし後世の人々に作品が少しでも役立つなら、命のバトンタッチのごとく遺していきたいと思う。

私はいつまで生きられるか分からない。人は時代を選べない。親も選べない。体も選べない。だがしかし、最後は老いさらばえてもなお、与えられた命をまっとうすべく、作品を描くことを通し、「生きて、生きて、生きまくる!」

最近、パーキンソン病を患う妻をモデルに作品を描いていると、お互いに不満が爆発し、衝突も起きる。こうなると、綺麗ごとでは済まされず、私は苛立ちから一方的に暴言を浴びせてしまう。気づいた時は、妻が目に涙をいっぱい浮かべ、許しを乞うが如く私に向かって合掌する。その悲しい目を見せられた私は、自分の脳から血の気が失せていくのを感じる。皮肉だが、この時こそが、魂のモデルと感じる瞬間である。

妻を失ったら、私はどうするのだろうか。それでも彼女は自分の中に生き続けている、などと偉そうに豪語して、自分をも欺く強さがあるだろうか。病の苦しみに耐えがたいほどの妻を見ていると、これからますます症状が悪くなり、看病する私も耐えられなくなることは避けられないだろう。真綿で首を締められるが如く、次第に神の領域に近付きつつある状況であると思われる。その中で、私と妻は、どんな終焉を迎えることができるのだろうか――。後世の人々からためされているのである。

最後に、自伝を刊行するにあたって、

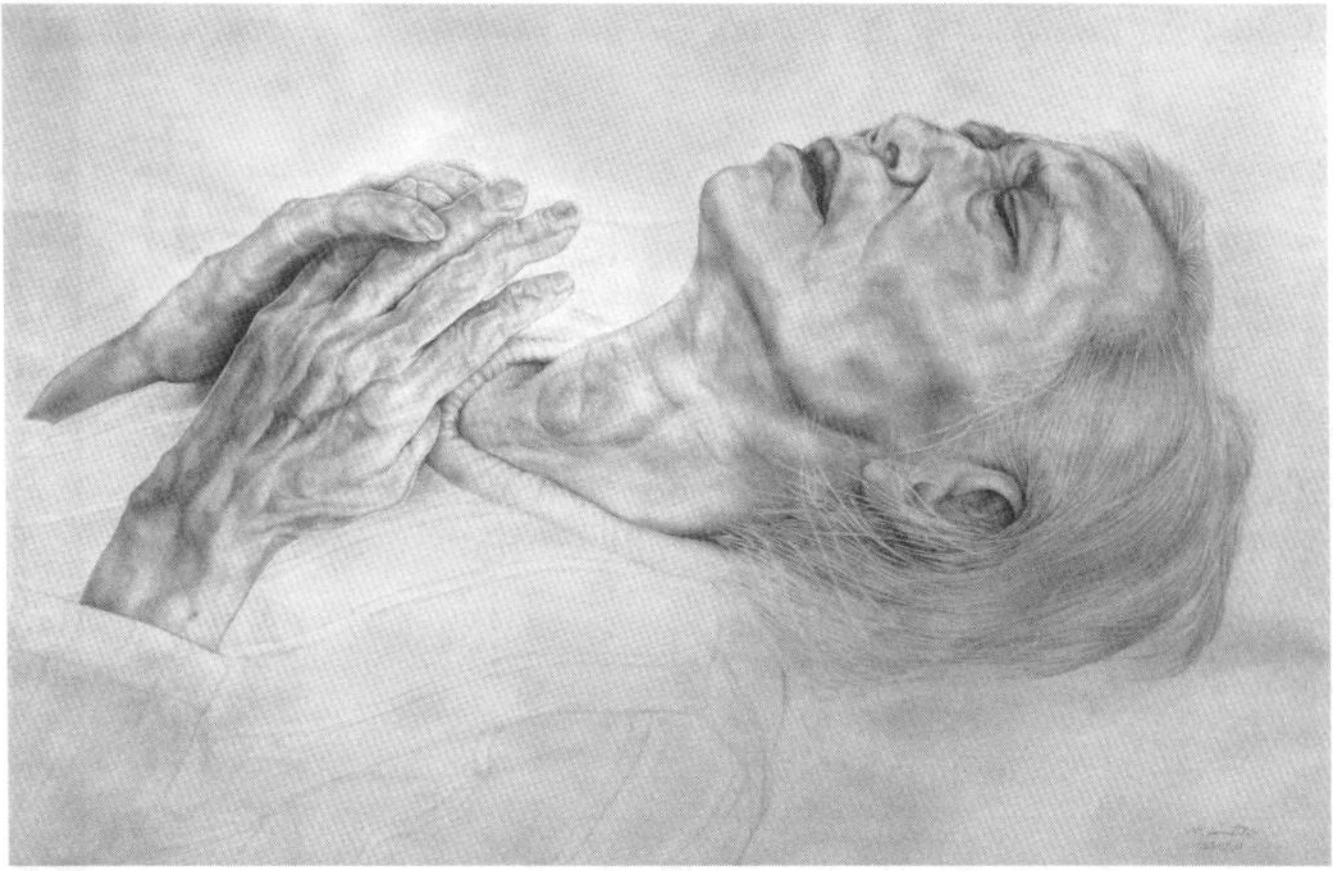

木下晋「願い」2019年　133 × 204　モデル・妻

くじけそうになる私を導き支え、伴走してくれた盟友、城島徹さんには心からお礼を申し上げたい。父の死などを報じた新聞記事を、彼は地元紙の資料から発掘し、私の記憶を裏付けてくれた。史上最年少での「自由美術協会展初入選」が報じられた日が、まさに東京オリンピックの開幕日（一九六四年十月十日）だったことに、同じ富山新聞一面の記事「きょう世紀の幕開け」を見て、私は初めて気が付いた。

その前年の父の死と「三八豪雪」の関わり、富山から新潟に妻となる君子と駆け落ちした日に、一九七〇年「大阪万博」の活況が報じられていたことも、同様に地元紙のマイクロフィルムから浮かび上がり、衝撃を受けた。

自分のことしか眼中になく、必死にもがいていた私も、時代と社会の大きなうねりの中で生きてきた、という新たな「おのれの人生」に巡り合えたのだ。

また、そうやって人生を振り返る私を蔭になり日向になり、大きく包むかのように支援を惜しまなかった藤原良雄さんにもこの場で謝意を表したい。そのほか、協力してくださった多くの方々の名を列記できず心苦しい限りだが、厚く御礼を申し上げたい。ありがとうございました。

（構成・編集部／全文は本書所収）

（きのした・すすむ／画家）

話題の全著作〈森繁久彌コレクション〉（全5巻）！ 第二回配本

モリシゲ節に酔ってきた モリシゲの芸に泣いてきた

松岡正剛

哀愁もニヒルも滑稽も……

ぼくが誰に弱いのかといったら、一にマラルメ、二に稲垣足穂、三に土方巽、四にヴァスバンドゥ（世親）、五にジュール・ラフォルグだ。なかで俳優となると、西ならピーター・オトゥールだろうが、日本のほうはずうっと森繁久彌にめちゃくちゃ弱かった。

もともと役者は好きだった。「わざおぎ」という仕事は歴史文化の当初から登場している職能だけれど、日本では神や人を慰めることをした。これを「俳優」と綴れば、俳は俳諧の「俳」でちょっとすべってみせること、「優」は大きな頭《かしら》をゆさぶることだ。田楽もそうした俳と優が似合う「わざおぎ」たちで成立した。

だから、長らく「わざおぎ」は神事芸能の場で切磋琢磨されてきたのだが、近代になって劇場空間が確立し、そこで演劇や映画や舞踊を見せるようになると、俳優や役者の意味がずいぶん変わってきた。かれらはプロセニアムアーチやステージやスクリーンの中の主人公や脇役になった。興行が成立し、入場料やギャラが生じ、役者は現代神話のスターになったのである。しかし、神や人を慰めるというところは、昔も今も変わらない。

ここから役者冥利というものが出て、われわれファンもその冥利に酔うことになった。この冥利はたいへん有り難い冥利というもので、かつては聖書や昔話や歴史語りの人物が、その後は文学作品の登場人物が人生のモデルになってきたように、役者が演じる人物に出会えることは人生に欠かせない冥利なのである。聖書や小説では「顔付き」や「そぶり」まではわからないけれど、そこを映画が一変させた。

ハンフリー・ボガートとロバート・デ・ニーロがいなければ巷や港のハードボイルドはなかったし、ジャン・ギャバンとアラン・ドロン、あるいは森雅之と市川雷蔵がいなければ男のニヒルなんてわからなかったのだ。男の子はほとんどそうだと思うけれど、みんな映画のシーンで煙草の喫い方をおぼえたのだ。それだけではなかった。マレーネ・ディートリッヒと京マチ子が娼婦を感じさせ、鶴田浩二と高倉健が任侠を教えてくれたのである。

　ピーター・オトゥールを知ったときは、あのフラジャイルな気品にぞくぞくさせられた。アニタ・エクバーグを見たときは勃起して、山崎努の目を覗いたときは犯罪者に出会えた。役者は魔法をおこす連中になったのだ。

　観客はそうしたいろいろのスターを取っ換え引っ換え見ていればよく、誰か一人の俳優ですむというわけではない。ところがモリシゲは一人でなんでも見せてくれたのだ。哀愁もニヒルも滑稽も頽廃も、みんなモリシゲでよかったのだ。こういう役者に出会ったことがない。まあ、志ん生なら、みんな志ん生でいいという、あの感じだ。

▲森繁久彌（1913–2009）

「社長太平記」にも泣いてしまう

　ここで森繁久彌の演技についての議論をお目にかけたいとは思わない。ひたすら強調しておきたいのは、ぼくはモリシゲにはついつい泣いてしまうのだということ、そのことである。見れば泣かせられるし、泣かないときは、笑わせられる。

　なぜ、そうなるのかの、説明がむつかしい。泣くも笑うも経緯委細がわからない。筋書きからすればまだまだ泣くほどの場面ではないはずなのに、モリシゲの目がちょっと虚ろになってあらぬかたに泳ぎはじめると、もういけない。うるうる、くすんくすん、なのである。それが映画『雨情』や『恍惚の人』や、舞台『屋根の上のヴァイオリン弾き』なら、あの場面の哀しさ、あの演技なのだから、きっとうるうるは観客みんなにもおこっているだろうものの、そうではなくて、喜劇映画の『社長太平記』やお笑い一辺倒の『駅前旅館』で、そうなってしまうのだ。

　まことに困ったことだった。筋書きで泣くのではない。豊田四郎や森崎東らの演出で泣くのでもない。モリシゲのちょっとした仕草のマイクロスリップで泣かせられるのだ。これでは褒め言葉にも批評にもならないだろうけれど、そうなのである、ぼくはあきらかに重度のモリシゲ病なのである。（全文は第二巻所収）

（まつおか・せいごう／編集工学研究所所長）

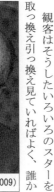

唄う人、森繁久彌

伊東四朗

私はこの世界に入る前から森繁さんのファンで、森繁さんが出演された映画は、すべて観ていた。特に新東宝のサラリーマンものが好きだった。

もちろん、俳優、そして喜劇人としての森繁さんのうまさ、凄さは言うに及ばないが、私は森繁さんの唄が好きだった。森繁さんは映画の中で実によく唄う。その唄がとてもよかった。だから私は、映画の中で森繁さんが唄われた歌は、全部覚えようとして、大学ノートに歌詞を書き取り、もう一度観に行ってメロディーも覚えた。

一九七九年公開の久世光彦さんが監督をされた映画「夢一族・らいばる」で二度目の共演を果たしたが、機会を得て、森繁さんが唄われた歌をご本人の前で、唄って聴かせた。

「なんだ、いい唄だな、誰の唄だ?」

「イヤだな、先輩の唄ですよ」

「いや、俺は唄った覚えはない」

「えーっ」

「じゃあ、他にどんなのがある?」

その場で立て続けに、森繁さんの歌を何曲も唄った。どうやら、それで森繁さんに気に入ってもらえたようだ。

京都の太秦での撮影だったが、それからはたびたび、撮影の合間に、森繁さんと二人で歌を唄った。時には、森繁さん一人で私の楽屋まで押しかけ、下ネタばかりの猥歌を披露してくれたこともあった。

ある時、撮影所に行くと、

「伊東さん、今日は森繁さん、熱があるようですから、あまりお話しない方がいいですよ」

と言われた。いつもは横に椅子を持って行って座っていたが、そういうことなら、とその日はちょっと離れて座っていた。

そしたら、森繁さんに「オーイ!」と呼ばれて、「サア、何を唄う?」と言われたのでびっくりしたものだ。

その頃は、喫茶店に行くのも一緒だったし、挙げ句の果てに、

「今度京都に来るときはカセットレコーダーを持って来い、それで俺が全部唄ってやる」と。

後日、太秦撮影所の前でカセットレコーダーをぶら下げて待っていると、大きな車で乗りつけてきて、開口一番「お前、本気だったのか?」と言われ、笑いながらも随分唄って頂いた。

　その後、ニッポン放送で、〝森繁さんの唄を聴く〟といった企画があった。その時のゲストは、森光子さんと加藤登紀子さん。私にも声がかかったので、「なんでですか?」ってディレクターに訊いたら、森繁さんが「あいつは俺の唄に詳しいから、横に居てもらいたいんだ」と言っていたという。

　森繁久彌という人は、何よりも唄うことが好きだった。そして、詩人でもあった。森繁さんといえば誰もが知っているのは「知床旅情」だが、その元歌は「オホーツクの舟唄」という「知床旅情」とは異なる歌詞だったが、それも森繁さんの作だ。

　オホーツクの海原／ただ白く凍て果て／命あるものは／暗い雪の下／春を待つ心／ペチカに燃やそ／哀れ　東《ひんがし》に／オーロラかなし……

　私は、森繁さんには実に多くの唄を教えてもらった。ご自身で作られた歌、ロシア民謡、シャンソン、満洲のうた。その種類や範囲も実に多岐に及んでいる。森繁さんの口から、ボードレールや萩原朔太郎の名が飛び出てきたこともあった。

　「おい、唄ってみろ!」というあの声を、今一度聞いてみたい。（談／全文は第二巻月報）

（いとう・しろう／俳優）

リレー連載　近代日本を作った100人　69

児玉源太郎——伊藤博文と連携した「立憲主義的軍人」

小林道彦

軍事権力の相対化

児玉源太郎は毛利氏の支藩、徳山藩出身である。児玉家は幕末における藩内の抗争によって、将来を嘱望されていた義兄を斬殺され、一時は御家断絶の憂き目を見た。ところが、高杉晋作の蹶起により藩論は急転し、児玉家は一夜にして逆徒から功臣へとその立場を変えた。源太郎は徳山藩士として戊辰戦争に出征し、維新後の出世の糸口を摑んだ。

若き日の痛切な経験は児玉の生涯に大きく影を落としており、彼と故郷徳山との間には微妙な緊張感が持続していた。児玉は長州閥に属してはいたが、郷党の論理の中で生きた人ではなかった。彼は実力主義者であり、軍人は戦場での軍功で評価されるべきだと考えていた。それが軍事行政への文官の起用という発想に繋がり、後藤新平という文官を「臨時陸軍検疫部」という軍隊組織の中枢に据えて、日清戦争の凱旋軍に対する一大検疫事業を担わせるという卓抜な組織運営を可能にした。

児玉の武勲第一主義は、薩摩系軍人が濃厚に湛えていた武士的エートスの琴線に触れるところがあった。時に対立しつつも切れることのなかった大山巌と児玉の信頼関係は、こうした要素に着目しなければ理解できないものである。

すでに日清戦争以前から、児玉は伊藤博文が組織した知的シンクタンクの一員に選抜されており、伊藤や原敬と国制改革について議論を重ねていた。この時、伊藤は明治憲法の不安定要素、内閣の権力的位置づけを明確化して、行政権を総理大臣に束ねさせるという政治改革に踏み切ろうとしており、児玉もそれには共感を覚えていた。参謀総長・陸軍大臣の帷幄上奏権を縮小して、軍権力を内閣と調和させなければ、いずれ国家意思の分裂は避けられなくなるとの危機感を彼らは共有していたのである。

伊藤—児玉—桂による国制改革への試み

だがそれは大山らの抵抗によって頓挫

し、改革の再起動は第四次伊藤内閣に陸相として入閣した後のこととなる。児玉は伊藤の「憲法改革」構想に共鳴しており、伊藤は児玉を通して長州閥陸軍の権力中枢に大きな影響力を振うようになった。伊藤―児玉―桂太郎―寺内正毅という国制改革ラインが日清戦後に形成されたのである。

第四次伊藤内閣は短命に終わったが、児玉は桂太郎への大命降下を画策し、それを実現させた（第一次桂内閣）。そして、内相に就任するや、府県半減による地方分権と文部省・逓信省の廃止、帷幄上奏権の縮小、警視庁や憲兵隊・陸軍経理学校・幼年学校の廃止といった一連の「自由主義的」な改革を模索し、一部を実行に移そうとした。

桂・児玉の国制改革は日露関係の緊張によって棚上げされ、児玉は内相を辞任して満州の戦野に赴いた。そして、日露戦争を勝利に導いたのであるが、肝腎の国制改革は日露戦争の勝利という「目も眩むような成功体験」の中でいつしか等閑視されるようになり、伊藤と児玉の相次ぐ死によって中断した。だが、改革の精神は桂太郎に密かに受け継がれており、彼は陸軍政治権力の縮小と財政健全化を推進すべく、自ら新党を組織して現状打破を試みる。だがそれは裏目に出て、桂は尾崎行雄の大衆扇動の前に膝を屈した（一九一三年、大正政変）。

児玉が伊藤とともに見出した国制改革への道筋は、やがて大きな流れとなり昭和の二大政党制へと繋がっていった。それは児玉にとっては想定外の事態であったであろう。歴史の巧まざる配剤である。

（こばやし・みちひこ／北九州市立大学基盤教育センター教授）

▲児玉源太郎（1852-1906）
徳山藩出身。藩の内訌で兄次郎彦を失う。徳山藩士として戊辰戦争に出征。大阪兵学寮に入校の後、士族反乱の鎮圧に動員され、神風連の乱で軍功を上げる。参謀本部などの要職を歴任。1892年、陸軍次官。伊藤博文のシンクタンク集団に抜擢され、日清戦争では陸軍軍政全般を差配。台湾総督（1898-1906）として統治を軌道に乗せ、第4次伊藤・第1次桂内閣では国制改革に従事し（陸相、1900-1902）、内相・文相を兼任。1904年、参謀次長から満州軍総参謀長となり、日露戦争を勝利に導く。戦後は満鉄の創立を主導し、参謀総長として参謀本部の憲法内機関化を試みたが、脳溢血に斃れる。

連載　今、中国は　5（最終回）

普遍的価値を尊ばない「人類運命共同体」

王　柯

二〇一三年の習近平政権の誕生後、「七不講」という、言論の自由を否定する中共の内部「通告」の存在が噂された。マスコミや大学の教育研究では、普遍的価値・報道の自由・公民社会・公民の権利・中共が起こした過ち・縁故資本主義・司法の独立など、「西側の価値観」に触れてはいけないというのだ。それを海外のマスコミに話した作家は国家機密漏洩罪で七年の禁固刑を言い渡され、それを批判した大学教授は解雇された。

国際社会から強い批判を受けても、中共は「七不講」の存在についてずっと口を閉ざしている。その理由は明白で、アメリカのポンペオ国務長官が十月末にハドソン研究所での受賞講演で批判したように「自分が作った憲法で約束した自国人民の基本的人権の保障さえしない」ということである。自由・民主・法治は、普遍的価値として世界の人々に広く認められ、また民衆の同意がないまま中共自ら作った憲法にも明記されている公民の権利である。

政権獲得前の中共は、民主主義体制の樹立など数多くの約束をしたが、一九九九年にその約束をまとめた著作『歴史の先声』が出版されると、すぐ発売禁止。中共は民国政府の独裁政治を批判し続けていた魯迅を「民族の魂」と持ち上げたが、魯迅の子息・周海嬰は、回顧録に次の逸話を記している。五七年の反右派運動期に、毛沢東は、魯迅が今日いたらどうなるかと質問されて、「投獄されても執筆を続けるか、大切なことをわきまえて黙る」と答えたという。国内のみならず、南シナ海の非武装化を約束しながら軍事拠点へと整備し続け、国際社会に対しても約束を守る気がないと分かる。

習近平は二〇一八年から、国際社会に「人類運命共同体」の構築を呼びかけている。普遍的価値を認めない組織は独裁者の望むところだが、果たして人々は運命をそこに託すだろうか。共同体は構成員の社会契約によってはじめて形成されるものであり、契約が誠実に守られなければ、いかなる共同体も長く続かない。

（おう・か／神戸大学教授）

連載　今、日本は　8

ああ、ニッポン無責任男

鎌田　慧

本州北端、下北半島のつけ根にある村が、六ヶ所村である。六〇年代末、いまでは懐かしい田中角栄が巻き起こした、列島改造ブームのなかで、「巨大開発の村」として不動産業者の戦場にされた。

しかし、突如としてはじまった中東戦争によるオイルショックのとばっちりを受けて、石油コンビナートや工業地帯化の計画はあっけなく破綻、買収して農民を追い払った畑や牧草地など、およそ五〇〇〇ヘクタールは荒野と化したままだ。

といっても、秘密にされていた「核工場」計画だけは、闇から浮上して、原発よりも数十倍も危険な「核燃料サイクルの村」として知られるようになった。

いま、太平洋と沼地のあいだに、地を這うように広がっているのが、核燃料再処理工場、ウラン濃縮工場、低レベル核廃棄物永久貯蔵所、MOX（ウランとプルトニウムの混合）工場などである。

この中で、核燃料再処理工場は一九九三年に着工されたが、それから二六年たっても完成していない。二六年たっても「未完の工場」とは、ウソのようだが、本当の話である。ウラン濃縮工場は操業停止、MOX工場は着工したが、建設中止。再開のあてはない。

つまり、いま、たしかに実在しているのは、全国の原発から運び込まれてきた低レベル核廃棄物。それに核燃料再処理工場の「原料」として「保存」されている使用済み核燃料三〇〇〇トン。これも貯蔵所に満杯状態である。

核燃料サイクルとは、原発で燃された核燃料棒を再処理してプルトニウムを取り出し、高速増殖炉（もんじゅ）でふやして、また原発で使用する。無限の永久運動。「夢のサイクル」のはずだった。が、再処理工場は試運転の失敗続きで未完のまま。かつての広大な農地が核廃棄物の無惨な捨て場となっている。

原発は終わりに近づいた。が、福島原発大爆発事故もふくめてまだ核燃料サイクルもふくめて、核政策の責任は誰も取らない。ニッポン無責任男は誰だ！

（かまた・さとし／ルポライター）

■〈新連載〉沖縄からの声［第Ⅶ期］1

首里城燃える。

石垣金星

私は一〇月二九日~三一日は西表島祖納では節祭《しち》と称し農耕文化の新しい年を迎える特別な神行事を琉球王国以来五百年に渡り執り行っていた。行事最中に誰かが首里城が燃えている、と耳にしたが、冗談だろうという思いでいた。行事も一段落して家に帰りテレビをつけると焼け落ちる首里城の信じがたい映像にただ唖然とし、言葉を失った。この日私どもは大海よりニライカナイより五穀豊穣のミリク世の神をお迎えして新年の始まりを盛会に祝っていた最中に事もあろうに琉球文化の発信拠点の首里城が燃えていた。なんという皮肉で不幸な事であろうか。私は今年の節祭行事の総責任者として三日間にわたる全ての行事を滞りなく執り行う責任を負わされ座る間も無く動き回っていた。

一九七二年沖縄は米軍支配から抜け出すために日本への復帰の道を選択した。そして国有財産として首里城は復元されたが、沖縄県は日本政府へ年間二億円もの家賃を支払い財団法人により運営してきたというのを知り驚いた。玉城デニー知事は辺野古新基地建設を中止させるべく日本政府と闘っている最中に首里城が焼け落ちた。そして同時に首里城復元への取り組みが知事の肩に重くのしかかった。首里城焼け跡視察に来た沖縄担当大臣は国有財産であることから国の責任で考える、と話していたが、首里城復元（飴）と辺野古新基地建設（鞭）という飴と鞭をちらつかせ玉城デニー知事へ迫ってくることは目に見えている。復元の募金活動もすでに始まっている、さ~どうする玉城デニー知事&我らウチナーンチュよ！　残念ながら燃え尽きた首里城にはウチナーンチュの魂は入っていなかった、と私は思っている。県民はもとより世界中へ首里城復元の募金を募り沖縄の財産として全てのウチナーンチュの魂を込めた首里城を創ってはどうだろうか！　これまで様々な困難を乗り越えてきた我が沖縄である、いま歴史の歯車が音を立てて大きく回り始めた。困難は希望の道へとつながっている。

「アメリカ世や投ぎ捨てぃれ　大和ぬ世んちゃん投ぎれ　わした嶋琉球世創くてぃいかなディンサーー」

（いしがき・きんせい／紅露工房《くうるこうぼう》・染織物）

Le Monde

■連載・『ル・モンド』から世界を読む［第Ⅱ期］40

歴史の書き換え

加藤晴久

「スターリンによる一九三七／三八年の大テロル（粛清）の最中《さなか》で大量処刑の舞台となったカレリア共和国のサンダルモフの森は記憶をめぐる熾烈な戦いの場となっている。輝かしき国史物語を織り上げることをめざすロシア国家は共産主義時代の犯罪の隠蔽を図っている。歴史の書き換えはプーチン・イデオロギーの本質的一側面である」

一〇月一三／一四日付『ル・モンド』の「ロシア　歪曲される記憶」と題する長大なルポルタージュのリードである。

大粛清の二年間で共産党・赤軍の幹部、知識人・芸術家などエリート層を含む約七〇万人が処刑され、一三〇万人がグラーグ（強制収容所）に送り込まれた。とりわけフィンランドとの国境に近いサンダルモフの森では、各地のグラーグから連行されてきた九千人が森の中に掘られた塹壕に並べられて銃殺された。この共同墓穴の数は二三六に上る。

ソ連崩壊後、人権擁護ＮＧＯ「メモリアル」のメンバーたちが、ロシア連邦保安庁（ＦＳＢ）公文書館で発見した名簿をもとに、それぞれの経歴を調べ、現場の墓穴から遺骨を発掘・鑑定して同定し、これまでに約五千人の犠牲者を「生き返らせた」。鬱蒼《うっそう》たる森はいま、松の巨木の幹に打ち付けられた遺影、苔むす土地に立てられた素朴な十字架などからなる墓園となっている。また、一九九七年以来、毎年八月五日に国際慰霊式典が執り行われている。

ところが「メモリアル」の仕事を主導してきた歴史家ユーリ・ドミトリエフが二〇一六年末、破廉恥罪の濡れ衣を着せられて逮捕監禁され、今日にいたっている。

プーチン率いるロシア国家の歴史観の変化がその背景にある。帝政ロシアからソ連時代を含む輝かしい永遠のロシアを顕揚するためには、スターリンを、ロシアを「収容所群島」にしてしまった残忍な暴君ではなく、絶対悪であるナチス・ドイツに勝利した愛国の英雄に仕立て上げなければならないのである。スターリン時代についてのネガティヴな研究は白眼視され、教科書の改訂が進められている。（かとう・はるひさ／東京大学名誉教授）

■連載・花満径 45

高橋虫麻呂の橋（二）

中西 進

万葉の歌人・高橋虫麻呂がよんだ橋の歌（万葉集巻9一七四二・四三番）を、まず紹介しておこう。

橋の歌といっても、「河内の大橋を独《ひと》り去《い》く娘子を見たる歌」と題する一首である。まるで画家が一つの主題に出会った時のようで、江戸時代の終りごろの浮世絵師、たとえば安藤広重か誰かの絵を、みんな思い浮かべるのではないか。

もちろん万葉集の中に、こんな歌をよんだ人は、他にいない。

そして歌は長歌。きらきらと岸辺に太陽が輝く中で架けられた大橋は朱に塗られていて、今しもまっ赤なスカートの裾を引きながら少女が歩いている。上衣の色はブルー。そこで虫麻呂はつぶやく。

ただ独り　い渡す児は　若草の
夫《つま》かあるらむ　橿《かし》の実の　独りか
寝らむ

あの娘には撓《しな》やかな肉体をもった夫がいるのだろうか、それともドングリのようにころりと独り寝をしているのだろうか。それにしても娘の家はどこか、知らない――。

わたしは、むかしこの歌に出会った時、びっくりした。遠景にいる少女をとつぜん自分の元にひきよせて、彼女は人妻なのか、一人身なのかと考えたりするのは、一体どういう男なのか。

もっとも、類型がないわけでもない。大伴家持が難波にいた時、館《やかた》の門から「江南の美女」を見て作った歌（巻20四三九七）という一首があり、

見渡せば　向つ峰《を》の上《え》の　花にほひ
照りて立てるは　愛《は》しき誰が妻

「遠くを見ると向うの山のほとりにサクラが咲き溢れるように輝きながら立っているのは、誰の妻だろう」というから似ている。

しかしこちらは風景を中国の江南地方に見立ててその中の美女を歌ったところに主眼がある。

いかにも都会人ふうで、そうなれば虫麻呂の世俗性のようなものが、反って眼立ってしまうのだが。

（なかにし・すすむ／国際日本文化研究センター名誉教授）

〈連載〉生きているを見つめ、生きるを考える（最終回）57

生きものか機械かの選択——滅びへの道を避けて

中村桂子

　五年もの間続けてきたこのコラムも最終回となった。特定のテーマを決めず、たまたま眼にして面白いと感じた研究成果をとりあげてきたので、なんともとりとめがなかったことをお詫びしたい。

　もっとも、どの生きものにも面白いと感じさせるところがあり、それを「生きている」と実感しながら暮らす日常につなげたいという思いは持ち続けてきた。それが伝わったらありがたいと思っている。

　それにしても、「人間は生きものであり、自然の一部である」というあたりまえのことが忘れられているのは気になる。金融経済の下でのお金偏重、新自由主義による過剰な競争、科学技術による利便性一辺倒という社会の価値観は、生きものとは合わないことは明らかだ。本コラムで示してきた小さな事がらは、すべてそれを示している。たとえば「関わり」だ。個体はもちろん、細胞や分子のレベルでも、一つで生きることはなく、どれもがすべて関わりの中にある。

　生きるということは「過程」そのものであり、今を生きることに大きな意味がある。「早く、早く」はそれを否定する言葉だが、若い保育士に「早くすることを教えなかったら、今の社会では生きていけないでしょう」と言われ、考え込んだ。「子どもは機械ではないのに」。

　科学とそこから生まれる科学技術は大いに生かしたいが、「人間は生きもの」という前提を忘れることは許されない。とくに、ＡＩ（人工知能）とゲノム編集という、このところ急速に進展している技術は、人間を機械として扱うところにつながる。機械への道か、生きものとしての道か。今やこの選択を求められているのだと思う。

　政治、経済の世界は、今もなお成長と進歩を口にし、意識せぬままに機械への道を歩こうとしているのではないだろうか。地球に生きる生きものという認識なしに生き続けることは難しいし、その先に、一人一人が生きることを楽しむ社会はないと思うのだが。「滅び」という言葉さえ浮かんでくる。

（なかむら・けいこ／ＪＴ生命誌研究館館長）

十一月新刊

都市計画の大家による最高の都市論！

都市と文明 I （全3分冊）

文化・技術革新・都市秩序

P・ホール　発刊　口絵16頁

監訳＝佐々木雅幸

世界の代表的な都市を取り上げながら、人類史を壮大なスケールで展開し、経済・文化の揺籃としての都市の可能性を描く、「創造都市論」の先駆的大著、ついに邦訳刊行開始！〈第I分冊〉文化の坩堝としての都市（アテネ／フィレンツェ／ロンドン／ウィーン／パリ／ベルリン）

A5上製　六七二頁　六五〇〇円

「不介入」主義の積極的意義とは？

大陸主義アメリカの外交理念

Ch・A・ビーアド　訳＝開米潤

なぜビーアドは、ルーズベルトの参戦への〝トリック〟を厳しく糾弾したのか？　十九～二十世紀前半のアメリカの対外政策を決定づけた、「帝国主義」や、〝民主主義〟を標榜した「国際主義」の失敗を直視し、米建国以来の不介入主義＝「大陸主義」の決定的重要性を説く。〝アメリカ外交〟三部作の端緒の書！

四六上製　二六四頁　二八〇〇円

主体と客体の分断を超える〝通態〟を提唱！

ベルク「風土学」とは何か

近代「知性」の超克

オギュスタン・ベルク＋川勝平太

和辻哲郎『風土』を継承し、地理学者ベルクが提唱した、環境と人間の不可分の関係に根差す存在論＝「風土学」とは何か。「モノ」と「文化」を包含するグローバルな経済史を構想する歴史家・川勝平太が、二十一世紀の「共生」を問う根本思想としての「風土学」を徹底的に解き明かす。

四六変上製　二九六頁　三〇〇〇円

脱デフレと民主主義のために！

崩壊した「中国システム」とEUシステム

主権・民主主義・健全な経済政策

荻野文隆＝編

F・アスリノ　E・トッド

田村秀男　藤井聡　安藤裕　中野剛志

柴山桂太　浜崎洋介　小沢一郎　山本太郎　大塚耕平　菅直人　海江田万里

及川健二　E・ユソン　C・ドローム　他

ユーロ体制下で経済活性と民主主義を喪失するフランスと、長期デフレ下で苦しみつつも拡大する中国システムに巻き込まれる日本。健全な経済と政治のために東西の知が結集。

四六上製　四〇八頁　三六〇〇円

読者の声

兜太 vol.3 ■

▼毎号すばらしい内容です。どのページもみのがせません。キーンと兜太の内容の充実にはびっくりしました。
　金子兜太さんの遺したものは兜太研究の一級の資料となります。金子兜太・黒田杏子の今までも今これからも俳句界の宝です。どんなことでも本で知らせて下さい。俳人共通の財産となります。

　兜太俳壇の投句葉書を選者全員が目を通すことのありがたさを感じ、投句意欲がわきます。これからもこのスタイルを通してほしいです。句友ひとりひとりにこの本を掌にされるようすすめています。ありがとうございます。

（東京　農業　**曽根新五郎**　64歳）

いのちの森づくり■

▼本書の元となった神奈川新聞連載の原文と比べると、削除されている部分が多く、ダイナミックさがうすれているが、それでも苦闘がうかがわれる。
　宮脇先生の真摯さが、広く世界に知られて、森づくりが活発になればよいと思う。ノーベル平和賞に推薦されればよいのになあと思います。

（神奈川　（社福）らぽおるの樹　非常勤職員　**廣浜　知**　64歳）

詩情のスケッチ■

▼先崎彰容氏の書評（新聞紙上）に、「今、本書のような作品を書くこと自体が奇跡であり、至難なのである」とあり。
　この様な本書との邂逅、我は幸せなり。心洗われる一編、誠にありがとうございました。著者のご健康を祈っています。

（奈良　**畑中俊治**　80歳）

後藤新平と五人の実業家■

▼明治の官僚と実業家の共同作業について調べておりましたので、とても参考になりました。
（東京　元東京家政大学　**山本悠三**　71歳）

中村桂子コレクション「いのち愛づる生命誌」V　あそぶ　12歳の生命誌■

▼生命科学について、「12歳の生命誌」のように本格的な内容がわかりやすく書かれた本を読んだのは初めてです。
　これまでわからなかったことがよくわかり、なるほど！と思いました。子どもにもおとなにも楽しめる本だと思います。おもしろくて、物語を読んでいるかのようでした。「宮沢賢治で生命誌を読む」も楽しみにしております。

（神奈川　主婦　**赤坂香織**　51歳）

看取りの人生■

▼鶴見俊輔さんの妹さんの著書ということで、興味がわきました。「章子」を「あやこ」と読むのですね。私も「あやこ」です。このことも、身近に感じることができました。
　歴史に名を残された人を祖先に持つと、日常生活もしばられることが多いと思います。でも章子さんは、章子さんなりに普通に生きられたような気がしました。

（愛知　主婦　**高山文子**　58歳）

▼著者の看取った家族は、母（後藤）愛子、父（鶴見祐輔）、弟（鶴見直輔）、姉（鶴見和子）、兄（鶴見俊輔）、夫（内山尚三）。ほとんど寝たきりの老後を送ってはいないようだ。祖父の自治三訣を病にかかったあとも守って、家族の世話にはなっても、他人に頼らなかった人生を送っている。見事な記録を読ませていただきました。
（神奈川　**大月恵太**　64歳）

竹下しづの女■

▼竹下しづの女をただ強い女性だと思っていたが、どんなにがんばって生きていたかを知り、我々の先達として、血の通った人間として感じることができた。又、ジャムの句の背景には当時の空気を強く考えさせられた。私の所属している俳誌でも紹介させていただきたいと思っております。

（東京　若林由子　61歳）

もう「ゴミの島」と言わせない■

▼豊島《てしま》で著者の話をきく機会にめぐまれ、あまりにショックで、東京に帰ってきてから本を買いました。

新品がamazonにないのももったいないと思いますし、長く、広くよまれ続けるべき本だと思います。(amazonの書評は的外れだと思います。よみやすい、いい本です。)

（東京　公務員　中村真理子　29歳）

▼雑誌『ジャーナリズム』で本書を知り、早速書店からとりよせました。かつてジャーナリスト（農業）をしていた者として、「豊島」を何回か取材しました。また現役時代に群馬の安中公害の運動にずっとかかわり取材してきました。それだけに本書を、熱いものを胸に、何度も読んでいます。そして、こういう「闘う書籍」を出版してくださる社に感謝。私も「安中」を死ぬまでにまとめようと強く思います。ありがとうございました。

（埼玉　ジャーナリスト　西沢江美子　78歳）

中村桂子コレクション　いのち愛づる生命誌■

▼唯今九十歳、途上の一点を辿っています。

いまを生きる　ここを生きる　これで生きる　実感。

『中村桂子コレクションV　12歳の生命誌』はヒカラビかけた吾が人間力、支えの杖です。感謝！

（東京　中村昭三　90歳）

凜（新版）■

▼この度は、大変貴重な本を、新版として出版いただき、誠に有難うございます。いつもお世話になっている東京江戸川区「読書のすすめ」清水店長のすすめで手に取る機会を得ました。

西郷南洲、頭山満を初め、正史の表舞台に登場しない玄洋社、そして高場乱を取り上げて下さり、感謝の念に堪えません。当時の人々の生きる姿勢や師の教えを守り公のために尽くす生き様を窺い知ることができ、深い感銘を受けました。歴史に埋もれ忘れ去られてしまうことなく、貴重な先人の知恵や文化を、今後とも伝えていただけたら幸いです。

（広島　会社員　本多哲也　50歳）

『医心方』事始■

▼たまたま書店の医学書コーナーで見かけ、タイトルと藤原書店さん発行の信頼感で購入しました。最近はあまり大部なものは読まなくなっておりましたが、内容が魅力的で通読しました。四〇年間かけての労作に敬意を表します。ちなみに、槇さんがお好きな鑑真が上陸した防津は、私の父の本籍でもあります。

（鹿児島　志學館大学非常勤講師　佐々木美智子　67歳）

家族システムの起源I　ユーラシア㊤㊦■

▼『エマニュエル・トッドで読み解く世界史の深層』、上記の新書を読み購入しました。

貴社の出版案内が欲しくて、ハガキを出しました。よろしくお願いします。

（山口　村上武司　63歳）

黒い本■

▼素晴しい本との出会いをさせていただき、有難うございました。藤原書店さんの出版では、『わたしの名は紅』『雪』と読み継ぎ、この他『無垢の博物館』『僕の違和感』を読んできました。本書、一読では、決して消化しきれていませんが、魅惑され、人が必ず直面する「自分とは」という課題への深い分析、多面的な

提示に興奮を覚えました。今ヒューストン在住でトルコ人の友人がいます。彼の弟がオルハン・パムク研究家で、その彼から『黒い本』がベストだから読むべしと推められ、その通りと思いました。
（米ヒューストン　会社員　**行　俊昭**　54歳）

粕谷一希随想集Ⅲ／名伯楽■

▼令和の時代、表現の自由が危機に瀕していないか心配になり、『粕谷一希随想集Ⅲ』『名伯楽――粕谷一希の世界』を再読致しました。そして中央公論社で粕谷氏と同僚であった澤地久枝氏が「言論には言論でたたかう」姿勢を堅持しておられる事に感銘を受けました。澤地氏の著作を拝読したく存じます。
（東京　**松本　朗**）

アラブ革命はなぜ起きたか■

▼アラブの春のイスラム臭のなさの底流を明確にしていてスッキリした。トッドには今のスマホ普及を民主化とどう関連づけるかを期待する。中国の経済発展が民主化を抑制しているのは表面的だと思う。中国・インドは民主化したら国がバラバラになることを民衆は知っているからではないか。
（三重　会社員　**上田昭郎**　56歳）

※みなさまのご感想・お便りをお待ちしています。お気軽に小社「読者の声」係まで、お送り下さい。掲載の方には粗品を進呈いたします。

書評日誌（九・二八～一一・二三）

(書)書評　(紹)紹介　(記)関連記事　(イ)インタビュー　(テ)テレビ　(ラ)ラジオ

九・二六　(紹)産経新聞［全著作〈森繁久彌コレクション〉発刊記念シンポジウム］（「森繁久彌さん没後10年　著作集刊行へ」／「来月東京で記念シンポ」）

一〇・二　(紹)朝日新聞（夕刊）［全著作〈森繁久彌コレクション〉発刊記念シンポジウム］

一〇・四　(書)週刊読書人「歴史家ミシュレの誕生」（「沈黙するものたちへの『歴史』」／「キーワードとしての『幼児期』」／佐藤淳二）

一〇・五　(記)朝日新聞「脱＝社会科学」「知の不確実性」（「ひもとく」／「資本主義批判を貫いた知的変革者」／山下範久）

一〇・九　(紹)毎日新聞（夕刊）［全著作〈森繁久彌コレクション〉発刊記念シンポジウム］（「イベント」）

一〇・一三、一九　(ラ)大沢悠里のゆうゆうワイド 土曜日版［全著作〈森繁久彌コレクション〉］［〈森繁久彌コレクション〉発刊記念イベント］

一〇・二〇　(イ)読売新聞「書くこと　生きること」（「著者来店」／「人生は越境する文学」／松本良一）

一〇・二〇～　(紹)共同配信「国難来」

一〇・二七　(記)京都新聞「メアリ・ビーアドと女性史」（「天眼」／「市川房枝とメアリ・ビーアド　二冊の評伝」／田端泰子）

一〇・二九　(紹)日刊ゲンダイ「中国が世界を動かした「１９６８」」

一一・二　(紹)西日本新聞「書物のエスプリ」

一一・五　(イ)毎日新聞「資本主義の政治経済学」（「オピニオン」／「そこが聞きたい　グローバル化時代の世界」／「広がった『社会の分断』」／ボワイエ、福島良典）

一一月三日号　(紹)週刊エコノミスト「いのちの森づくり」

一一月三日号　(記)週刊ポスト「全著作〈森繁久彌コレクション〉」（「笑刊ポスト」／「文人俳優から信頼できる東京人まで　書店や駅で出会った「読書の秋」！」／高田文夫）

一月新刊予定

＊タイトルは仮題

世界第四位の湖の環境破壊による消滅

消えゆくアラル海

石田紀郎

湖面積が琵琶湖の百倍あった世界第四位の湖、中央アジアのアラル海。それが今では、無茶苦茶な農地開発により、琵琶湖のたった十個分にまで縮小した。琵琶湖のほとりで育ち、農学の道に進んだ著者が、アラル海消滅の危機にあるカザフスタンに通いつめ、アラル海消滅の真実を描き出した画期作。日本–カザフ関係にも著者は深く関わっていた。

「公共」という視点から経済を見る

公共論の再構築

空間・時間・主体

中谷真憲・東郷和彦 編

「公共」を、「私」の対立概念としてではなく、もっと積極的に捉えられないか？　そのような問題意識から、とりわけ〝経済〟において公共をどう捉えるか、世界的視野で探究する。グローバリズム、環境問題、経済格差など様々な問題が深刻化する中で、未来を意識した「公共」を徹底追求した野心的力作である。

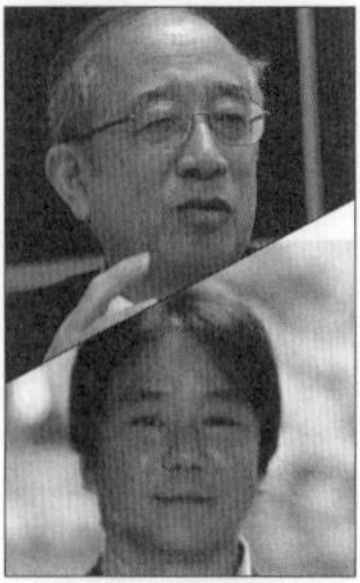

生命の起源から、未来へつなぐ生命

中村桂子コレクション いのち愛づる生命誌 全8巻

2 つながる 生命誌の世界

［第4回配本］

七〇年代、日本における〝生命科学〟の出発に深く関わりながら、そこから新しく〝生命誌（バイオヒストリー）〟という概念を創出し、それを手がかりに〝生きる〟を考え始めた著者。DNA、ゲノムなどの科学の中から、様々な生きもの同士の〝つながり〟の真実をやさしく語り伝える。

〈解説〉村上陽一郎

ブルデュー社会学の集大成！

〈ブルデュー・ライブラリー〉

世界の悲惨 Ⅱ（全3分冊）

ピエール・ブルデュー編

監訳＝荒井文雄・櫻本陽一

ブルデューとその弟子二三人が、五二のインタビューにおいて「声なき声」に耳を傾け、その「悲惨」をもたらした社会的条件を明らかにしたベストセラーの完訳。第Ⅱ分冊は、景気悪化と非正規雇用の拡大にともなう労働者の分断やフェミニズムの試煉、危機に瀕する農業者、教育の「民主化」がもたらした逆説などが語られる。

12月の新刊

タイトルは仮題、定価は予価。

世界の悲惨 I（全三分冊）＊ 発刊
P・ブルデュー編
監訳＝荒井文雄・櫻本陽一 （以降毎月刊）
A5判 四九六頁 **四八〇〇円**

存在と出来事 ＊
A・バディウ 藤本一勇訳
A5上製 六五六頁 **八〇〇〇円**

いのちを刻む ＊
鉛筆画の鬼才、木下晋自伝
木下晋 城島徹・編著
A5上製 三〇四頁 **二七〇〇円** 口絵16頁

全著作〈森繁久彌コレクション〉
2 **人──芸談** ＊（全5巻）
〈解説〉松岡正剛 口絵2頁
月報＝小野武彦／大宅映子／伊東四朗／ジュディ・オング
四六上製 五一二頁 **二八〇〇円** 内容見本呈

1月以降新刊予定

世界の悲惨 II（全三分冊）＊
P・ブルデュー編
監訳＝荒井文雄・櫻本陽一

消えゆくアラル海 ＊
石田紀郎

中村桂子コレクション
いのち愛づる生命誌（全8巻）
2 **つながる** ＊ 〈解説〉村上陽一郎
生命誌の世界
口絵2頁 内容見本呈

公共論の再構築 ＊
空間・時間・主体
中谷真憲・東郷和彦編

好評既刊書

都市と文明 I ＊（全三分冊） 発刊
文化・技術革新・都市秩序
P・ホール 佐々木雅幸監訳
A5上製 六七二頁 **六五〇〇円** 口絵16頁

崩壊した「中国システム」とEUシステム ＊
主権・民主主義・健全な経済政策
F・アスリノ／E・トッド／藤井聡／田村秀男 他 編＝荻野文隆
四六上製 四〇八頁 **三六〇〇円**

ベルク「風土学」とは何か ＊
近代「知性」の超克
A・ベルク＋川勝平太
四六変上製 二九六頁 **三〇〇〇円**

大陸主義アメリカの外交理念 ＊
Ch・A・ビーアド 開米潤訳
四六上製 二六四頁 **二八〇〇円**

全著作〈森繁久彌コレクション〉
1 **道──自伝**（全5巻） 発刊
〈解説〉鹿島茂 口絵8頁
月報＝草笛光子・山藤章二・加藤登紀子・西郷輝彦
四六上製 六四〇頁 **二八〇〇円** 内容見本呈

〝フランスかぶれ〟ニッポン
橘木俊詔
四六上製 三三六頁 **二六〇〇円** 口絵8頁

中村桂子コレクション
いのち愛づる生命誌（全8巻）
4 **はぐくむ** 〈解説〉髙村薫
生命誌と子どもたち 口絵2頁
月報＝米本昌平／樺山紘一／玄侑宗久／上田美佐子
四六変上製 二九六頁 **二八〇〇円** 内容見本呈

いのちの森づくり
宮脇昭自伝
宮脇昭
四六変上製 四一四頁 **二六〇〇円** 口絵8頁

＊の商品は今号に紹介記事を掲載しております。併せてご覧戴ければ幸いです。

書店様へ

▼名優・森繁久彌さんの没十年を記念し、〝最後の文人〟森繁久彌の全貌を明らかにする『**全著作〈森繁久彌コレクション〉**』ですが、11／2（土）『読売』にて橋本五郎、『週刊ポスト』11／22号にて高田文夫、『週刊文春』にて小林信彦各氏が絶賛紹介。▼11／5（火）『毎日』オピニオン面「そこが聞きたい」にて『**資本主義の政治経済学**』ロベール・ボワイエインタビュー。▼大石芳野写真集『**長崎の痕**』を、学校図書館に贈呈する活動が始まっています。11／12（火）には、長崎市内の小中学校への贈呈式が行われました。▼11／22（金）『産経』「モンテーニュとの対話」にて、12月新刊『**いのちを刻む**』木下晋さんを紹介。12／21（土）にはNHKのETV特集「日々、われの日々」で放映！▼ロシア研究の第一人者で、小社刊『**プーチン**』**三部作**の著者、木村汎氏が急逝。今年6月には対ロ交渉研究の集大成ともいうべき『**対ロ交渉学**』を出版したばかり。ご冥福をお祈りいたします。 **（営業部）**

出版随想

▼今年もあともう残りわずかになった。年々、地球全体の異常気象化。地球温暖化はいわずもがな、暑い日寒い日と寒暖の差が激しい日々。真夏日が少なく、いつまでも梅雨のような雨が降り続いた夏。台風が多かった。しかも前代未聞の風速60メートルの大風に見舞われた。大台風の残した傷跡は、広範囲な各地に及び、今なお、その回復にしばらく時間がかかるだろう。こういう時に、この国の日頃からの防災対策の甘さを痛感する。

▼治山治水は、明治以前からわが国の大きな問題であったはずだが、今もって根本的対策をこの国はとろうとしない。しかも、大災害が起きると、道路は自動車で埋まる。新幹線はむろん、電車もストップする。電化製品は使えない。水路も断たれる。日常の最低の生活をすることができなくなる。自然災害は、すぐに社会災害に拡大する。社会的機能が完全に麻痺する。とくにこれが、首都東京を襲うと、百年前の関東大震災の百倍、千倍の被害をもたらすだろう。政府は、今こそ大国家計画を立て、壮大なるビジョンを国民に一刻も早く示す時だろう。三ヶ年計画で現在の年間の国家予算規模を投入してでも、国民を衛《まも》る国家の威信を示して欲しい。

▼この一年も本当に早かった。昨暮、仏の最高権威アカデミー・フランセーズから、出版者として初めて「文学顕揚賞」を戴いた。思いがけない受賞は、嬉しくもあり身が引き締まる思いがした。出版物が売れない読まれない社会状況は、年々酷さを増し、このままいけばマトモな本は出なくなるかもしれない。スマホという怪物の影響か、情報社会化、AI化の進展かどうかわからないが、十年一昔といった状況を呈している。そういう中で、日本の伝統芸能を求めて、日本にやってくる外国人が増えているのも近年の傾向だし、若い人々の中でも、情報化社会に批判的言辞を弄《ろう》する人も時折り見かける。崩壊と同時に新しいものが誕生していく瞬間かもしれない。

▼人類は、この二〇世紀から二一世紀にかけて、科学技術社会を大胆に進もうとしたが、すでに色んなところでほころびが見えてきた。快適かつ便利な世の中を科学技術で作り上げようとしたが、それはできない、ということがわかってきた。もう便利すぎる世の中より、われわれを生かしてくれている自然にもっと目を向け、われわれを取り巻く生き物——年々絶滅種は増加しているが——たちと共に生きてゆこうという考えが静かに広まってきている。選択は、われわれ一人一人の自治的自覚にかかっているのだ。

▼今年も多くの大切な人を喪った。ドナルド・キーン氏、「生物物理」の創設者・大沢文夫氏、世界システム論のI・ウォーラーステイン氏、「排日移民法」時の米全権大使埴原正直の評伝著者・チャオ埴原三鈴氏、難民等を支援して来られた緒方貞子氏、放浪詩人の高木護氏、『新・古代出雲史』の関和彦氏、ロシア学の第一人者・木村汎氏、歴史人口学のパイオニア・速水融氏。合掌。　（亮）

＊連載「国宝『医心方』からみる」は都合により休載いたします。

朝の内からお弁当お弁当と楽しんで居ります、其お弁当を見ますと、私共慣れた眼にも涙なしには見られませぬ、尤中には豆など入れてありますから、試に豆いくら買つたかときいて見ますと、一銭などと答へます、私共のまだ味を知らぬ物では牛の皮といふ者を持つて参ります、又何か煮たお汁を御飯にかけたばかりのなどもありまして、可愛い顔して嬉しげにたべてるさまを見ますと、泣かないでは居られませぬ(48)

子どもたちの持ってくるお弁当は、「お弁当」と私たちが聞いてイメージするような物ではなく、保姆たちの目には、得体のしれないものも多かったようだ。そのため、おやつとは言っても、お弁当だけでは足りない栄養を補う意図をもって準備されていた。例えば第十三回年報には下記のような試行錯誤が書かれている。

五厘のお菓子、どの位あるとお思ひになりますか、近頃の物価騰貴で小さなビスケット六つしかありませぬ、出来る事なら此おやつを今少し充分にして、栄養の助けにもしたいと思はぬではありませぬが、そこは費用の点で何共今日の経済では致し方がありませぬ。(中略) さらばとてお米の高い今日、わけもわからぬ子供にひもじい思ひをさせるには忍びませんし、それやこれや考へまして、近頃では臨時の御寄附金の内、何のお言葉もない分は貯金に入れて増築の費用に充てますし、子供にお菓子でもといふお言葉の添ふて居る御寄附金は、皆此子供のおやつ五厘のたしまへと致します、それ故一人に一厘二厘又は三厘など丶、増しましてはおやつの量を多くしやうと計って居ります（中略）お米の高いといふ処から白米の寄附を頂きました時には、お結びにしまして幾日も幾日もおやつに致しましたし、パンの屑の御寄附は蒸してお砂糖と塩をかけ、ジャガ芋は蒸してたべさすなど、此種の御寄附は誠にありがたいですが、もしお買求めて御寄附下さるならばお金の儘で、右申た様に子供へのお菓子にとて、御寄附頂きます方がどの位便宜がわかりません。[49]

いわゆるお菓子だけではなく、おにぎりやパンなど、ご飯の足しになるようなものも出されていたことがわかる。

すべての園児が食べ物にも困っていたのかどうかはわからないが、飢えた子どもの事例も報告されている。一九一七（大正六）年、二葉幼稚園分園に、突然ふらっとやってきて、その後通園することになった子どもがいた。「銀三」と「たけちゃん」というこの兄妹は、朦朧車夫である父親のわずかな収入で暮らしている父子家庭の子どもだった。図4―1の写真は、一九一七（大正六）年に、二人の服装があまりにもひどく、寄附の衣類に着替えさせる際に、徳永恕が、将来この二人が幼いころの苦労を偲ぶものになるのではないかと、わざわざ写真屋へ連れて行って撮ったものだという。[50]

この兄妹の様子について、次のようなエピソードが残っている。

園でのりにとかめに入れてある御飯をおばさんこれくれないかな、と云ふので其れはのりだからだめよと云へば、ぢやあ、あたいこれでもいゝやと犬に与へた御飯をねだるのです[51]

この兄妹は、糊に使うためにに甕に入れたあったご飯を食べたいとねだり、それが叶わぬと、次は犬のえさがほしいと言った。一日一食、父の収入のうち五銭を残飯屋にもっていき残飯を買い、親子三人で食べ、お腹がすいた時には水を飲んで我慢していたのだという。また、二人はお弁当も持ってくることが出来なかった。そのため保姆たちは相談し、この兄妹には特別に弁当を作り、昼食の

図 4–1　銀三とたけちゃん

（上笙一郎・山崎朋子『光ほのかなれども』211頁）

時間になると父親が二人のために届けた弁当だと伝えて食べさせていた。下層と一言に言っても事情は様々であったと思われるが、このように満足に食事のできない家族にとって、食事のできる場所は貴重であったはずだ。

暮らしを少しでも豊かにし、子どもを育てようと思うとき、二葉幼稚園に通い、助けを求めることは、家族が選ぶ生き抜くための戦略の一つであった。慈善事業は、単に従事者たちの押しつけではなく、それを利用し、自らの生活をやりくりしようとする人々がいてこそ成り立っている。二葉幼稚園が長年に渡り事業を展開し続けていった背景には、実際に下層の人々にとって生活の助けとなり得たこと、そしてその助けを借りて何とか生きていきたいという人々の思いがあった。

教育効果と家族の心性

二葉幼稚園の担い手たちは、子どもや母子への共感から、優しさや哀れみをもって慈善事業を展開し、下層の家族は、生き抜くための手段として二葉幼稚園からの支援を受け取っていた。しかし二葉幼稚園の行ったことは、単に子どもを預かる託児でもなく、なんでも無償で与える施しでもない。子どもの「幼児教育」を担うという自負をもち、幼稚園に通うことで子どもを変化させていくことを目指していた。また孤児院ではないため、あくまで親のいる子どもへの教育であり、親に対しても指導を行っていた。子どもへの教育や親への指導を通して、下層の家族は、子育てする家族へと変化を促されていった。

子どもへの教育と主体化

前述の野口の設立時の回想に「かうして道端に捨てられてゐる子供があるかと思ふと、そのまま見過ごせないやうな気がしてきました[52]」とあったように、道端で子どもが自由に一日中遊んでいることを、「道端に捨てられてゐる」と、設立者たちは感じ、幼稚園という子どもにふさわしい環境を提供し、教育を施さなければならないと考えていた。二葉幼稚園では、野口や森島、また支援者となった上流階級の人々にとって、子どもらしいと思われる子どもへと、下層の子どもたちを教育することが試みられていた。

それ故に此辺の子供を捨てゝ置きますのは、云はゝ社会の安寧秩序を害しつゝある様なもの、教育を施こせば人並の人間になつて人らしき生涯も送られ、世間の為にもなるべきものを、貧なるが故に、其教育なきが故に、親は之を顧る事が出来ませぬ、されば為るが儘に任せて子供の前途など思ふ暇なく、其日其日のパンの為に夜を日についで働いて居るのであります[53]

下層の子どもであっても、教育によって、人間らしい生き方ができると考えていたことがうかがえる。その教育内容は、形式主義的だったという幼稚園が多い中、子どもの実態に合わせたものが数多く見受けられる。

設立当初、保姆と園児の言葉が違い戸惑ったという。二葉幼稚園を訪れた巌谷小波が下記のように報告している。

> 初めはお互ひに言葉が通じないので、大《おお》きに当惑されたとの事です。（中略）其処《そこ》で先生も、まづ其《その》言葉から直して行かうと、成《な》る丈《たけ》丁寧な言葉を使つて聞かせました。すると、流石《さすが》小児《こども》だけに記憶《きおく》が早く、目に見えて言葉遣ひがよく成りまして、初めは「あたい」とか「おいら」とか云つたのが、みんな「わたくし」「わたし」になり、「おめエ」「てめエ」と呼んだのが、「あなた」「何《なに》さん」と云ふ様に成りましたが、其代《そのかは》り又男《をとこ》の児《こ》までが、まるで女の使ふ様なやさしい言葉遣ひに成るのもあつて、たまには却《かへ》つて困る事もあるさうです。[54]

言葉が違い困惑するほど、貧民窟に暮らす人々と、他の階級の人々との間に交流がなかったようで、まずはお互いの意思疎通を図るための言葉の指導がなされた。

> 子供の言語に就きては先つ其の甚だしきより改めしめんと注意せしに或時
> やあ先生が来やがつた
> といひし故きやあが《ママ》つたといふものにあらず何といへばよいかと問ひしに暫く考へて

先生がきやがりました(55)

このようなエピソードも紹介されている。言葉の指導とは、丁寧語や敬語の指導であったようである。また礼儀や言葉遣いの指導は、親たちに歓迎されたと年報では報告されている。

かうして幼稚園へ入れて置けば、小児《こども》が行儀が好《よ》くなつて、今までは親達にも口答《くちごたへ》をして、なかなか云ふ事を聴かなかつたのが、急にお辞儀をする様に成つて、毎朝起《おき》れば、「おはやう御《ご》在《ざい》ます」と手を突き、余所《よそ》から帰つて来れば、「只今《ただいま》」と云つて頭をさげるので、自分の児《こ》に、御辞儀をされたのは、今迄に決して無い事ですから、これも全く幼稚園の御蔭だと、皆有難《ありがた》がつて居るのです(56)。

親自身の記した感想が残っているわけではないため、実際に親たちが本当に感謝し、喜んでいたかはわからない。無邪気に走り回っていた子どもが突然このように礼儀正しくなると、なんだかよそよそしい気もする。しかし、幼稚園に通うことで、子どもが変化していったことは確かなようである。

入園当初、園児たちは子どもらしい遊びを知らず、遊び方から指導していた。例えば第一回年報には下記のように書かれている。

入園の当時に幼児等遊に慣れず唯各自市街に出で思ふ儘に遊びし習慣あるを以て一致して友と遊ぶの楽を知らず故に室内を走るにも何の目的もなく女子も男子も相撲を取り無暗に人を打つなど果てはあちらもこちらも泣き出し終日喧嘩の仕通し泣き通しといふ有様なりきこれが為には種々苦心し或時はまゝごとの道具等与へしもこれも遊ひ様を知らぬ為に喜はず絵書を示すも其の犬や猫たる事を理解する能はざるか故に興味を感せずといふ有様なりしが今日に至りては全く変りて絵もよく理解するに至り知らぬものは何かと問ひ木片を積みては之れは某先生の家なりなどさまざまに工夫を廻らすこと他の幼稚園の子供と大差なきに至れり(57)

思いのままに走り回り、取っ組み合いをするのが、下層の子どもたちにとっての自然な遊びだった。ままごとや絵本といった、今日では一般的な子どもの遊び道具であり、また当時保姆たちが「子どもらしい」と考えていた玩具は、入園当初の子どもたちの興味を引かなかった。しかし幼稚園での遊びの指導を通して、他の幼稚園の子どもと同じように、「子どもらしい」遊びを習得していったようである。

幼稚園のやり方に適応させていくための工夫もなされていた。当時の幼稚園では、一八九九(明治三十二)年に制定された「幼稚園保育及設備規程」に基づいて運営されており、教育内容は遊戯、手技、唱歌の三つが定められていた。しかし実際には、子どもの実態に合わせた配慮がなされていた。

今まで野放しの癖が付いて居ますから、今《いま》急に規則にはめて、強いて秩序を立てやうとすると、却《かへ》つて裨益《ため》に成《なり》ませんので、まだ此頃の処《ところ》では、手技《しゆぎ》とか唱歌とかは次ぎにして、まづ遊戯を首《おも》にして居ります。(58)

図画工作をしたり、歌を歌わせたりというよりも、遊戯が最優先と考えられていたことがわかる。そもそも「子どもらしく」遊ぶことができなかったため、まずは「遊戯」として、遊び方から教育していた。「遊戯」の内容については、前述のようなままごとなどの「子どもらしい」遊びだけでなく、フレーベルの恩物を使った遊びが念頭に置かれていた。設立の経緯に関して先に引用した「かうした道端の子供を集めて、フレーベルの理想通りにやつて見たい、といふ希望が期せずして(59)」と野口が述べていたように、子どもが遊びを通して自然と世界の秩序を体得していくという恩物を使った教育が野口たちの理想としてあった。

フレーベルの教育思想を基に幼児教育を行うことは当時の幼稚園では一般的なことであったが、その実践の仕方には二葉幼稚園独特の工夫があった。日本の幼児教育は、教育・保育の需要や必要性から生じたというよりも、欧米の幼児教育の発展を見た政府要人が、日本でも子どもの早期教育のため、もしくは子どもに適切な環境を与えるために幼稚園を広めたいと考えたことから、上流階級向けの幼稚園から始まっている。そのため、高額な保育料をとり、施設や玩具にこだわり、後に形式主義と批判されるような幼児教育が展開されていた。それに比べて二葉幼稚園は、高い保育料が払えず、幼児教育の必要性自体を認識していない都市下層を対象とし、少ない資金で運営していたため、モデル化されていた東京女高師附属幼稚園への追随ではなく、園児の実態に合わせた費用のかからない実践の仕方を模索していた。

子供の仕事は他の幼稚園の如く多くの恩物を用ひず其の為には少しの費用をも費さざる考にて最初幼児の一般に好む積木等も材料の不廉なるを以て備へざりしが緒方より不用の木片数多贈られしを以て今は日々家を積みて楽めり紙の如きも寄贈品を用ひ古状袋の中の色紙を抜き取りて折物等に用ひ古郵便切手を切り抜きて古き雑誌の紙ニ貼り付くるなど全て廃物利用の方針をとり居れり(60)

上記のように、高価な玩具や恩物を買いそろえるのではなく、寄附されたものを工夫し、遊びを通した子どもの成長が目指されていた。こうした実践は、珍しいことだったようで、「普通幼稚園の主なる消耗品として、経済上重きを為して居る保育（手技）材料が、此処では殆ど廃物利用に依てせられてある(61)」と、『幼児の教育』に取材され、紹介されている。この記事は一九二二（大正十一）年であり、設立後二〇年以上経っている時期であるが、大正期になっても珍しいことだったようである。

「古いのですが」とおしやるのを無理に見せて頂いた中に古葉書の裏を墨でぬりつぶし、其処へ三銭切手の中の円だけ切り抜いたものを提灯として貼たものも、外に新しい切手のまわりにある細い紙を貼り方の材料として、お家や、汽車が面白く作られたものがあつた。また布の細い裁ちくづは、年長児によつて結びつなげられ、それが又三つあみにされて、縄飛びのひもや、汽車ごつこ、お馬ごつこのひもになつて居る、これらは他人によつて既に造られてあるものや、新しい布をたゞ切た丈のものにくらべて、自分達で造たと云ふ親しみのある為か比較的乱棒な子供達（労働者の子女と云う点で）の群にも、ぞんざいな扱ひを受けてゐない。(62)

具体的な使用方法が記されており、使い古しの紙材を切ったり貼ったりと「手技」の一環として廃品を利用し、遊びに使う縄跳びなどの道具を、布の切れ端などから作っていたことがわかる。

また、第二回年報には、手技の重視が記されいる。

皆様御寄附の古郵便切手、古状袋等、奇麗に切つたり、貼つたりして、好い仕事の材料になつて居ります、（中略）凡てこの幼稚園の子供は、将来職人になるとか、車夫になるとか、兎に角手先の器用といふことが、一番大切と考へますから、比較的手技に重きを置いて居ります。(63)

手先を使った取り組みである「手技」を次第に重視するようになっていった背景には、下層に暮らす子どもに合わせた配慮であった。さらに、施設の新築や改築に合わせて、遊び方の種類も増えていった。

屋外での遊びや、遊戯室での様子も報告されている。

夏は子供もあきて困りますので、チャンチャンを沢山に造りまして、お昼すぎにはこれを着せて庭の池へ水を汲み込んで、はだしにして入れてやります、裏庭には草が一面にはえて居りますから、其中へブランコや橋、木登りの木、板すべり、金棒など遊び道具を備へて置きます、遊戯室が出来ましたので、楽器に合せた規則正しい遊戯も出来る様になりました(64)

敷地内に池をつくり水遊びをしたり、増築して楽器を使った遊戯を行うスペースを用意するなど、子どもに多様な体験をさせていたことがうかがえる。

単に遊びとして作業するだけではなく、子どもが作ったものを売ることもあった。

仕事の中によそと変つた事は袋を張る事です。寄附の雑誌を裁つて置いて、糊台糊皿など用意し、寄附の古筆を刷毛に代用し、保育室は見る間に袋工場と変ります。初はもとより下手ですが慣れて来ると大喜、十枚も二十枚も一度に張る様になります、これは幼稚園からいひますと鶴や蓮華を折るのと同じ効果がありまして、其上に百枚五厘一銭とお菓子屋が買つてくれます。尤これは最年長の組に一年間させるのですが、仕上げたところを集めてみますと八円余りになつた年もあります、なまけるとそれが少い。此お金は卒業する子供一同を動物園へ連れて行く時の電車買切《ママ》の料にします。勿論子供にも一年前から其事いふてきかせて楽しませながら働くといふ面白味を教へたいのです。[65]

園児たちが雑誌の紙から袋を作り、駄菓子屋に買い取ってもらっていた事例である。収益は子どもたちの遠足代の足しになっていたようだ。幼稚園での体験が「働くといふ面白味を教」えるということに本当につながっていたかどうかはわからないが、まじめに仕事をし、そこに楽しみを見いだしていってほしいという保姆たちの思いがあったことはわかる。「大きくなつたなら、職を覚えても小僧になつても、正直でまじめないゝ職人いゝ商人にしてやりたい」[66]と書かれた年報もある。都市下層で生まれ育っても、仕事を得てまじめに働いて生活のできる大人になってほしいと考え教育をしていた。

貧民窟がひどい悪臭で不衛生だったことからも推測できるように、入園したばかりの子どもたちは、清潔とは程遠い様相だった。設立当初取材に訪れた巌谷小波は、下記のようにその様子を記している。

この少児達《こども》の中には、朝起《おき》ても手水《てうづ》を使はないのと見えて、目は脂《やに》だらけ、鼻は垂らし放題《ほうだい》、手足は凍傷《しもやけ》や胼《ひゞ》皸《あかきれ》で、目《め》も当《あて》て《ママ》られない様なのもありますが、さう云ふのは先生が、一々石鹼《しゃぼん》で洗つてやつて、そして凍傷《しもやけ》や皸《あかぎれ》の酷いのには、それぞれ薬の手当をして、ちゃんと繃帯《ほうたい》までしてやるのです(67)。

手や顔を洗うということを知らない子どもたちであるが、幼稚園に来ると保姆たちが一人ひとり洗い、手当てが必要な場合は処置をしていたようだ。このような世話は、一方的に保姆がするだけでなく、自分でできるように指導していた。

一時中断して居つた子供の顔洗ひが、又始まりました、今度は銘々に手拭をきめて置きまして、毎日一度づゝ顔を洗はせます、大きな子供は自分で洗ひますし、小さなのは大きなのが世話をして洗はせてやります、先生はちやんと見て居るだけ、此間も手拭が大分きたなくなりましたので、大きな子供に洗はせました、洗濯板でシャボンをつげて、なかなか奇麗に洗ひました、それから自分のお弁当の袋だとか、前掛位は、先生の注意で自分で洗つて来る様になりました、よい習慣が与へられると信します(68)。

保姆の人数が足りず一時的に中断していた時期があったのだが、子どもたちの顔洗いのエピソードである。自分でできるようになった年上の子どもは、年下の子どもの面倒もみていた。手拭のタオルなども洗えるように指導しており、保姆に指摘されながら自分で洗ってくるようになっていったようである。また、手や顔だけではなく、爪や耳の手入れもしていた。

月に一度位づゝ全体の爪とりを致します、それから耳の垢とり、これは或子供が耳が聞こえなくて困るからと、云て来ましたので、耳をあけて見ますと垢がいつぱいかたまつて玉のやうになつて耳を塞いで居ります、これではとて、皆の耳をあけて見ますと、どれもこれもお話にならぬ様になまつて居ります、それから先生は毎日毎日皆の耳ほり、一週間かゝつたそうです(69)

子どもがよく聞こえないと言ってきたことから、実は耳垢がとてもたまっていたと気付き、手入れをしてあげるようになった。

どこの子供もよく鼻を出しますが、どうかこれを拭かせる習慣をつけたいと思いまして、とうとう古い切れ縞でも片付きでも、何でもかまひませぬ、程よく裂きまして、それに紐を付け隅の方に名前をつけまして、毎朝銘々に渡しまして、鼻が出たらば拭くものと、一生懸命に教へましても、なかなか実行は難儀でございます(70)

上記のように、鼻をかむといった些細な日常生活の指導も行われていた。子ども自身が、自らの清潔さを保つことができるように、生活指導がなされていたのである。

初年度の年報には、次のような報告がある。

入園の当初は冬の最中なるを以て衣服は汚れ手足の不潔実に甚だしかりしが毎朝顔を洗ふ事など頻りに奨励せしため此頃にては顔も大分洗ふ様になりたり衣服も夏衣と更りしため大に外見を異にせり(71)

毎日の指導を通して、少しずつ園児に変化があったことがうかがえる。また入浴は、園児にとって珍しいことだったようである。

一月に一回の入浴を常とす或児の如きは去年大晦日に入りて今年三月末日学校に行くからとて入浴せしもありき尤それは冬期の事なり夏期は行水の為大に清潔となるなり入浴は幼児にとりて非常に珍らしき事故翌日幼稚園に来る時は幾度も入浴せしを告ぐるなり(72)

特に冬はめったに入浴することがなかったようで、珍しくお風呂に入ることがあった翌日などは、何度も皆に話してくるほどであったようだ。新築した際には風呂場をつくり、週に一度定期的に幼稚園で子どもたちをお風呂に入れることになった。

これも普通の幼稚園とは少し違つて居ります、清潔を好む様に教育するのが目的ですので、毎土曜日に子供一同お湯に入れます、小さい銭湯位なのが出来て居ります。冬などには朝まつくらな中から火をたかねばなかなか沸きませぬ。保姆は一ト組の子供の中風引きのもの、伝染性皮膚病、などの子供を残して、あと一同を浴室へ連れて行つて、着物を脱がせます、夏分は左程でもありませぬが、冬になると足袋の又引のと自分のもの自分で始末が出来ませんから一々纏めて棚にのせさせます。（中略）喜んで騒ぎ出すのもあれば、いやだとて泣き出すのもある、見て居ると随分大変、其中で髪洗ふてやるのもあり耳の垢とり爪とり、などさつぱりと奇麗にいい心持そうになります。此心持を味はせてやりたいのです。(73)

単に子どもをきれいにする、という目的ではなく、お風呂に入り垢をとることで清潔になる気持ちよさを体験させ、上記の言葉通り「清潔を好む様に教育する」という意図をもって取り組まれていた。

こうして子どもたちは、二葉幼稚園に通うことで、都市下層の文化とは異なる子どもらしさを身に付けていった。子どもらしい言葉で保姆や親、友だちと会話し、子どもらしくおもちゃで遊び、清潔を好んで健康に育っていく子どもへと、主体化されていった。

親の感化

二葉幼稚園では、子どもに対する教育だけではなく、親に対して子育ての指導や生計の立て方のアドバイスを積極的に行っていた。慈善事業というと、なんでも無償で与えたりするイメージではあるが、二葉幼稚園では、むやみに与えることは、むしろ害になると考えており、親への義務としてお弁当作りや親の会への参加などを課していた。

二葉幼稚園では、家庭との連携を重視し、設立当初から家庭訪問や親の会を開いていた。

> 親をして子女教育の大切なるを覚らしめよく働くの習慣を養ひ貯蓄の念を起こさしむれば彼等は貧民界より脱して一歩上進せしものといふべし故に先づ親との交際を親密ならしめん為家庭訪問と父母懇話会とを始めたり(74)

子どもの教育の重要性をまず親たちに認識させ貧困の再生産を防ぎ、まじめに働いて貯金することを身に付けさせ、彼らが貧民窟での生活から抜け出せるようにと考えられていた。そのため、家庭訪問や親の会を行い、家庭状況の把握に努めるとともに、家族のあり方や子どもへの教育、家計の維持など、幅広く相談に乗りアドバイスをしていた。

家庭訪問は時を定めず尋ね行き殊に病児などある時は度々行きて注意を与ふるなりその訪問は父母子供の為にもよければ貧民社会の事情を知らんと思ふ吾々には少なからぬ利益を与ふる[75]

家庭訪問は決まった日に行うのではなく、必要に応じて行っていた。親たちに話をするだけではなく、野口や森島にとって異質な生活空間である貧民窟の様子を知り、彼らの生活を把握し、改善の余地を見つけるのに有益だったようだ。

親の会（当初は父母懇話会）については、初年度は「父母懇話会は凡そ一月一回開かんとの希望なれども今期は三、五、の両月に二回開きしのみなりき」と書かれており、いつ開くかは不定だったようだが、六年目である一九〇六（明治三十九年）に鮫河橋に移転してから一九一〇（明治四十三）年頃までは、親の会は月に一度、毎月十五日に開くことに決め、定期的に行っていた。一九一〇（明治四十三）年頃から月に二回に変更している。「今まで十五日を例会として居りました親の会も此度は一日と二回に致しました、集る者は凡そ四五十人位、内半位はいつも定まった顔ぶれでございます[76]」と報告されている。第一六回年報には「毎月一日と十五日の夜が親の会の会定日になつて居ります、入園の始め月二回の集りには親の義務として出席せねばならぬ事をよく約束いたします[77]」とあるように、出席することを入園時に義務として伝えるようになった。また、「父母何れが参うてもよろしいのですが、大部分は母親が参ります[78]」と書かれており、子育てを母親の責任とする性的分業を進めようとはしていなかったようで、あくまで親としての義務、として、父母のどちらかが親の会に出席するよう促していたことがわかる。年度によっては「近頃は父親の出席が大分多くなつて参りました」[79]と報告されている年もあるくらいである。父母どちらにしても、幼稚園に通わせている子よりも幼い子どもたちを一人二人と連れて来る者がほとんどで、とても賑やかだったという。

しかしながら、初めから親の会を開く目的や重要性を、下層の人々が理解していたわけではなかった。鮫河橋に新築し、貧民窟の中での事業が始まったときの最初の親の会について、下記のように報告されている。

> 此第一回の時には、幼稚園から呼ばれたが、何か叱られでもするのだらうから、行かぬと云ふ者もあつたとて、近所の親が来て見れば、何の叱るどころか、よく来たよく来たとての歓迎に、驚いて、さる事ならば、近所の者も呼んで来ませうと、迎に行くといふ始末[80]

下層の人々にとって、幼稚園に呼び出されるということは当然注意を受けることだと感じられたようだ。中流上流階級の人々に歓迎されるという経験はそれまでおそらく皆無であり、初めて経験することだったことがわかる。会を重ねるごとに出席者は増え、親の会の重要性への理解も少しずつ伝わっていったようである。

親の会での内容は、園長である野口や森島が、教育の必要性や二葉幼稚園の目的、育児のアドバイスについて話をしていた。それだけではなく、下記のように、外部から人を招いて話をしてもらうこともあった。

四谷彰栄幼稚園の方が、禁酒の話、育児、衛生の話などして下さいました、よく貧民の状況にあてはまつたお話で、非常によくきいて居りました、今後も時々有志の方に話して頂かうと思ひます。(81)

他の幼稚園の保姆を招いての親の会の事例であるが、そのほかにも、牧師を招いた宗教講話などもあった。

親の会を開いた効果として、下記のように報告されている。

こんな風にして居ります間にわるいはやり歌の代りに讃美歌でも口ずさむやうになり、お味噌や豆の効能をのべれば翌日のお弁当に早速実行されると云つた工合に少しづゝ変つて参ります。(82)

悪い「はやり歌」ではなく讃美歌を歌えるようになる人が出てきたり、また、毎日のお弁当に、親の会で話した栄養のアドバイスをさっそく取り入れる親もみられた。

世間の小学校では生徒が減食の為種々の出来事がある様にきゝますが、不思儀《ママ》にもこゝは一向に現はれたる変化を認めません、何の故かはわかりませぬが、お天気がよくて労働者には仕事があるそうですのと、一つは親の会で子供の食べ物の必要をしばしば語り、人より余計に働き、休む時間を少くしても、子供には充分に食物をやつてもらいたい、安くて滋養になる食物に斯々の物等の話が、存外効果があるのではないか、副食物等も親の会での話の物が沢山に実行されて、それは嬉しく頼母しく思いました。(83)

子どもには栄養価のあるものを食べさせる必要があること、彼らの生活水準でも手に入る食べ物で栄養のあるものを教えるなど、生活の実態に合わせた指導が実際の生活に活かされていった。しかし、親の会での話が、必ずしも親たちにきちんと伝わる訳ではなかった。

私共の普通に用ひます言葉では少しもわかりません、私は其為に余程苦心致しました此頃は大分私のいふ事が皆にわかる様になつたと申事、或時の事私が皆に貯金をすゝめまして貯金の効を説きました、皆はいいときいて居りましたからわかつた事と思ふて居りますれば、翌日になつて小使に申ますには貯金貯金とおつしやるがいつ体貯金て何の事かと申ましたそうで、一晩の話も全く無であつた事がわかりがつかり致しました、併しまさか皆がかうではありませんが。(84)

貯金ということ自体を理解できていなかったという報告である。このように、保姆たちの意図したことが伝わらないこともあったようだ。
親の会に限らず、親たちに幼稚園から仕事を頼むこともあり、そのような時間も、保姆と親との貴重な交流の場になっていた。毎週土曜日に子どもを入浴させることになってからは、毎週母親を順番に手伝いに呼んでいた。

子供の母親三人手伝ひに頼んで洗ってもらひます（中略）入浴がすみますと廊下を奇麗に拭いて、あとは自分達赤坊迄お湯にはいつて帰ります。かはるかはるかうして親を呼んで一日働かせます内に、いろいろ親自身を教へてやる機会がありますので、幼稚園からいへば不自由ではありますが、かはりばんこに来てもらふ事にして居ります[85]。

毎回別の親が来て、毎回仕事を教えることは、保姆たちにとっての負担も大きかったと思われる。しかし、それでも数多くの母親たちと交流を持ち、過ごす時間をつくることが、下層の人々の生活について知り、アドバイスを与えて生活の改善を図るのには重要だった。
一方的に園長などが話をするだけではなく、「一日働いた上に御飯をすませて来るのですから時間など中々きめられませせぬ、大方集るまでは保姆が自分の組の親達と懇談して居ります[86]」と報告されているように、親たち一人ひとりと話す時間も大切にしていた。

あなたは誰ちゃんのお母さんですね、さあ此方へいらつしやいと其組受持の先生へと招じます。会場は遊嬉室で二列円形に敷きつめた畳蒲団の程よき所々に各組の先生が陣取つて居て（中略）斯くして凡そ席のふさがる迄は一人一人と密接に懇談いたしますのですが、これが中々面白いので初めはいやに四角張つて居りました者はだんだん打とけて親しくなる随分突飛な談も出まして家庭の様子も十分に知る事が出来ます(87)

それぞれ担任の保姆が親たちと談話することを通して、信頼関係を構築していったことが窺える。そして、各家庭の事情を丁寧に聞き、相談に乗り、それぞれに適切なアドバイスをしていた。二葉幼稚園での指導を通して、親たちは子育ての仕方を徐々に学んでいった。

自立した家族の形成に向けて——二葉幼稚園の取り組み

二葉幼稚園は、慈善事業ではあるが、なんでも無償で提供し、保護するのではなく、親子との交流を図りながら、下層の人々の生活改善を目指しており、義務として課した事柄もあった。一日一銭の保育料（後に、五厘はおやつ代、五厘は貯金に変更する）を設立当初から徴収していたのもその例である。

理由もなく物を与へるといふことは、決して其人の為にならぬのみか、却て害になります、慈善々々といふて、考もなく物をやりましては、貧民は皆依頼心を起して、働かずに人の呉れるのを待つ様になります、これが誠に恐ろしいので、毎日一銭宛とるのも、そこを考へたからで、子供を預つてもらふお礼といふ様に、考へさせるのであります[88]

はっきりと書かれているように、なんでもむやみに与えることは、人々を事業に依存させてしまい、むしろ害になると考えていた。一銭の保育料も、それを考慮してのことだった。彼らが働く意欲を失ったり、援助を当てにするようになることは防ぎながら、生活を支えて行こうとしていた。第一五回年報に「始の内は助けてやりたい、与へねばならぬと、単純な慈善心に訴へて行動して居りましたが、今は私共も大分大人にせられました、無意味に物を与へて益々独立心を失はせる様な愚な事はしたくない事と考へて居ります[89]」と書かれているように、無償で提供するべきではないという考え方に、年々確信をもっていったようである。

寄附された衣類なども、このような理由から無償でむやみに与えることはしていなかったが、毎年クリスマスに分け与えていた。しかしそれも、次第に変更することとなる。

緒方から御寄附の品物に付き、従来はクリスマスの折に、一年中ためてあつた古衣其他を、一同にわけてやりました。ところが毎年の常例になつた為に、さもしい心の底などがちらとみえたりなどしまして、だんだん考へた揚句、とうとう極やすく売ることにしました。直段なども家庭の事情をみはからひまして、いろいろ苦心を致しますが、ともかくも、ただもらふといふ心から、やすくても買ふといふ心持に進歩したわけ。それにかうしますと、親の必要が充たされるわけで、従来のしかたからみますと、一歩進んだ方法だと喜んで居ります。[90]

寄附された衣類などを各家庭に無償で配るのではなく、バザーを催し安く売ることへの変更である。初めは良かれと思って始めたことでも、それが毎年続き、与えられるのがあたりまえになってはいけないという厳しい考えであった。

扨其お金を何につかひませう、勿論子供へ頂いた品物の代子供の物につかひたいは当然のこと。そこで毎日の子供のおやつが五厘づつなのですが、如何にも少ないので、近頃は臨時寄附の中でも子供へやる様にといふお言葉の添ふて居ります分は、皆此中に加へて一度に二厘とか三厘とか、ふやして与へて居りますが古衣のお金も此中へ入れることにしました、親から出たお金は子供の栄養の為に用ひられるわけになり、いい工夫だと思つて居ります。[91]

バザーの収入は、上記のように幼稚園のおやつの足しに利用された。他にも下記のような売り上げの利用の仕方も報告されている。

其売上金で新らしい反物を、これも問屋からやすく買ひ込みまして、冬衣としては袖なしのチャンチャン夏分には洒縞の半袖などこしらへまして、それを売ります、御寄附の古綿は大抵打ちかへしましてチャンチャンに入れます、丈夫で暖かくてさつぱりとしてやすいのを買つてやります。その為に仕立の内職が出来まして二三人の母親はよい職を得る事になり、二重三重に役に立ちます、かゝる仕事ばかりを経営しても非常によい働きになるがといつも思つて思ります(92)

売上金で反物を安く買い、それを使って衣類をつくることにし、その作業を母親たちに内職として提供した。単にお金や物を与えるのではなく、機会を提供することもあったのである。ただし、子どもの家庭状況に合わせた対応もしており、必要な場合は無償で手助けすることもあった。

また母親のない子供達は長けも幅も身にあはないものを古衣やから高い値で買つてきせられ、洗ふではなしつくらふではない、ぼろぼろになつて初めて次を買ひかへると云ふ様なのも少なくないので、そんなのは洗濯もつくろひもこちらで責任をもつてやり、其代り父親には一生懸

命働かせて次の必要になつた時適当なのを買はせると云ふ工合に致します[93]

母親がいなく、洗濯もせずに同じものを着ている子どもの服を洗うなど、必要だと判断すれば、何でも力になろうとした。

親の会についても、途中で催し方に変更があった。

毎月二度の親の会には、僅ではありましたがお菓子を出して居りました、ところがお菓子の為に出席する様な者が出来ては面白くありません、子供の為自分の為、つらくても出席する位に覚悟させたいとの考で、お菓子はおやめにしました、小さくてもこれも進歩の一つ。[94]

お菓子を食べたいがために来るなどということがあってはならないとし、お菓子を廃止したのである。なぜ親の会にいかなければならないのか、という意識化の試みがなされていた。

また前述のとおり、お弁当は毎日親がつくり、子どもに持たせていた。実際のお弁当はお粗末なものも多かったが、「親の会」での栄養指導をしながら、親として子どもにすべきことを指導していた。第一回年報には、子どもたちの持ってきたお弁当が、保姆たちにとっては驚きの連続だったことが書かれている。

正午の御弁当は、各自家から持って来るのですが、或時先生が一同に向かって、「何が一番甘味のです?」と聞きましたら、大概は鮭に鱈だと云ひました。其中に一人、「牛肉が甘味う御在ます」と云ひますので、試しに、「牛肉はどんな物です」と尋ねたら、「かたァくって咬めませんけども、私は一番牛肉が好きです」と答たさうです。鮭…鱈…かたァい牛肉…。これ等を聞いた丈でも、その家が思ひやられるでしやう。[95]

ただし、ここで鮭や鱈というのは、一般的に魚を指していたようである。「魚の絵を見せたるに何を見ても鮭鱈といふ」[96]と報告されている。このようなお弁当ではあっても、親に義務として課していた。

こうした二葉幼稚園のやり方は、必ずしも親たちの納得のいくものではなく、ぶつかることもあったようである。

尤かゝる親は此社会にては稍わけのわかりたる仲間にて中には子供が喜ばぬからとて連れ来らぬもあり弁当容るゝが面倒なりといふもありもしかゝる子供ある時は其家庭につき原因を調べ親の不熱心より起れる時はよく説諭し再三説諭して尚きかざる時は断然謝絶するなりこれ本人にとりては憐むへき事なれども大に他の戒となり皆謹て規則を守りよき習慣を作るに至るなりかゝる親の中には謝絶されて初めて困り出し又入園を依頼するに至るものあるなり[97]

この報告のように、子どもが嫌がる、お弁当が面倒であるなど様々な理由から、通うことを拒む者がいたり、やめていく者もいたようである。しかし、そうであっても甘やかすことはしないという断固とした姿勢が見える。

そのほかにも、夏休み休暇のない親も多いため、幼稚園の夏休みを廃止しようかと毎年試行錯誤していたが、幼稚園の存在のありがたさを感じさせるためにも、夏休みの期間をあえて確保しようということになった。

> 私共多年の経験からどうしても矢張まだ世話をしすぎるといふことに心付きましたすればする程依頼心を強め人をあてにして働くのがいやになるこれが彼らの常でありまして時には捨てゝ置いて困難を味はせるのが彼等を教育する方法で子供をよくしやうとすれば先づ親をよくせねばならず親をよくしやうには其心を根本的にかへて行くより外にいゝ方法はありませぬ其教育法の一つとして私共は右の変更を敢て致しました子供は一時かわいそうですし併し此変化は却て子供の心にもよい影響を及ぼしはしまいかと考へて居ります保姆の側から申せば廿日の間心身を休養して元気を回復することは極めて必要の事であります[98]

保姆に休暇を与える必要性ももちろんだが、子どもにとってよいというだけではなく、親にとって幼稚園の事業が有益な働きかけとなるように、常に模索されていたことがうかがえる。
下層の人々が自立できるように考えられた指導の一つが、貯金である。

だんだんここらの子供の家庭の様子を見ますに、収入が少ない為に貧しいのもありますが、中には可なりの収入はあつても、貯蓄心のない為に生涯を貧しく過さねばならぬのも少なくはありません。そこで、私共の考へるに、もしも皆に貯蓄心が起つて、収入の幾分を貯へるといふ習慣を得たならば、或は存外暮しよくなるかも知れぬと、かういう考で子供の貯金を始めました[99]

子どものお小遣いが多いことは前述したが、お小遣いだけでなく、意外と世帯の出費が多いということに、家庭訪問などを通して気づき、貯金の指導を始めた。貯金することができれば、生活を改善していく余地があるのではないかという考えからであった。

これは子供〔が〕成長して後も、貯蓄といふ事の手軽に出来る様に、親も亦貯金の便利と必要を覚る様に、教育しやうといふ考から致して居ります[100]

貯金は、幼稚園に通っている間に留まるものではなく、習慣づけば、卒園後にも活かされると考え、指導していたことがわかる。貯金の方法は、以下のように書かれている。

併し毎日一銭づゝ持つて来る以上に取りたてるわけにも行かず、さうかと申て一銭づゝの保育料の内を五厘貯金させてやるといふも理由が少したらぬ様に考へ、規則の改正といふ事で、二葉幼稚園の子供は、五厘が保育料、五厘が義務貯金、とかういふ事に致しました、親の方ではこれ迄通り一銭もたせて参りますと、郵便切手の貯金法にて毎日子供は幼稚園の手技の一つとして、五厘切手を真直に台紙に貼りつけます、幼稚園を終つた時に、それをどう遣ふか、それはまだきめて居りませぬが、まづ学用品でも買ふ事にしたらばよいがと考へて居ります。右の事親の会で話しましたら、大層喜びました、序にお願ひするとて、右の外に毎日一銭つゝ持つて来て、貯金の手数をしてもらふものが三人ある様になりました。(101)

初めは保育料が一銭だったのを、半分を貯金にし、残り半分を保育料にすることになった。子どもが毎日、五厘分の切手を貼り、貯めていくというやり方であった。卒園時に、小学校への進学の準備等にお金を使うことなどが、その利用法として考えられていた。貯金に積極的な親もいたようで、義務の五厘以上の額をもってきて貯金していくこともあった。

このように、二葉幼稚園は、下層の親子の生活が、より良く変わって行けるようにと指導していた。初めは、子どもたちを路上で自由に遊ばせておき、その遊び方や食べ物に配慮をしていなかった親たちが、こうして幼稚園で注意され、アドバイスをもらいながら変わっていった。

二葉幼稚園では、下層の親子が家族という単位で子育てをし、家計をやりくりし、少しでも社会の中で自らの選択肢をもって生活できるようにと指導していた。これは、ドンズロのいう「家族を管理することから、家族による管理へ(102)」という指摘に当てはまる。下層の家族が、二葉幼稚園の期待するような家族らしい機能を備えることは、家族がその成員を管理し、社会悪とならないよう子どもを教育していくことでもある。家族が自立し、生活の単位として機能することは、国家に悪のレッテルを貼られることを避け、社会の構成員としてその存在を認められることであった。スラムクリアランスのように公的空間から下層階級を排除するような国家からの介入を防ぎ、家族という枠組みの中での自由を担保することは、社会の一員と認められる家族という枠組みを受け入れ、子育てに勤しむことと表裏一体であった。しかしながら、それは国家による主体化、臣民としての動員という側面だけでなく、家族であるからこその同情を味方につけ、慈善事業の助けを借りながら生き抜こうとする、下層の人々の懸命な生き方という側面も持っていた。家族として生きることは、下層の人々が生活苦を生き抜くための術であった。

新たな共同性へ

貧民窟は、人々が雑居しながら共存している空間であったが、次第に一家族一部屋の家族単位の生活にシフトし、「近代家族」へと変化していく中で、その共同性は消滅していく。しかしその一方で、二葉幼稚園という慈善事業が、一つの社交の場として新たに浮上していた。二葉幼稚園という慈善事業に関わっていくことで、単に共同性を失ってそれぞれの家族が孤立化していくのではなく、新たな共同性を持ちながら近代化されていくという現象があった。

貧民窟の共同性

二葉幼稚園を設立した頃、野口や森島が、路上で一日を過ごす子どもを毎日見かけていたように、都市下層では、子どもを特別に保護しなければならない純粋で無垢なか弱い存在とは捉えていなかった。しかし彼らは、幼稚園に通わせることを通して、子どもには子どもにふさわしい環境を用意し、教育しなければならない、という子ども観と接することとなった。子どもを大人とは異なる存在としてはっきり分離し、幼児教育の必要性を感じることは、子どもを中心とする家族への心性の変化であり、近代的家族観の一部である。特別な配慮をすることなく、育つがままに子どもを自由にさせて、その日その日をなんとか生き抜いていた人々が、子どもを幼稚園に行かせる習慣をもち、子どもの食べ物や健康に気を配るようになるということも、子どもに特別な配慮をしながら子育てする近代家族への変化であった。

都市下層の家族の変化を、前述の落合のあげた近代家族の特徴と照らし合わせると、都市下層の場合、①家内領域と公共領域の分離、④男は公共領域・女は家内領域、という二点には当てはまりにくい。ほとんどの都市下層が共働きであり、母親が「主婦」となることは稀であったこと、また、住み込みで働く場合や家族総出で売りに出るなど、家族ぐるみで職にあたるケースも残っていたからである。家族の小規模化と子どもを中心とした情緒的結びつきという、②家族成員相互の強い情緒的関係、③子ども中心主義、⑤家族の集団性の強化、⑦非親族の排除、⑧核家族、という特徴は、当てはまる。そして落合は、家族の内側の情緒的結合が重視される反面として、⑥社交の衰退をあげている。この家族の社交については、都市下層においては衰退したのではなく、社交のあり方の変化として考えることができる。

都市下層において、近代家族へと変化する前の社交とは、貧民窟という特殊な空間での社交であり、家族という境界の曖昧な共同性を含んでいた。例えば松原岩五郎は、貧民窟の木賃宿で同じ部屋に集う人々が、ある種の家族のような助け合いをしていた姿を描いている。

時に傍らに一人の日雇取《ひようとり》らしき若者ありて、其の綻びかかりし襦袢の袖を縫い止めんとしてありしが、彼女は忽ち其の覚束なき手風《てぶり》を見て傍らより褫《うば》い取り、串戯《じょうだん》の内に手際《てぎわ》よく縫い止めて与えければ若者は頻りに其の親切を喜び謝せり。予はこれを見て密《ひそ》かに謂《おも》えらく、吁《ああ》彼の女は既に混合洞窟の木賃宿を以て美《うる》わしき家庭となす。万一彼女誤って囚獄の人となることあらんか、恐らくは彼の囚徒《しゅうと》等に接しても尚また叔父叔母の情愛を以て親切を尽くすの人たらんかと。(103)

木賃宿に宿泊していた女性が、見知らぬ若者のほころびた襦袢を手際よく縫う様子が記されている。松原は、彼女がもし牢獄へ入ったとしても、そこに集められた囚人たちに対して、同じように世話をやくのだろうと想像している。同様に松原は、子どもにとって、その両親だけでなく、同じ部屋に泊まる人々が遊び相手になっている様子も描いている。

果たせる哉、彼女の坦々たる懐《ふところ》に宿りし彼が小児は、手に二顆《ふたつ》の桃を持ちつつ此の数多き人々の一座を喜びて室内を戯れ廻り、最後に彼の飴売りなる老漢の方に取り縋りて甚麼《いかが》なる技芸《わざおぎ》を習いつつ喜びしは何となく、予が眼に剰《あま》りて見えにき。(104)

家族という境界の垣根が低く、同じ屋根の下に集う人々の共同的な生活が読みとれる。明治中頃までは、都市下層においてはこのように雑居する人々がほとんどであったらしい。貧民窟という生活の場は、家族という枠組みが曖昧で、そこに集う人が助け合う空間であった。

木賃宿だけでなく、貧民窟自体が、下層の人々の共同性で成り立っていた。例えば松原は、貧民窟では、近くの練兵場などの残飯をもらってきて廉価で売る「残飯屋」という商売を紹介している。松原の『最暗黒の東京』の挿絵には、残飯を量り売りしている様子が描かれている。

貧民窟では、残飯を集めて安価で食べ物を売るこのような店が、貧しい人々の食生活を支えていた。松原は、「彼等の中なる齢老いたる者の記憶」によると、「二十年前東京の開き始め」の頃には、「さすがに江戸的の貧民は、兵隊飯など喰うものにあらずとて、賄方は常に其の始末に困じ、時としてはわざわざ舟を漕ぎて品川の海へ抛擲したることとさえありしに、今はそれさえ銭もて購うこと容易ならざるに至りしは、全く世の必迫せし証拠ならん」(105)という。江戸時代には残飯を食べること などなかったようだ。ところが今では安い食材すら買うお金がなく、残飯を食べざるを得ないという。貧民窟で生活し続けることすら、下層の人々にとっては容易いことではなかったことがわかる。

図 4–2　残飯屋の様子 1

（松原岩五郎、前掲書、38頁）

図 4–3　残飯屋の様子 2

（松原岩五郎、前掲書、42頁）

生活難に直面する貧民窟の人々同士が共同し、貧民窟独特の職業や食べ物の入手の仕方を工夫し、生き延びていた。

都市下層では、貧民窟の木賃宿が規制を受け、一家一部屋の生活へと次第に変化していき、貧民窟の様子も変わっていくことになる。一般的には、家族のこうした核家族化は、家族という単位での孤立であり、親族以外の人々との関係を疎遠にし、地域との交流を減少させていく。しかし、二葉幼稚園の事例では、木賃宿の、家族という境界の曖昧さを伴った共同性に代わり、家族という集団性の確立を基礎とした共同性の創造があった。

保姆と親子との相互性

二葉幼稚園では、子どもと保姆の信頼関係が生じていた。毎日の幼稚園での生活から、子どもたちにとって保姆は、親しみをもつ大人として映っていた。

子供の家から平野氏の所へ物を持つて来る者かあるそうで、焼芋屋なら芋を持つて来たり、八百屋ならば野菜なぞを持つて来ます、いくらわけをいふて断りても、なかなかきかぬそうです、持つて来るのは困りますが、喜余つて何か感謝の意を表したいといふのは人情で、其心状は喜ぶべき事と思ひます、これで先生と子供との関係が、寺子屋風で非常に親密なることがわかります(106)

上記のように、常勤の保姆であった平野まちを子どもたちは慕っており、家庭から贈り物をもってくることがあったようだ。

子供は、相変らず喜んで参ります、此間中も幼稚園が休になつて居りますと、日々二人位はまだかまだかと、きゝに参るそうです、此間も夜外に出ました所が、先生先生と呼びますので、見れば幼稚園の子供、又其後も其児は私の跡を追ふて、呼びとめました、これは大道に煎り豆を売つてるものゝ子供で、いつも親と共に町に出て居りますが、先生の影でも見ゑると、もうなつかしくてたまらぬものと見ゑます、実に可愛いではありませんか。(107)

幼稚園が休みの日は、幼稚園で遊べる日を待ち遠しく、覗きにやって来る子どもや、先生を見かけると追いかけてきて声をかけてくる子どももがいたようだ。もちろんすべての子どもがそうであったわけではないだろうが、幼稚園が好きで、通うことを楽しみにしていた子どもたちがいたことがわかる。二葉幼稚園が、子どもの日常生活の場として定着していったことが窺える。

子どもと幼稚園とのつながりは、卒園後も維持していくよう試みられていた。卒園した子どもたちを年に一度は幼稚園に招待し、交流を続けていた。

いつもクリスマスには一同を呼びますがいつも現在の子供は居り親も参りますので非常な困難の中ゆるゆる話も出来ませんので此日は卒業児許りといふ事にしましてお盆の十六日の煙草の工場も休み小僧も此日は暇が出るといふ此喜ばしい日を昔なじみの幼稚園に半日だけ過させたいといふ計画なのです(108)。

はじめは毎年クリスマス会に卒園児たちも招待し、再会を楽しみ、近況を聞く機会をつくっていたが、園児数・卒園児数の増加により、クリスマスとは別に、卒業生の集う日を設けることとなった。多くの園児が集まれるお盆が、卒業生の会となり、毎年多くの卒園児が集まっていた。

此日は困難も少ない為めに一人一人に就て種々の話が出来まして別項の卒業後の状況も此日に調べた結果でもあります。此話が済みましてから一同を列へて一寸話をしましたそれから用意してあつた御馳走当日はおすしとお菓子其間にお向ひの三井家からお子様方かお出になつて当日唯一の楽なる蓄音機を始めて下さいました(109)

保姆は集まった子どもたちに近況を聞き、お菓子を出し、音楽などの楽しみを用意し、子どもたちを歓迎していた。すべての卒園児が小学校に通ったわけではなく、奉公に出た子どもや、小学校に行ったが続かなかった子どもたちもいる。進路の分かれた子どもたちが、再会する機会ともなっていた。

保姆と親たちとの交流も、前述のように親の会などを通して積極的に図られていた。保姆は、親たちに子育ての指導をするだけではなく、その苦労を哀れみ、気づかっていた。例えば、親の会では、保姆たちから一方的にお説教をするだけではなく、親たちを楽しませる時間にすることも意識されていた。

一度はお雛さんの時に致しました、近藤輔宗氏蓄音機をきかせて下さり、他の時には寄附の低控琴をきかせなどして楽しませながら幾らか為になる話もしました(110)

当時まだ珍しく高価であった蓄音機を聞かせたり、楽器の演奏を楽しむ機会にもしていたことがわかる。

子供の母親は、朝から晩まで働いてかせぐばかりで、一年中一日も楽しく遊ぶといふ日がありませぬ、これも私共は同情にたへない事なので、楽しませながら何か為になる話をするといふのが此会の主意、いつも何か音楽を致しますが、つい此間の事、坂井乙名氏が其御老母と共にお出下さつて、琴と胡弓の合奏をして下さつた、美妙なる音楽をきいた其瞬間は、貧もなく又苦もなく、彼等の心にも時ならぬ楽天地が輝いたのであらふと、感謝にたへませんでした(111)。

貧民窟のような環境で休みなく働き続ける親たちに対して、子育ての不十分さを叱るのではなく、親たち自身が親の会に来ることで少しでも安らげるようにという配慮があった。この事業に賛同する人々が、蓄音機を持って来たり、楽器を演奏したりということがしばしばあったことがわかる。また親の会において、子どもたちに遊戯をさせたり、唱歌を歌わせることもあり、親はそのような子どもの姿を楽しみにしていたようだ。

凡そ集つた頃連れて来た子供を集めて遊戯や唱歌をさせて見せます。これは親達にとつて余程楽しみと見えてたまにやめますと催促すると云ふ有様(112)

普段目にすることのない子どもの姿を見ることができたのだろう。子どもらしい子どもの姿を、親に伝えることにもなっていたと考えられる。

親たちは、一方的に支援を受け取るだけでなく、保姆を手伝い、支えていた。

子供を入浴させせますのに、親に手伝ひに来てもらひたいと思ひまして、入浴させる理由を話しまして、私共の労働にたへられぬ事語り、何とか方法なきかと尋ねましたら、あちらもこちらも、三人五人相談を初めまして、終には当番をきめてくれと申出でました、中には又個人個人

に、毎回でも私が手伝ひに参るからと申て、それはそれは大成功(113)

親の会において、子どもの入浴を実施したいが、保姆だけでは手に負えないと話すと、親たちが自ら、当番を決めて手伝おうと言ってきたという。

ここの先生達は皆制服の上着を用ふる事に致しました、それは虱やら病毒やら、随分危険が多いので、朝来ると別の口から更衣室に入り、すつかり着物をとりかへて、業に就くといふわけ、ところが其上着を洗ふにも、自身にては日曜日の外終日働きますから、洗濯の暇がありません、これも一つの親の内から雇をして、時々洗濯する事にしやうと、其事も話しましたら、先生のお召位何の事もなし、此様にお世話になる故、夜ねずにても洗ひましようと、誠に嬉しい答(114)。

親を何人か雇い、保姆の制服の洗濯を授産として行おうとしたところ、仕事としてではなくボランティアで洗濯をすると親たちが申し出たのだという。親たちは、仕事の機会を与えてもらうだけでなく、二葉幼稚園の手助けをしようと自ら申し出ることもあり、助け合いが生まれていた。

「どうも先生様大へんですな私ら此一人の孫でさへ困つてしまうにこの大ぜいのわからずやをまあ実にありがたい事でござんす」と云ふ老婆、「いくらかせいでもちつともあがりやあしない、先生どうしたらいゝんですかね」とこぼすかみさん、「あなたはよくいつでもおいでゞすね」「えゝどうもおそくなりましてね良人《おやぢ》がおそいもんですから、それでも私やおはなしに来るのが楽しみでしてねおそくなつても来ないぢや居られないんですよ（中略）」これは中々しつかりしたお母さんです。(115)

親たちが保姆の苦労を察し、感謝する姿や、気軽に日常生活の愚痴をこぼす姿が窺える。また、親の会を楽しみにしている母親もいたようで、親の会は、単に保姆から親への指導の場ではなく、苦労を共有し、共に楽しむ空間となっていた。二葉幼稚園を通した人々の繋がりは、木賃宿に見られた共同性とは異なり、家族という境界があった上で、子どもを子どもらしく、親を親らしく教育・指導する、幼稚園という場を介しての共同性である。

上流階級と下層との接点

実践には関わりを持たない、寄附者の層である上流階級の人々との交流も生み出していた。例えば、クリスマスや遠足などの行事を華族の力を借りて行っており、自宅に遊びに行くこともあった。「ミスウエストン」という女性がクリスマスに園児たちを招いてくれたことが、下記のように紹介されている。

午後からは一同列を作つて平河町なるウエストン氏の宅へ参りました、子供になつて考へて見ますと、未た嘗て見た事もない様な美麗な家で、玄関から一人一人あげられて奥の座敷へ通ります、もうそれだけで子供は魂消て声も何も出ませんのに、花かと思ふ様に美しい人々が優しい声をして何かと世話をして下さる、やがて雨戸がしまるかと思へは、今迄とは打つて変つて、クリスマスツリーに輝ける蠟燭の火、ランプの照り渡つて居る有様はいよいよ別世界、其美しい間には面白いお話もあり、面白い歌がきこえるかと思へは、美しい手に引かれて珍らしい遊戯をさせて頂く、それが済むと銀紙に包んだシャボンの様な物を下さる、きけはこれはお菓子じやそうな、銘々に新しい前掛をかけて下さつて美麗な袋も下さつた、それには何だか珍らしいお菓子を数も知れぬ程いれて下さつて、何といふ事やら恰も夢の様で、唯茫然として騒ぐものもなければ声を出す者もない、勿論泣く子供なお一人もなかつた、かゝる有様で子供の喜と驚は到底私共の想像の出来る様なものでなく、私共が如何なる目に遇つてもこれ程に感ずる事は此世ではなからうと話しました位、子供の平常をよく知つて居る小使は此様を見て、親にこれを見せたらば何といふだらうといひ続けました、この様によそへお客に行つた時でも、勿論子供は平常着の儘、破れたるもあり汚れたるもありで、それをきたないとも思はずに快く手を取り頭を撫でゝ遊はせさ《ママ》て下さる、何といふ清い高い会かと見て居る私共は泣かずには居られませぬ、わけて此憐れなる境遇にありながら、其不幸を知らず、貴きを羨やまず、心の底より喜んで、数刻の後は又もとの破家に帰るのを、憐れと思ふ傍人の感じで、当人は喜より外何も

ない、其清らかな無耶気の状が又一段と私共を感ぜしめました(116)

見たこともないようなクリスマスツリーの輝く邸宅に、園児たちは招かれ、クリスマスを共に祝った。みすぼらしい服を着た子どもたちに対して、「快く手を取り頭を撫でゝ」いる姿を見て、保姆たちは「泣かずには居られませぬ」というほど感動したようである。園児たちにとっても、日常生活では出会うこともない外国人に招かれ、親切にされるということは、新しい経験であったと思われる。

外国人だけでなく、日本の華族階級の人々も、同様に子どもたちを自宅に招くことがあった。大森にある加納子爵の家を訪問した際の記録である。

大森なる加納子爵夫人がお出になりまして、子供を大森のお邸に伴ない海浜へも連れて行きたいがとのお話、何といふ嬉しい事でしやうか、(中略)車もあり汽車もあり電車にも乗せるとの事、其用意満端実に容易ならぬ事でありましたが、周到なる加納家の御用意にて事なく其日となりました、(中略)加納邸は高き岡の上にあり、眺望最もよろしく一面の芝生に咲き残りたる桜や丁子、楓に松など配置よく其美しさ、はるかに品川沖を眺め汽車電車の通るのも眼前に見え、殊に令息令嬢方の手になりし国旗は高き竿の上より無数に釣るされて居る、子供は運動会だとて一段の喜、暫く自由に遊はせ、やがて唱歌遊嬉競争鬼事などに余念もなく時を過し、早昼にも近つきたればとて、銘々足拭いて頂いて、こゝは又広い美しいお座敷に幾列にもなりて座り、今度はお弁当、折詰を銘々頂いて今迄の喜は一段の満足を感じました、食后一同に大森名産麦細工の籠を下さつた落ちて居る花やすみれなど摘んで夢中になつて居るところへ、籠に入れよとてお菓子を給はり、これは妹へのみやげにせん、帰りて母に見せんなど、頼母しき声もあちこちにきゝながらいよいよ電気鉄道で海辺へ行くとの事、(中略)一同下りて浜辺に出れは、此日は頂度三月三日の大潮てあつた為、水は遥か向ふの沖合迄干て居ました、こんな貝が落ちてると先づ拾へは、我も我もと美しきを競ひ、珍らしげに拾ふて籠に入れる顔付(中略)又と得がたい終日の此快楽、定めて終生忘れぬ事ならんと存じます、或は五十人の内かかる遊をする事は生涯に二度とないかもしれませぬ(中略)私共の思ひ付きし事業にもかく迄同情が与へらるるかと感謝の外はありませんでした(117)

大森に立派な家をもつ加納子爵夫人が園児を招いてくれることになり、汽車や電車を乗り継いで遠足に行った。広い庭で遊び、お昼ご飯をいただき、お土産をもらい、浜辺で貝を拾いと、子どもたちにはこれまで経験のないことの連続だったようである。二葉幼稚園という事業があったことによって、華族階級の人々が下層の子どもたちと関わる機会が生まれていた。ただただ貧民窟で暮らしているのであれば、おそらく招かれることはなかった下層の子どもたちが、二葉幼稚園に通うことで、このような機会を得たのである。二葉幼稚園は、異なる階級の人々の交流の場となっていた。

こうした階級を超えた交流は、見る人の心を動かすものであったようだ。『少年世界』では、参加した生田葵山が、二葉幼稚園でのクリスマス会に、華族の子どもが来ていたことを記事にしている。「数々の会合に出て、種々の人の心の発現に遭遇《ではあ》つた、が明治卅五年十二月二十六日、東京は麴町の下六番町の二葉幼稚園で見た会合程、自分の心を打ち、思《おもひ》を動かしたものは嘗て見た事はない」(118)と、その感動を伝えている。

恐らく地上に栄華を夢みる人の眼には、此の集会は、嘲ふ材料の外に過ぎないであらう。集会とは酒池肉林、歌舞の女が袖振る所と解する人達には、恐らく此の集会は一顧を値するものでは無からう、が、此十二月の廿六日の集会、自分は信ずる、恐らく他にありとあらゆる集会に打勝つ善良なる精神の流れて居る集会と断言するに憚らないのである。此の幼稚園が基督教精神で成立つて居るので、排拆してはならない、宗教の異同の故を持つて、其善良なる行為を非認するのは、単に狭量の人の為《す》る行為で、一種の罪悪と云つても係《かま》はない。自分も不幸にして此幼稚園設立者とは宗教観を異にして居るが、基督教の汝を愛する如く汝の隣を愛せよとの言葉を服用して設立せられた此の善良なる精神の発現には賛美の念を禁じ得ないのである此の日の集会《あつまり》とはクリスマスの祝会《しゆうくわい》なのである。(119)

当時、人々が祝い事をするための会は、豪華絢爛なイベントだったのであろう。そのような世界を知る者からすると、二葉幼稚園のクリスマス会などは、質素すぎる、小さなものであったと思われるが、生田は「恐らく他にありとあらゆる集会に打勝つ善良なる精神の流れて居る集会と断言するに憚らない」と書いているように、初めて参加する者を感動させるような会であった。生田が驚いたことは、当時の大富豪である三井家の子どもたちが参列していたことである。

嬉しい事には、今日本の富豪《ふうがう》の三井一家《け》が此の事業に注目して来て呉《くれ》て、今日もいろいろと沢山寄附をし〔て〕呉れ、軈《やが》て其の子供達は、此所へ祝会《しゆくくわい》に参列にと来るとの事であつた。(中略)這入《はい》って来たのは、其の小さいお客様の一行で、其の富豪の身分に相応した華美な衣装を着け、四人の三井氏の小児は座に着くのであつた。無論一人一人に女が随《つ》いて居るのである。小児達は丁寧に、先生にお辞儀――之は野口嬢、齋藤《ママ》夫人〔森島峰〕共に華族女学校の幼稚園の先生で、三井氏の小児達は生徒なので――を為るのであつた。(中略)其の間に三井一家の、富士見町の三井、一番町の三井、神保町の三井の小児達も集ひ来て、其の子供達は附添ひの女中共々に来賓席に当てられた縁側に座蒲団を敷いて座るのであつた。其の対向《さしむか》つて此方《こなた》に座つて居る自分は心窃《こころひそか》に思つた、日本に於ける一二を争ふ大富豪一家の子供達、其れと見る蔭もなき労働者の忰《せがれ》、娘達。其住居、其の食物、其の衣裳と天地の差異である。其れが此の一堂に集る、自分は余りに其の配合に感せずには居られなかった。(120)

日本有数の富豪である三井家の子どもと、貧民窟に暮らす子どもたちが一堂に会すという、おそらく当時は想像もつかない光景だったのだろう。生田が記しているように、野口や森島は華族女学校でも保姆として働いていたため、華族の子どもの先生でもあり、また、二葉幼稚園において下層の子どもたちの先生でもある、という事情があり、実現したことであった。

此の幼稚園の一の組の小児《こども》が立つて、正面へ歩み出で、其の可愛《かあい》らしい口を動かして歌を唱うのであつた。其れが済むと、二の組の幼児が、手真似を交へながら歌を唱ひ、坐《そゞ》ろに傍観者をして、無邪気な小児心を感服せしめた事である。いや其れよりももう一つ傍観者を感ぜしめた事は、三井八郎男《なん》の小なる令嬢、令息が来賓として、立つて其の清《すゞ》しい声を振り立てゝ、教師のオルガンの音《ね》に合して歌を唱はれた事である。真に小児は天国の人であると云ふ事を思ひ出さずは居られない。一世の富豪の小児が、貧児の前に立つて而《しか》も友達の会に来た如く、何の傲る事もなく、何の誇る事もなく唱ふ愛らしさ、側に見た自分は、其の小児達に何時迄も其の心を忘れずに、貧民の味方になつて欲しいとの念を禁じ得なかつた。(121)

階級が違っても、同じ保姆から、同じように幼児教育を受けていたために、その唱歌を知っていたのだろう。おごることなく自然と、下層の子どもと共に歌っていた三井家の子どもたちの姿は感動的だったようだ。上流階級と下層階級という対立ではなく、同じ子どもとしてクリスマス会を楽しみ、参加する子どもたちの交流が実現していた。

さらに二葉幼稚園の子どもの様子が、『少年世界』という子ども向けの雑誌を通して発信されることは、他の子どもへの共感も呼んでいた。設立当初に巖谷小波が『少年世界』に訪問記を書いた際に、下記のような反応があった。

此記事を読みたる可憐なる少年少女諸氏は地の遠近を問はず或は書を寄せらるゝあり或は小遣を節して贈らるゝあり或は愛玩せる絵書玩具等を贈らるゝあり為に幼稚園には不似合に立派なる絵書玩具を得るに至れり或は愛玩せる絵書玩具を得るに至れり或六才になれる子供は姉上より右の記事を読みきかされ兎を知らぬとの話に深く同情を表し己が近頃他よりもらひたる最愛の絵本兎の絵あるをば寄贈せられたり斯の如き心籠りたる寄附続々ありて一々挙ぐるに暇あらざるなり(122)

絵本や紙芝居を見たことがなく、うさぎを知らない子どもがいると知り、自分の大事な絵本を寄附してきた子どもがいたという。下層の子どもは、自分と同じ子どもであるのに絵本を見たことがない、という視点が『少年世界』を通して読み手の子どもに発見され、同情心をかきたてていた。二葉幼稚園を通して、それまでは決してお互いの日常生活に関わることのなかった人々同士のつながりが生じていた。下層を他者として見ていた人々が、下層の人々にも同じ「家族」という共通性を見いだし、共感を持ち、共に集い、生活苦への支援に手を差し伸べた。公的には階級差があり、出会うことのなかった人々が、慈善事業を通して、家族という共通性を発見し、二葉幼稚園の事業に寄附をし、事業を支えていく。子どもを対象とする慈善事業は、このように社会と家族の感情を巻き込み、新たな共同性を見いだす機会をつくっていたのである。

開かれた共同性の構築

親子の実態を通じて、困窮した下層の状況について、次第に理解を示していった二葉幼稚園は、幼稚園という枠組みを超えて、彼らの生活を支えていけるよう臨機応変に事業を拡大していった。一九一九(大正八)年、私立汎愛学園(一銭学校)の閉鎖を受け、東京府慈善協会の補助金をもとに、分園に小学部を設置した。一九二一(大正十)年には東京市立鮫河橋尋常小学校分教場が設置され、小学校教育の任務は終えたと判断し、小学部は廃止となるが、その空いた部屋・時間を使って、放課後の子どもたちのための図書室と少年少女クラブを設置した。

金曜の午後は少女クラブの集り日、女子神学院の姉妹方がお尽し下さる、土曜日の午後はまた少年会、青山学院神学部の鈴木兄が主になつて自分の事のように努力して下さる、此組には十六七のあぶないさかりの少年数人、おかげで今は実に工合よく自治的に雑誌等こしらへなどして真面目な興味に尽きないらしい(123)。

園児以外の子どもたちにも幼稚園の部屋を開放し、幅広い年齢層の子どもたちの居場所として利用された。同様に、一九二一（大正十）年に夜間の夜間裁縫部、夜間診療部、廉売部も設置している。夜間裁縫部については、下記のように設置の理由が書かれている。

昼間工場に働く娘達、及娘時代に工場生活を渡り来たりなどして、母としての現在に不自由を感じた人達の要求から初まりました。(124)

裁縫ができることは、女性が家庭をもち生きていく際、家族のためにも、そしてその後の内職を探す際にも大切な技術だった時代である。若いころから仕事をせざるを得なかったために裁縫を学ぶ機会のなかった女性たちを夜間に集め、裁縫の手ほどきをしていた。

夜間診療部については、当時の結核やトラホームなどの流行をうけ、一九一九（大正八）年に結核予防法やトラホーム予防法が成立し、多くの患者を出している病気に対する予防が社会的に注目されていたという背景がある。明治天皇の下賜金をもとに一九一一（明治四十四）年に設立された救貧医療機関である恩賜財団済生会が、巡回診療班をつくり貧民窟での診療を行っていた。しかし週に一度、昼間だけの診療では、効果をあげることが難しかった。そこで二葉幼稚園が、夜間に診療部を開き、済生会だけでは不十分だった予防や治療にあたることになった。

日本医専を卒へられた永田英祐氏と柳看護婦と当つて居ります、毎週月木土の夜分七時半から九時半迄と予定してあれど大ていは十二時近くになります(125)

週三日夜間に診療を行い、患者の多い日や要望によっては、真夜中まで続けられていたことがわかる。また年報には「全く無料でない方がよいと思ひまして薬価一日分五銭宛徴収いたします(126)」と記されている。診療部も、無償で提供するのではなく少額の薬代をとることにしていた。

もう一つ同時期に設置したのが廉売部だった。第二五回年報によれば、廉売部とは、「必要品廉売、授産、救貧与」であった。

委託資金のうち一千円を運転資金にあてゝ活動して居ります。御寄附の古着類、これも直接園の生活に必要なものは勿論其儘利用いたしますが、其他の物には極めて廉い価をつけて、時折々にバザーを開きます。それは園児の家庭にわかつ一番よい仕方と信じて。一方材料を仕入れてエプロン、袖なし、四ッ身など仕立てさせ、授産の一方法と致します。余り材料の不足の時は公益質舗の流質物を仕入れる事もございます。小資金の貸与、又は或種の救護などのお役目も此部でいたします(127)。

前述のように基本的には無償で物を与えなかった二葉幼稚園であるが、廉価で必需品を売ったり、その販売の仕事を授産として母親たちに与えたり、必要だと判断すれば無償で物資を提供していた。これらの役割は、廉売部として専門の部をつくって行われた。

一九二八（昭和三）年からは、「払下米の廉売」にも着手した。政府の払い下げた米を廉価で下層の人々に売るという取り組みである。

毎夕四時から六時までと凡そ時間を定めてあつかひます。現在は一キロ十三銭。住所、職業、家族数など記入した伝票式のカードをつくり、それをもつて買ひに来るといふやうにして居ります。ずい分遠方から求めに来る人もございます。今漸々手にしたお金を握つて飛び込んで来るおかみさん、五人の家族に一キロ、僅七合のお米ではとても一日分には足りまいに、七人家族のものが二十銭もつて来た。此人は一昨日来たきり、昨日一日はどうして過したかなど、見過しに出来ない一家一家の赤裸々な生活ぶりも見せられて、何とか補ひの方法をとらねばならぬやう示される場合もできて参ります(128)。

米価が上がり、生活に苦しんでいた人々にとって、貴重な食料調達の場となっていたことがうかがえる。一家族だけではできないことも、こうして二葉幼稚園が事業として取り組み、払い下げ米を入手することで可能になっていた。

一九三二（昭和七）年には、五銭食堂を開店した。園児やその家族に限らず、単身の男性なども含め多くの人々に向けて開いた食堂である。

三年前東京聯合婦人会で欠食児の為にと、街頭募金されたものを当方面にもおわかち頂きましたので、分園では附近の充されない母と子の為に昼時食堂を供して見ました。が、これは余り有数でありませんでした。母と子はほんの特殊の事情にある者だけが参りますが、此方から与へたいやうな人は中々参りません。やはり家庭本位に持ちかへらせる方針をとる事の是を知りました。むしろ母のない父子や其辺に居るルンペン氏などが頼り求めて参るのでした。一人が十銭の定食では五人家族で一キロのお米に、一日を過ごさなければならない人達にはちと高価すぎはしないか、何とか十銭がなくとも満腹させる道はないものか。あれこれとたへず考へさせられて居る問題は、遂に一昨年七月三井家三百万円の御提供による東京市の五銭食券が方面委員、紹介所を通して極貧者に分たるゝやうになりましたのを期として、せめて其一枚で一度のお腹が満たさるゝやうにと、わが二葉に五銭食堂開始試みの決心を来させました[129]。

はじめは、母子に向けて家庭の食卓を支える事業を試みたが上手くいかず、家庭を切り盛りすることを母親に指導していくことの方が大切だと考えるようになった。他方で、父子家庭の者や、独り者の男性労働者に有用であると知ることとなった。ちょうど東京市が下層の人々に「五銭食券」

を配ることになったことを受け、その五銭で満足な食事がとれるように、五銭食堂を始めたのである。

一食五銭。丼一杯の御飯とお汁とお皿もの、香のもの、これたけが一揃ひで。前の空家を借り受けまして設備も其儘六畳の土間に二つのテーブルで十二人が満員、朝六時から初めて二時間位づゝ朝昼夜の三度あけまして、夜食の終るのは八時頃。非常に喜ばれまして一時は一日二百人を上りました時期もありましたが、近頃は大底《ママ》百人内外の利用者。別に例のおかずや御飯を買ひに来る者もある。朝飯のあとでお弁当をつめてもらつて行くのもあります。何かなし和やかな空気が出来て参り、お早う御馳走様と挨拶して出入りするといふ風になつて参りました。折に他で酒に酔ふて来て無茶をいふ人、ずるをしやうとする者などありますと私共の手をまつまでもなく、こゝはよその飯やとは異うぞ、そんなづるい者はお互の科を汚しだぞと云ふ様に、お互同志制裁しあひます。今日はどうしても三銭の仕事しかなかつた、明日また稼いで持つて来ますから、と小声に頼んでゆく人もあります。何しろ一食五銭、一月四円五十銭あれば食べて行けるのです[130]。

この五銭食堂は、人々の食生活を支える事業となったのであるが、同時に、人々との交流も生み出していた。挨拶をかわすようになり、迷惑をかける客に対しては常連の者が「こゝはよその飯やとは異うぞ、そんなづるい者はお互の科を汚しだぞ」と声をかけていたというように、下層の人々は二葉幼稚園への信頼と感謝をもってこの食堂を利用するようになった。また、「明日また稼いで持って来ますから」と頼んで食事をしていく人がいたというように、二葉幼稚園の側も、人々を信頼し、生活苦に同情をもって、食事を提供していたことがわかる。前述した残飯屋に代わるような、人々の生活を支える場の創造といえる。

但し経営としては初めました当初は物価がおやすかつた為、材料費だけはずい分工夫さへ致しませば、どうにか足りてゆきましたが、冬になりまた近来の物価では其の材料費だけにも足らぬがちでして、家賃三十五円、手伝人の費用（これも現在の二人は女の手一つで、病夫と子供を養はねばならぬ人々に授産の意味で手伝はせて居ります。）其他で月八、九十円の補足が要ります。特に食堂事業の為にと毎月十五円宛およせ下さる方がございますが、或方々はこれほど必要な仕事の為、家賃三十五円を支出するよりもぜひ園の一部を改造してそれに当てる方がとおすゝめ下さいます。までもなく私共もそれが希望ながら、然う致すにはこゝにまとめて約千五百円、或は二千円の必要をどういたすべきかとまどひます。[131]

上記のように、決して経営に余裕があるから始めた事業ではなかった。資金がギリギリであるにもかかわらず、なんとかできるだけのことをしようと工夫しながら行っていた。

第二五回年報から、事業内容に「人事相談」という項目ができている。それまでも身の上を聞き、何かアドバイスをしたり、支援を行うことは多かったと思われるが、改めて事業の一つとして明記することにしたようである。

敢えて看板をかゞ《ママ》げては居りませんがいろいろの意味で絶えず相談にあづかります。園児の家庭から、附近一般から、広い他方面から、病人の事、失職について、居処について、身上について、其他(132)

幼稚園に関わる父母に限らず、近隣の人々から絶えず相談があったようである。「新たに他所から移転して来て困つて居るのなど見ますと同じ長屋の人達が直ぐ紹介してつれて参ります(133)」という報告も記されている。人々は困ったことがあれば二葉幼稚園に相談に来たり、相談するよう周囲が促すなどしていた。自らの力だけではどうしたらよいかわからないとき、駆け込み寺のような場所として二葉幼稚園が機能していたことがうかがえる。

或時は生活難から行方不明になつた父親をたづねるすべもなき若き母親の三つに足らぬ子供と二人、何とか口ぬらさねばならず、子供連れては工場へも行かれず、困じ果てた末こゝの事聞いたからとて態々新宿から頼つてくる憐れさ、夜業もして漸く二十六銭といふ事余りに気の毒さに、これは特に朝六時から晩十時まで全く先生の子供になつたつもりで外出の折もつれて行かれると云ふ有様、母よりも先生慕うて、寝込みの間を母の背にうつされて帰る、夜中の寝言にもおばちやんとすがりづくんでございますよと、母は涙声によく語り語りして居りましたがこれは一月程で父親が帰つて参り非常に礼を云ふて引きとりました。(134)

何かあったときに相談に乗るだけでなく、実際に上記のようにできるかぎりの手助けをしていた。下層の人々は、自らの力だけでは乗り越えられない困難にぶつかったとき、二葉幼稚園の手を一時的に借りながら、生き延びていた。そして二葉幼稚園の事業は、多くの賛同者と、下層の人々の感謝と協力で成り立っていた。

困難を共有し、助け合う共同性は、こうして二葉幼稚園を軸に、新たに構築されていた。生活苦に追い込まれていく人々が、下層の人々だけでつくっていた貧民窟のような閉じた共同性から、二葉幼稚園を媒介として他の階級にも開かれた共同性へと変化していった。

小括

二葉幼稚園は、侮蔑の対象だった都市下層に、子どもや母子という範疇から焦点を当てることで共感を創造し、支援の手を差し伸べていった。その支援は、幼稚園という教育機関としての立場から行われ、具体的には、子どもが子どもらしく、親が親らしく、そして家族が家族らしく暮らしていけるように教育、支援していくことだった。都市下層家族への共感は、都市下層の人々を、家族らしくつくり変えていくことと、表裏一体だった。

江戸時代には身分と結びついて捉えられていた貧困は、新政府による四民平等によって、貧困である根拠がはぎとられ、新たな意味づけがなされていった。伝染病に対する恐怖と相まって、無学や不道徳がその根拠として浮上し、貧困は恥ずべきものとして捉えられるようになり、貧しい者への差別的な視線が生じるようになった。二葉幼稚園は、そのような蔑視の対象である都市下層に対して、慈善事業を展開していった。

子どもや家族への指導は、事業者たちによる一方的な押しつけとも見えるが、慈善家側の意図だけでは、当然ながら事業は成り立たない。通うことが義務ではない幼稚園が事業を展開し続けるには、通いたいと思い入園して来る者が毎年継続的にいなければならないのである。実際に二葉幼稚園には、通いたいと希望してやってくる都市下層家族がかなりの数存在していた。幼稚園に通うことが当たり前ではなかった時代、二葉幼稚園に通わないという選択肢を取ることも可能だった中で、教育を通した家族関係への介入を受け入れ、二葉幼稚園に通うと決めた都市下層の家族には、彼らなりに、当時の生活苦を生き抜く戦略があった。木賃宿や残飯屋が栄えるほど、衣食住すら難儀であった人が多くいた時代である。二葉幼稚園に通うことは、下層の家族にとって、子どもに食事を与え、遊ばせながら、家族という生活単位を維持して、生き延びるための、貴重な選択肢だった。

慈善家による無償の支援と聞くと、下層の人々が二葉幼稚園を頼り、幼稚園なしには生活できないように依存させていた可能性も思い浮かぶ。しかし二葉幼稚園では、徹底して家族による自立を促していた。寄附された衣類なども無償では与えずバザーを開いたり、貯金の仕方を教えるなど、子どもの卒園後は家族の力で生きていけるようにと配慮していた。母子寮を提供する場合でも、子どもを昼間は幼稚園に通わせ、母親には生活費を稼ぐよう促していた。いったん極貧へと転落した人々が、再び自ら家庭を切り盛りし、生き直す機会を与えていたといえる。二葉幼稚園では、単に子どもを預かる託児ではなく、子どもに教育を施し、下層の家族の生活を変えていった。好き勝手に路上を駆け回り、取っ組み合いをする事しか知らなかった子どもたちは、玩具で遊ぶことを覚え、保姆や大人たちとの礼儀正しい言葉のやりとりを学び、健康を保ち、清潔に過ごす術を知ることとなった。親たちは、子育てを意識し、子どもの健康に気を配り、家庭を切り盛りするようになった。

　下層の人々が家族として自立し、愛情をもって子育てに責任をもって取り組む近代家族へと変容していくとき、彼らは社会の一員としてその存在を認められる。下層でありながらも、国家による排除を巧みに回避し、家族であるという共通の生き方から階級を越えた同情を集め、それまで関わることのなかった人々と社交の場を獲得していった。二葉幼稚園は、新たに人々の交流を生み出し、共に生活を支え合う共同性をつくっていった。二葉幼稚園は、下層の人々にとって、いつでも頼ることのできる駆け込み寺のような場となり、また、下層の人々は、頼りながらも二葉幼稚園の事業を助けようとしていた。下層の人々が家族を維持し、生活できるようにと奮闘する慈善事業と、家族として生き延びるという戦略を持った都市下層との間に新たな共同性を形成することが、二葉幼稚園という事業の生み出した成果であった。

終章　近代国家と慈善事業——「家族」の機能へのひとつの視座

本書では、二葉幼稚園の事例から、慈善事業の動員モデルを検証してきた。第1章で見たように、慈善事業は、天皇制慈恵主義のもとで、政府が対応できなくなった近代化の歪みに対処する役割を、積極的に担っていた。そうした意味では、確かに動員と考えられる側面があり、戦中のあからさまな国家総動員へと展開する以前から、国家と慈善事業には関わりがあった。しかし、天皇制慈恵主義の文脈に便乗することは、国家の意図に無自覚に従順だったことを意味するわけではない。野口幽香や森島峰は、官立の東京女高師や、華族や政府要人の令嬢子息の通う華族女学校での教育には限界を感じ、理想とする教育を実践すべく、二葉幼稚園の設立に踏み切っている。野口たちの思いが、学校教育やキリスト教言説によって感化されたものであることは否めないが、そもそも完全に自発的な主体性はありえない。主体化=服従化自体を批判するのではなく、二葉幼稚園には複数の主体化=服従化があって初めて事業が成り立っていたことに注目するべきである。女性が新しい生き方を求めたとき、キリスト教を背景とする女子教育機関があり、保姆という職業があり、慈善事業という領域が開拓された。キリスト教にとっても、女性の高学歴や社会進出は布教の成果であり、日本の近代化への誇らしい貢献だった。実際に二葉幼稚園に通った下層の家族にとって、衣食住を満たし、なんとか生き延びていくためにこの事業は重要な選択肢であり、生き抜くための戦略だった。こうした様々な思惑は、予算をかけずに社会問題に対応したい政府の方針と巧みに連動し、天皇制とも共存し得た。国家の意図は二葉幼稚園を成り立たせる大きな社会的背景ではあるが、その意図のみによって慈善事業が展開されたわけではない。二葉幼稚園は、クリスチャンが、女性が、下層の家族が、既存の権威ある力を利用しながら、自らの望みを実践し、新たな領野を切り開いていく舞台だった。

二葉幼稚園が多くの賛同を得て事業を継続していく際に重要だったのが、子どもや母、家族といったカテゴリーであった。全く異世界だと感じられていた都市下層も、自分たちと同じように家族を形成し得ると気付いたとき、都市下層は支援の対象として同情を集めた。階級や文化の違いを越え、子どもの境遇を哀れみ、貧困に喘ぐ家族に手を差し伸べたいという主張が、まっとうなものとして多くの人の心に響いた。同情などの私的な感情が動機づけになると、事業の政治性や宗教性は薄れて見える。子どもや母といった概念は、人々の気持ちを揺さぶる力を秘めており、政治的立場や宗教の違いを超えた連帯を可能にしていた。

子どもや母子、家族への同情からはじまった二葉幼稚園は、都市下層が、家族という形態で生き延びていくための指導という形をとって展開した。教育機関である二葉幼稚園は、子どもの言葉使いや遊び方、生活習慣を矯正し、親に子育ての仕方を指導していった。社会悪とされていた下層の文化からの脱却が促されたのである。このように、慈善事業を通して、家族の理想的なあり方を提示し、実践させることは、優しさの仮面をかぶった下層への近代化の強要とも指摘できる。しかし、家族化を促すことは、家族という形式さえ取れれば、過剰な介入を免れるという効果をもっていた。親子がバラバラになれば、子どもは孤児院に収容され、親は社会的逸脱者として蔑視のまなざしから抜け出せない。差別の対象や、自立できない保護の対象として、社会の周縁に追いやられてしまう。二葉幼稚園では実際に、慈善事業に依存することを促したわけではなく、子どもが幼稚園に通う数年間の中で、子どもの卒園後に二葉幼稚園なしでもその家族が社会でなんとか生きていけるよう、指導していた。いったん生活難に陥った人々が、他の階級の人々と共通の家族という生活単位を維持することで支援を獲得し、再び社会の中で自立した生活を手に入れていくことを可能にしていた。

幼稚園がまだ一般的ではなかった時代であり、幼稚園に通うことは義務ではなかった。お弁当作りや貯金など煩わしい義務を課される二葉幼稚園に通うかどうか、下層の人々には選択肢があった。実際に勧誘を拒否して通わなかった人々もいたのであり、通うと決めた人々は、慈善事業を頼ることを選択していたといえる。保姆たちの助けを借りながら、家族として生活し、家計をやりくりすることは、下層の人々にとって、生き抜くための一つの戦略である。慈善事業に介入されるだけでなく、下層の人々も慈善事業を利用し、少しでも安定した生活を手に入れようと奮闘していた。

幼稚園に関わることで、「近代家族」へと徐々に変化していった都市下層は、家族という単位を維持することによって、社会の一員としての居場所を獲得しながら、単に孤立化するのではなく、新たな共同性も創造していった。貧民窟での共同性は、家族という境界が曖昧で、同様の生活状況に追い込まれた者同士の共同性だった。しかし、二葉幼稚園に関わることで、階級差によって閉ざされるのではない、むしろ階級を越えた連帯へと開かれていった。下層の人々は、一方的に二葉幼稚園から支援を受け取るのではなく、その事業を支え、感謝し、困難を分かち合っていた。

このように、動員のメカニズムの影響を受けながらも、そのメカニズムをめぐって生じていることは、慈善事業は動員であると短絡的には結論づけることができないような、複雑さをもっている。国家の意図や天皇の権威を頼ることは、必ずしもそれらに対する盲目的な服従を意味するのではなく、その力を利用した新しい生き方を可能にしていく。慈善事業は、善意や同情といった私的な感情を帯び、その政治性や宗教性が薄らぐからこそ、異なる文脈が交錯し、思惑が共鳴し合う領域となっていた。

こうした二葉幼稚園の分析を通して、近代化の過程における「社会的なもの」のもつ機能を垣間見ることができる。ドンズロは、「家族は、社会的なものの女王であると同時に、その囚人である」と述べている。(1) 本書における都市下層家族も、二葉幼稚園を戦略的に利用し、その事業に影響力をもつと同時に、二葉幼稚園によって近代家族へと導かれていった。近代の天皇制や階級社会を基盤に事業が成立している二葉幼稚園を利用することは、二葉幼稚園の方針を受け入れることでもあり、都市下層にも近代的な心性が浸透していく一つの契機であった。また、第2章でみたように、「社会的なもの」は、新しい共同性を生み出す領域でもある。「社会的なもの」は公的な領域と私的な領域の狭間で、私的な個々の家族がお互いを発見し、支えあう可能性を開いていった。

本書では、二葉幼稚園の保姆たちが残した記録をもとに分析をしており、実際に都市下層の人々が何を考え、感じていたのかは、明確な記録がある訳ではない。二葉幼稚園に残る慈善事業家側の記録からのみ考察してきたことは、本書の研究の限界である。また、二葉幼稚園の成果として、女性の活躍の場が幼児教育や慈善事業という領域へと開かれたことや、下層の人々が家族として生きる選択肢を得たことを、本書では評価した。しかしながら、幼児教育や慈善事業は、家庭での主婦としての役割の延長という側面をもち、男性の領域との住み分けを強化していたとも考えられる。性別役割分業を問うことは、本論の主題ではないが、今後検討していくべき課題である。同様に、近代国家において家族がもつ意味は、改めて考察していくべき課題であろう。本書では、家族という形態をとることによって生き延びるという選択肢を、事業の生み出した生き方の一つとして評価したが、家族という形態をとることがもつ矛盾や暴力もある。近代家族というものを問い直すことも必要である。

また本書は、二葉幼稚園の事例に限定して分析したため、本書の考察が慈善事業やボランティア活動全体に当てはまるとは言い難い。二葉幼稚園の特殊性もあると思われる。しかし、序章でも指摘したように、慈善事業やボランティアと国家への動員を考える際、個別の事例を丁寧に検証していくことは欠かせない。二葉幼稚園が理想的な慈善事業だったと絶賛したいのではなく、不完全ながらも、よりよい社会を目指し、少しずつ変化を生み出していた、という点を重視したい。こうした小さな変化を見落とさず、拾い上げていくことが、慈善事業やボランティアの機能を考えていく上で、非常に重要である。

おわりに

本書で描こうとしたのは、戦前の都市下層の家族についての一つの歴史である。私にとって、日本の近代を問い直すことは、私自身の曾祖母や祖母の生きた時代に思いを馳せることであった。大学で学べば学ぶほど、日本の近代化のあゆみが、いかに暴力的であったか、また、目指していたものがいかに幻想であったか、ということが鮮明になってくる。しかし、日本の近代というものは、見知らぬ人々の遠い世界ではなく、私たちの身近な人の生きた時代でもある。学問として歴史を理論的に扱っていくことの魅力を感じつつも、しかし、その時代を懸命に生きた人々の営みが、まるで他人事のように簡単に批判されてしまうことへの違和感があった。

曾祖母は、私が十八歳の時に九十八歳で亡くなったが、慈善的な奉仕活動に人生を捧げたクリスチャンだった。その長女である祖母は、奉仕活動に奔走する母親に代わり、妹弟の世話をしながら戦中・戦後の大変な時代を必死に生きてきた。記憶に残る曾祖母の姿や、祖母の思い出話を通して感じる日本の近代は、学問の扱う近代と、大きく隔たっている。その隔たりを埋めていくことが必要なのではないか、そこから見えてくる歴史の別の姿があるのではないかと、次第に考えるようになった。その時代その時代を懸命に生きていた人々のことを思うと、人々が志をもって人生を捧げたその生き様は、そう簡単に、理論に回収されてしまうものではないように感じる。曾祖母や祖母の生きた世界を想像することは、当時を生きた人々に寄り添うことであり、そうした人々のまなざしを通して、近代を捉えなおすことである。

また、事例として扱う二葉幼稚園（現・二葉保育園）が四谷にあるということが、私の興味を引いた。四谷は私の生まれ育った町であり、二葉幼稚園は、実家から歩いて数分の場所にある。四谷という町は、今では高級住宅街やビジネス街として知られているが、かつてはスラム街をも含む地域であり、かつ東宮御所にも面し、永田町にも近く政治的にも重要な拠点である、という非常に特殊な土地であった。近年、東京（中央）を中心とした研究に対抗するかたちで、地方史の研究も盛んに行われているが、しかし、そこで批判される東京も、実は多様な文化や歴史を含んでおり、そこで懸命に生きている人々がいる。四谷という町の抱える不思議な雰囲気、独特の文化を感じて育った私には、批判の対象としての東京という学問的位置づけにも腑に落ちないものがあった。東京で育った者だからこそ書ける、地元史としての東京論を書きたいと思っていた。身近な土地の、身近な人々が生きた時代の、物語。そこから私たちは、歴史の豊かさ、そして、これからの社会をつくっていく希望に、触れることができるのではないだろうか。

本書は、二〇一四年一月に筑波大学へ提出した修士論文を加筆修正した原稿が、第一〇回河上肇賞本賞に選ばれ、出版されることとなった。研究者としてはまだまだ未熟で、研究書としても考察が浅く不十分な点もある。それでもこの本が、少しでも誰かの研究の手がかりとなり、また、誰かの悩みや不安に応えるものであってくれたらと思う。私自身、多くの先行研究に導かれ、また、多くの書籍に励まされてきた。

河上肇賞本賞に選んでくださった選考委員の方々に、この場を借りて感謝の意を表したい。選考委員の皆様からの評価が、今後の原動力になっていくと思う。選考委員の一人であった山田登世子先生が、二〇一六年八月にご逝去された。山田先生にこの本をお渡しできなかったことが大変悔やまれる。河上肇賞の授賞式の日、初対面であるにもかかわらず、「茜ちゃん、おめでとう!!」と、まるで恩師との再会のように、手をとって祝してくださった先生の上品で凛としたお姿。「資料と出会った喜びが伝わってくる」と評してくださった先生のあたたかなお言葉。今でも鮮明に覚えている。在りし日の面影を偲び、心から御冥福をお祈りいたします。

出版に至るまでに、本当にたくさんの方のお世話になった。修士論文の指導にあたってくださった佐藤吉幸先生、竹谷悦子先生、清水知子先生をはじめ、多くの先生方や友人に助言をいただいた。当時の私は、まだ研究の仕方も論文の書き方もわからず、必死にもがいていた。先生方による導きと、友人たちとの学び合いなしには書き上げられなかった。ご指導いただき、どうもありがとうございました。また、資料の収集に際して社会福祉法人二葉保育園の遠藤久江先生および百瀬圭吾さんに大変お世話になった。快く資料を閲覧させてくださり、とても感謝している。そして先の見えない研究の道をいつも陰ながら応援してくれ、子育てをしながらも研究を続けられるよう支えてくれる家族に感謝を伝えたい。日々の身近な人の支えなしには、研究生活は続けてこられなかった。まだまだ心配をかけてばかりだが、少しずつ恩返しをしていきたいと思っている。

最後に、なかなか仕上がらない原稿を待ってくださった編集の刈屋琢さん、本当にありがとうございました。これからも、河上肇賞の名に恥じない、地道な研究を続けていけるよう努力したいと思う。

二〇二〇年一月

大石　茜

参考文献

二葉幼稚園発行の一次資料

（社会福祉法人二葉保育園編『二葉保育園八十五年史』二葉保育園、一九八五年、所収）

「私立二葉幼稚園設立主意書　附　規則」一九〇〇年
「私立二葉幼稚園拡張主意書」一九一三年
「二葉保育園改築落成報告書」一九二九年
「私立二葉幼稚園第一回報告」一九〇〇年
「私立二葉幼稚園第二回報告」一九〇一年
「私立二葉幼稚園第三回報告」一九〇二年
「私立二葉幼稚園第四回報告」一九〇三年
「私立二葉幼稚園第五回報告」一九〇四年
「私立二葉幼稚園第六回報告」一九〇五年
「私立二葉幼稚園第七回報告」一九〇六年
「私立二葉幼稚園第八回報告」一九〇七年
「私立二葉幼稚園第九回報告」一九〇八年
「私立二葉幼稚園第十回報告」一九〇九年
「私立二葉幼稚園第十一回報告」一九一〇年
「私立二葉幼稚園第十二回報告」一九一一年
「私立二葉幼稚園第十三回報告」一九一二年
「私立二葉幼稚園第十四回報告」一九一三年
「私立二葉幼稚園第十五年報告」一九一四年
「私立二葉幼稚園第十六年報告」一九一五年
「私立二葉保育園第十七年報告」一九一五年
「二葉保育園第十八年報告」一九一七年
「二葉保育園第十九年報告」一九一八年
「二葉保育園第二十年報」一九一九年
「二葉保育園第二十一年報」一九二〇年
「二葉保育園第二十二年報」一九二一年
「二葉保育園第二十三年報」一九二二年
「二葉保育園第二十五年報」一九二五年
「二葉保育園」一九二八年
「二葉保育園」一九三四年

引用文献

Ariès, Philippe, 1975 *L'enfant et la vie familiale sous l'Ancien Régime*, Paris: Seuil. ＝杉山光信・杉山恵美子訳『〈子供〉

の誕生――アンシァン・レジーム期の子供と家族生活』みすず書房、一九八〇年
生田葵山「幼児の祝会」『少年世界』第九巻四号、一九〇三年
池田敬正「天皇制的慈恵の動揺と再編成」『京都府立大學學術報告 人文』三五号、一九八三年
――『日本社会福祉史』法律文化社、一九八六年
――『日本における社会福祉のあゆみ』法律文化社、一九九四年
岩倉具視「士族授産ノ議」明治文化研究会編『明治文化全集 第六巻 社会篇』日本評論社、一九九二年
岩崎次男編『近代幼児教育史』明治図書、一九七九年
巌谷小波「二葉幼稚園」『少年世界』第六巻四号、一九〇〇年
遠藤興一『天皇制慈恵主義の成立』学文社、二〇一〇年
大井正「近代天皇制と日本の思想」大阪哲学学校編『天皇制を哲学する』三一書房、一九八七年
大塚優子「二葉保育園を通してみる保育と家族援助の本質」純真女子短期大学『純真紀要』第四四号、二〇〇四年
小川澄江「中村正直の女子教育観」『関東教育学会紀要』九号、一九八二年
小川政亮「産業資本確立期の救貧体制」日本社会事業大学救貧制度研究会編『日本の救貧制度』勁草書房、一九六〇年
小田部雄次『昭憲皇太后・貞明皇后――一筋に誠をもちて仕へなば』ミネルヴァ書房、二〇一〇年
落合恵美子『近代家族とフェミニズム』勁草書房、一九八九年
小野芳朗「衛生の諸相」吉田光邦編『一九世紀日本の情報と社会変動』京都大学人文科学研究所、一九八五年
貝出寿美子『野口幽香の生涯』社会福祉法人二葉保育園、一九七四年
角野雅彦「明治後期から大正期のキリスト教主義保育とフレーベル批判」『四国学院論集』一二〇号、四国学院文化学会、二〇〇八年
片野真佐子『皇后の近代』講談社、二〇〇三年
上笙一郎・山崎朋子『光ほのかなれども――二葉保育園と徳永恕』社会思想社、一九九五年
亀口まか「戦前における学齢期の保育の展開――二葉保育園の実践を中心に」日本社会教育学会『日本社会教育学会紀要』第四六巻、二〇一〇年
唐澤富太郎『女学生の歴史』木耳社、一九七九年
神崎清編著「野口幽香」『現代婦人伝』中央公論社、一九四〇年
紀田順一郎『東京の下層社会』筑摩書房、二〇〇〇年
北原糸子『都市と貧困の社会史――江戸から東京へ』吉川

弘文館、一九九五年
工藤英一『日本社会とプロテスタント伝道――明治期プロテスタント史の社会経済史的考察』日本基督教団出版部、一九五九年
――『社会運動とキリスト教――天皇制・部落差別・鉱毒との闘い』日本YMCA同盟出版部、一九七二年
宮内庁編『明治天皇紀　第三巻』吉川弘文館、一九六九年
輿水はる海・外山友子・萩原美代子「女子の運動服の変遷――東京女子高等師範学校に関して」『日本体育学会第三〇回記念大会号』一九七九年
五味百合子編『社会事業に生きた女性たち――その生涯としごと』ドメス出版、一九七三年
――『続　社会事業に生きた女性たち――その生涯としごと』ドメス出版、一九八〇年
国吉栄「東京女子師範学校附属幼稚園創設とキリスト教（Ⅰ）幼稚園草創期を再検討する試みの一環として」『日本保育学会大会研究論文集』四九号、一九九六年
――「幼稚園誕生の時代――関信三の葛藤」『幼児の教育』二〇〇〇年
――『関信三と近代日本の黎明――日本幼稚園史序説』新読書社、二〇〇五年
――『幼稚園誕生の物語――「諜者」関信三とその時代』平凡社、二〇一一年
小林嘉宏「大正期『新中間層』の家庭生活における『子供の教育』」片岡比佐子編『教育と扶養』吉川弘文館、二〇〇三年
笹川紀勝『自由と天皇制』弘文堂、一九九五年
佐波亘編『植村正久と其の時代　第三巻』教文館、一九七六年
――『植村正久と其の時代　第五巻』教文館、一九七六年
宍戸健夫『日本における保育園の誕生――子どもたちの貧困に挑んだ人びと』新読書社、二〇一四年
清水教恵「二葉保育園とその社会事業活動」龍谷大学『龍谷大学論集』第四五一号、一九九八年
下中邦彦編『日本残酷物語　第五部　近代の暗黒』平凡社、一九六〇年
『女学雑誌』復刻版、臨川書店、一八八五―一九〇四年
菅聡子「彼女たちの受難――表象としての〈女の学問〉」『ジェンダー研究――お茶の水女子大学ジェンダー研究センター年報』二〇〇一年
――「国家と女学生――東京女子高等師範学校を事例として」『お茶の水女子大学人文科学研究』四号、二〇〇八年
隅谷三喜男「日本資本主義と労働市場」『日本の労働問題』東京大学出版会、一九六九年

全日本私設社会事業連盟調査部「私設社会事業従事員待遇調査」一九三五年、社会福祉調査研究会編『戦前日本社会事業調査資料集成　第九巻』勁草書房、一九九四年
田代国次郎・菊池正治編『日本社会福祉人物史（上）（下）』相川書房、一九八九年
中央社会事業協会「社会事業従事員統計摘要」一九二三年、社会福祉調査研究会編『戦前日本社会事業調査資料集成　第九巻』勁草書房、一九九四年
――『日本の社会事業』中央社会事業協会、一九三九年
――『戦前期社会事業基本文献集44　財団法人中央社会事業協会三十年史』一九九六年
中央職業紹介事務局編『職業婦人調査　女給』中央職業紹介事務局、一九二六年
――『東京大阪両市に於ける職業婦人調査　タイピスト・事務員・交換手・店員、看護婦・産婆』中央職業紹介事務局、一九二七年
塚田理『天皇制下のキリスト教――日本聖公会の戦いと苦難』新教出版社、一九八一年
東京市社会局編『職業婦人に関する調査』東京市社会局、一九二四年
東京市役所『婦人職業戦線の展望』白鳳社、一九三一年
東京女子高等師範学校編『東京女史高等師範学校六十年史』東京女子高等師範学校、一九三四年
遠矢徹志「富士見町教会史抄」日本プロテスタント史研究会編『日本プロテスタント史の諸問題』雄山閣、一九八三年
Donzelot, Jacques, 1977 *La Police des Familles*. Paris: Minuit＝宇波彰訳『家族に介入する社会――近代家族と国家の管理装置』新曜社、一九九一年
内務省地方局編『感化救済事業講演集（上）』一九〇九年
中川清『日本の都市下層』勁草書房、一九八五年
――「戦前東京の都市下層」林武・古野屋正伍編『都市と技術』国際書院、一九九五年
中西和子「研究ノート　二葉幼稚園から二葉保育園へのあゆみに関する一考察――養護と教育を併せ持つ保育とネットワーク作りの模索」幼児教育史学会『幼児教育史研究』第四号、二〇〇九年
中野敏男『大塚久雄と丸山眞男――動員、主体、戦争責任』青土社、二〇〇一年
中村青史『民友社の文学』三一書房、一九九五年
中村正直「善良ナル母ヲ造ル説」『敬宇中村先生演説集』松井忠兵衛、一八八八年
――「敬天愛人説」『敬宇文集　巻二』吉川弘文館、一九〇三年
成田龍一「近代都市と民衆」『都市と民衆』吉川弘文館、一九九三年

――「文明／野蛮／暗黒」吉見俊哉編『都市の空間 都市の身体』勁草書房、一九九六年
仁平典宏『ボランティアの誕生と終焉』名古屋大学出版会、二〇一一年
日本プロテスタント史研究会『日本プロテスタント史の諸問題』雄山閣、一九八三年
橋川喜美代「アメリカ無償幼稚園運動とペスタロッチ・フレーベル・ハウス」『鳴門教育大学研究紀要』第二五巻、二〇一〇年
浜野兼一「東京女子師範学校における保育者養成の試み――「保姆練習科」をめぐる史的考察」『上田女子短期大学紀要』三四号、二〇一一年
速水融『歴史人口学で見た日本』文藝春秋、二〇〇一年
原敬「救恤論」明治文化研究会編『明治文化全集　第六巻　社会篇』日本評論社、一九九二年
原武史『可視化された帝国――近代日本の行幸啓』みすず書房、二〇〇一年
原田朋香「松野クララの経歴――先行研究の整理に基づいて」武庫川女子大学『教育学研究論集』五号、二〇一〇年
ひろたまさき『差別の諸相』岩波書店、一九九〇年
福沢諭吉『学問のすゝめ』岩波書店、一九四二年
フジタニ、タカシ・米山リサ訳『天皇のページェント――近代日本の歴史民族誌から』日本放送出版協会、一九九四年
藤森照信『明治の東京計画』岩波書店、一九九〇年
『風俗画報　新撰東京名所図会第卅九編　四谷区之部　上』臨時増刊第二七七号、東陽堂、一九〇三年
「二葉幼稚園に於ける廃物利用」『幼児の教育』二二巻一二号、一九二二年
前田愛『都市空間のなかの文学』筑摩書房、一九八二年
松川由紀子「一九世紀末カリフォルニアの無償幼稚園運動とわが国への影響――森島峰とカリフォルニア幼稚園練習学校を中心に」『山口女子大学研究報告　第一部　人文・社会学科』一三号、一九八七年
――「森島峰とカリフォルニア幼稚園練習学校」『日本保育学大会研究論文集』四〇号、一九八七年
松原岩五郎、神郡周校注『古典文庫　最暗黒の東京』現代思潮社、一九八〇年
松本園子「野口幽香と二葉幼稚園（1）――先行研究の検討」『淑徳短期大学研究紀要』第四六号、二〇〇七年
――「『園誌』にみる二葉幼稚園創設期の運営」東京社会福祉史研究会『東京社会福祉史研究』創刊号、二〇〇七年
松山恵・伊藤裕久「明治期における四谷鮫河橋の都市空間構造――近世町方場末と近代『スラム』の都市空間にお

ける連続性と変質過程　四谷鮫河橋を事例に（2）」社団法人日本建築学会『日本建築学会関東支部顕幽報告集』六九号、一九九九年
宮城栄晶・大井ミノブ編著『新稿日本女性史』吉川弘文館、一九七四年
宮坂靖子「日本における近代家族論の受容とその展開」『奈良大学紀要』第三九号、二〇一一年
牟田和恵『戦略としての家族――近代日本の国民国家形成と女性』新曜社、一九九六年
森岡清美『日本人の行動と思想8　日本の近代社会とキリスト教』評論社、一九七六年
安岡憲彦『近代東京の下層社会――社会事業の展開』明石書店、一九九九年
山川菊栄『女二代の記――わたしの半自叙伝』日本評論新社、一九五六年
山田博光編著『民友社思想文学叢書 第五巻 民友社文学集1』三一書房、一九八四年
山之内靖・ヴィクター・コシュマン・成田龍一『総力戦と現代化』柏書房、一九九五年
横山源之助「共同長屋探見記」中川清編『明治東京下層生活誌』岩波書店、一九九四年
――『日本の下層社会』岩波書店、一九四九年
吉川利一『津田梅子伝』津田塾同窓会、一九五六年
吉田久一『日本社会福祉思想史』川島書店、一九八九年
――『社会福祉と日本の宗教思想』勁草書房、二〇〇三年
吉田久一・一番ヶ瀬康子・小倉襄二・柴田善守『人物でづる近代社会事業の歩み』社会福祉法人全国社会福祉協議会、一九七一年
「六合雑誌発行ノ趣意」『六合雑誌』第一号、不二出版、一八八〇年
若桑みどり『皇后の肖像――昭憲皇太后の表象と女性の国民化』筑摩書房、二〇〇一年

注

序章

（1）先行研究として、岩崎（一九七九）、大塚（二〇〇四）、清水（一九九八）、松本（二〇〇七）、中西（二〇〇九）、亀口（二〇一〇）、汐見稔幸他（二〇一七）などがある。人物研究や幼児教育の文脈とは異なる研究として、安岡憲彦『近代東京の下層社会――慈善事業の展開』（明石書店、一九九九年）がある。安岡は、明治前期の貧民窟を、「都市雑業層」として、後の産業革命との関連で捉えている。雑居層とは、隅谷三喜男（一九六九）で提示された都市下層の捉え方である。日雇いなどの下層の雑多な職業層を指し、産業革命時にその担い手として浮上する層のプールと考えられている。

（2）仁平典宏『ボランティアの誕生と終焉』名古屋大学出版会、二〇一一年、二頁。

（3）山之内靖・ヴィクター・コシュマン・成田龍一『総力戦と現代化』柏書房、一九九五年。中野敏男『大塚久雄と丸山眞男――動員、主体、戦争責任』青土社、二〇〇一年など。

第Ⅰ部　天皇制とキリスト教

第1章　慈善事業を支えた天皇制とキリスト教

（1）神崎清編著『現代婦人伝』中央公論社、一九四〇年、五八―五九頁。

（2）同前、六一頁。

（3）同前、五九頁。

（4）貝出寿美子『野口幽香の生涯』社会福祉法人二葉保育園、一九七四年、四一―四二頁。

（5）「私立二葉幼稚園第十五年報告」一九一四年、四頁。

（6）貝出寿美子、前掲書、二六頁。

（7）『二葉保育園八十五年史』五三頁。

（8）同前、五四―五五頁。

（9）貝出寿美子、前掲書、六三―六四頁。

（10）前掲『二葉保育園八十五年史』五八頁。

（11）貝出寿美子、前掲書、七六頁。

（12）上笙一郎・山崎朋子『光ほのかなれども――二葉保育園と徳永恕』社会思想社、一九七四年、六九―七一頁。

(13) 前掲『二葉保育園八十五年史』五八頁。
(14) 同前、五九頁。
(15) 同前、五五頁。
(16) 同前。
(17) 工藤英一『日本社会とプロテスタント伝道——明治期プロテスタント史の社会経済史的考察』日本基督教団出版部、一九五九年、二四〇—二四一頁。
(18) 佐波亘編『植村正久と其の時代　第五巻』教文館、一九七六年、八六六頁。
(19) 佐波亘編『植村正久とその時代　第三巻』教文館、一九七六年、八四頁。
(20) 遠矢徹志「富士見町教会史抄」日本プロテスタント史研究会編『日本プロテスタント史の諸問題』雄山閣、一九八三年、二八八頁。この投票に参加していた太田たけ子の日記には、植村夫人が選ばれたが本人が頑なに拒んだため改選し、呉クミ子と高原梅子に決まったと書かれている(佐波亘、前掲『植村正久とその時代　第三巻』九九—一〇〇頁)。
(21) 遠矢徹志、前掲、二九〇頁。
(22) 池田敬正『日本における社会福祉のあゆみ』法律文化社、一九九四年、四二頁。
(23) 同前、五七頁。
(24) 池田敬正『日本社会福祉史』法律文化社、一九八六年、一九二頁。
(25) 同前、一九四頁。
(26) 「天下億兆安泰」として知られる岩倉の見解。笹川は「下から上に向かってあるべき徳の追求があり、それは頂点に達して、人民に降下する」という徳によるつながりを説いていると指摘している(笹川紀勝『自由と天皇制』弘文堂、一九九五年)。臣民も政府も、天皇の徳を循環させていかなければならないのである。
(27) 池田敬正、前掲『日本における社会福祉のあゆみ』九五頁。
(28) 小川政亮「産業資本確立期の救貧体制」日本社会事業大学救貧制度研究会編『日本の救貧制度』勁草書房、一九六〇年、一四三頁。
(29) 吉田久一『日本社会福祉思想史』川島書店、一九八九年、四二八頁。
(30) 部落有財産町村基本財産化や納税体制の確立によって、国税の増徴と官僚支配の旧村秩序への浸透が目指された(池田敬正、前掲『日本における社会福祉のあゆみ』九七頁)。
(31) 池田敬正「天皇制的慈恵の動揺と再編成」『京都府立大學學術報告　人文』三五号、一九八三年、一七四—一七五頁。
(32) 池田敬正、前掲『日本における社会福祉のあゆみ』

一〇〇頁。
(33) 同前、九七頁。
(34) 内務省地方局編『感化救済事業講演集(上)』一九〇九年。
(35) 池田敬正、前掲書、一〇一頁。
(36) 池田敬正、前掲「天皇制的慈恵の動揺と再編成」一七四―一七五頁。
(37) 同前、一九五頁。
(38) 池田敬正、前掲『日本における社会福祉のあゆみ』一二六―一二七頁。
(39) 同前、一〇一頁。
(40) 同前、九三頁。
(41) 中央社会事業協会『戦前期社会事業基本文献集44 財団法人中央社会事業協会三十年史』一九九六年、一〇九頁、所収。
(42) 池田敬正、前掲書、九三頁。
(43) 小川政亮、前掲「産業資本確立期の救貧体制」一四五―一四六頁。
(44) 同前、一四六頁。
(45) 池田敬正、前掲書、一三〇頁。
(46) 中央社会事業協会編著『日本の社会事業』中央社会事業協会、一九三九年、所収。
(47) 池田敬正、前掲書、一三〇頁。
(48) 同前、九八頁。
(49) 「私立二葉幼稚園第十回報告」一九〇九年、九頁。
(50) 「二葉保育園第二十三年報」一九二二年、三頁。
(51) 「二葉保育園第二十五年報」一九二五年、五頁。
(52) 「私立二葉保育園第十七年報告」一九一五年、一八頁。
(53) 「二葉保育園第二十二年報」一九二一年、二頁。
(54) 前掲「二葉保育園第二十五年報」一八頁。
(55) 「私立二葉幼稚園第六回報告」一九〇五年、六頁。
(56) 松山恵・伊藤裕久「明治期における四谷鮫河橋の都市空間構造――近世町方場末と近代『スラム』の都市空間における連続性と変質過程　四谷鮫河橋を事例に(二)」社団法人日本建築学会『日本建築学会関東支部研究報告集』六九号、一九九九年。
(57) 「二葉保育園第二十年報」一九一九年、一頁。
(58) 同前。
(59) 原武史『可視化された帝国――近代日本の行幸啓』みすず書房、二〇〇一年、一一頁。
(60) 前掲「私立二葉保育園第二十年報」一頁。
(61) 神崎清、前掲書、六一頁。
(62) 吉田久一『社会福祉と日本の宗教思想』勁草書房、二〇〇三年、二二四頁。
(63) 同前、二二五頁。
(64) 大井正「近代天皇制と日本の思想」大阪哲学学校編『天

皇制を哲学する』三一書房、五三頁。
(65) 同前。大井は「天皇が国民に遠い、その意味で神になるのは、わたしは第二次大戦に入ってからだと思います。たしか皇紀二五〇〇年記念のときだったと思うが、その祭典の映画には天皇の上半身が幕で隠されて、足しか映されていなかったのです。これなどは天皇は国民から引き離された形での神なのだって、戦後の天皇人間宣言はこういう歴史的意味での神からの解放であったのだと、思うのです。」と述べている。天皇は、明治の初めから神聖化されたのではなく、戦中に特に神秘化されたようである。
(66) 同前。
(67) 塚田理『天皇制下のキリスト教――日本聖公会の戦いと苦難』新教出版社、一九八一年、一〇六―一〇七頁。
(68) 工藤英一『社会運動とキリスト教――天皇制・部落差別・鉱毒との闘い』日本YMCA同盟出版部、一九七二年、四頁。
(69) 塚田理、前掲書、九二頁。
(70) 池田敬正、前掲書、七五頁。
(71) 吉田久一、前掲書、二四四頁。
(72) 同前。池田敬正、前掲書、七五頁。
(73) 吉田久一、前掲書、二四五頁。
(74) 同前、二四三頁。
(75) 「私立二葉幼稚園設立主意書」一九〇〇年、一―二頁。

第2章　女性による慈善事業の実現

(1) 上巻が戦前、下巻が戦後に活躍した人物の紹介となっている。下巻で紹介されている四四人のうち女性は、海野しげ子、小野和子、沼田多美、高梨はな、石井綾子、藤勝ハツヨ、平野恒、ドロシー・デッソー、保良せき、渡辺ツイ、平野松枝、一一名と、夫婦で紹介されているのが、辻本繁・モト、八雲龍震・数枝の二組である。
(2) 中央社会事業協会「社会事業従事員統計摘要」社会福祉調査研究会編『戦前日本社会事業調査資料集成第九巻』勁草書房、一九九四年、四四一―四七八頁、所収。
(3) 同前、四四三頁。
(4) 全日本私設社会事業連盟調査部「施設社会始業従事員待遇調査」社会福祉調査研究会編『戦前日本社会事業調査資料集成　第九巻』勁草書房、一九九四年、四七九―四九二頁、所収。
(5) この文献は、当人の語り口調で書いてはあるものの、神崎によって手直しされている。あとがきには、「最初に談話筆記をとる。一回ですむこともあれば、三四回足を運ぶこともある。(中略) しかし、談話筆記だけでは、どうしても不十分である。勿論、談話筆記は、伝記の最も重要な材料ではあるが、私にとっては、まだ素材であるにすぎない。ノートを整理して、年代や事実の食ひちがひ、記憶のあやまりを正し、更に私の手で集めた参考資料や補助文献をそのなかに溶かしこんで、一そう正確且豊富なものにして行くのである」と書かれており（五一五―五一六頁）、こうして訂正を加えたのち、「原稿ができあがると、御本人に一度眼を通してもらつて、雑誌に発表」したという（五一七頁）。

（6）ただし、野口の父は分家しており、砲を撃つことはなく、文に優れていたため藩の外交にあたっていた（神崎清、前掲書、三四頁）。

（7）貝出寿美子、前掲書、一〇頁。

（8）同前、一一頁。

（9）神崎清、前掲書、四四―四五頁。

（10）野口の弟、孫市は、中学卒業後に大阪大学分校第三高等学校で学び、一八九一（明治二十四）年東京帝国大学造家学科に入学、二七年に卒業し大学院に一年在籍し耐震構造の研究を行い、逓信省に勤務。その後、住友の技師となり欧米を視察し、大阪府立図書館や心斎橋、須磨海岸の住友別邸の設計者として知られる。貴族院議員で文相だった久保田譲の長女と結婚三男三女の父となった。大正四年に工学博士の学位を受けたが、その年病に倒れ四十八歳の若さで亡くなっている（貝出寿美子、前掲書、六一―六二頁）。

（11）神崎清、前掲書、四六頁。

（12）同前、四七頁。

（13）同前。

（14）同前、五三頁。

（15）同前。

（16）同前、三七頁。

（17）同前、五四頁。

（18）同前。

（19）貝出は、両親の他界だけでなく、失恋の悲しみも一因として挙げている（貝出寿美子、前掲書、二九―三一頁）。

（20）入学当時、一八八五（明治十八）年、東京女子師範学校という名称だったが、同年八月には東京師範学校と合併し女子部となり、男子のみだった東京師範学校女子部は男子と同様のカリキュラムとなった。一八八七（明治二十）年には師範学校令が公布され、東京師範学校は高等師範に格上げとなった。一八九〇（明治二十三）年に東京高等師範学校と分離独立し、東京女子高等師範となった。野口が卒業する頃には、入学当初とは名称や制度も変わっていた。

（21）神崎清、前掲書、五五頁。

（22）同前。

(23) 上笙一郎・山崎朋子、前掲書、六〇頁。
(24) 同前、六二頁。
(25) 前掲『二葉保育園八十五年史』一八—一九頁、上笙一郎・山崎朋子、前掲書、六七—六八頁。
(26) 吉川利一『津田梅子伝』津田塾同窓会、一九五六年、一六八、一九一頁。
(27) 津田梅子資料室で閲覧できた手紙三通は、①一八九一年十月十四日（和文）森島みね子→津田梅子（オスウィゴー師範学校留学中）、②一八九二?年三月二十七日（英文）Mineko Morishima（Berkley）→津田梅子（ブリンマー大学留学中）、③一八九五年春頃、日付不明（英文）Mineko Morishima→津田梅子（在日本）である。
(28) 上笙一郎・山崎朋子、前掲書、七一頁。
(29) 次男方郎は「フクイン会」と聞いた気がすると語っているが、上・山崎は、おそらく「福田会」のことだろうと結論づけている（同前、七三—七五頁）。
(30) 方郎のあくまで推測であるが、峰自身もそこで拾われた孤児である可能性があると指摘されている。戸籍上、峰は森島家の長女であるが、自身の姉であると紹介して子どもたちに会わせていた女性（細川と名乗り、日本橋に住んでいた）がいること、峰の両親が肉親とは思えないほど細やかに峰に気を配っていたことが気にかかると語っている（同前、六〇—六五頁）。
(31) 松川由紀子「森島峰とカリフォルニア幼稚園練習学校」『日本保育学大会研究論文集』四〇号、一九八七年、一二頁。
(32) 同前。
(33) 同前。
(34) 同前。
(35) 同前。
(36) 上笙一郎・山崎朋子、前掲書、六六頁。
(37) 同前。
(38) 前掲『二葉保育園八十五年史』では一八八〇年となっている。
(39) 松川由紀子、前掲、一二頁。
(40) 橋川喜美代「アメリカ無償幼稚園運動とペスタロッチ・フレーベル・ハウス」『鳴門教育大学研究紀要　第二五号』二〇一〇年、四四頁や、岩崎次男『フレーベル教育学の研究』玉川大学出版部、一九九九年、三九二—三九三頁でも同様に紹介されている。
(41) 松川由紀子、前掲、一二頁。
(42) 前掲『二葉保育園八十五年史』二〇頁。
(43) 松川由紀子、前掲、一二頁。
(44) 同前、一二—一三頁。
(45) 神崎清、前掲書、五三頁。
(46) 前掲『二葉保育園八十五年史』二〇—二一頁。

(47) 松川由紀子「一九世紀末カリフォルニアの無償幼稚園運動とわが国への影響――森島峰とカリフォルニア幼稚園練習学校を中心に」『山口女子大学研究報告　第一部　人文・社会科学』一三号、一九八七年。
(48) 上笙一郎・山崎朋子、前掲書、一五二頁。
(49) 山川菊栄『女二代の記――わたしの半自叙伝』日本評論新社、一九五六年、一二一―一二三頁。
(50) 同前、一四〇頁。
(51) 同前、一五五頁。
(52) 同前、一五五頁。
(53) 同前、一四〇頁。
(54) 同前、一五六頁。
(55) 同前、一二一―一二三頁。
(56) 上笙一郎・山崎朋子、前掲書、一五七頁。
(57) 五味百合子編、前掲書、二〇九頁。
(58) 上笙一郎・山崎朋子、前掲書、一四四―一四五頁。
(59) 同前、一四六頁。
(60) 同前、一四七頁。
(61) 同前、一四八頁。
(62) 「私立二葉幼稚園第一回報告」一九〇〇年、二頁。
(63) 「私立二葉幼稚園第十一回報告」一九一〇年、九―一〇頁。
(64) 「私立二葉幼稚園第七回報告」一九〇六年、六頁。
(65) 安岡憲彦、前掲書、三二頁。
(66) 菅聡子「国家と女学生――東京女子高等師範学校を事例として」『お茶の水女子大学人文科学研究』二〇〇八年。
(67) 東京女子高等師範学校編『東京女史高等師範学校六十年史』東京女子高等師範学校、一九三四年、三三頁。
(68) 菅聡子「彼女たちの受難――表象としての〈女の学問〉」お茶の水女子大学ジェンダー研究センター年報『ジェンダー研究』第四号、二〇〇一年。
(69) 一八七五（明治八）年から一八七九（明治十二）年は、「男袴」（紺の粗い縦じまの小倉袴）を着ていた。その後「着流し」になり、欧化主義の時期には洋服（ワンピース、靴）に代わっている（輿水はる海、外山友子、萩原美代子「女子の運動服の変遷――投稿女子高等師範学校に関して」日本体育学会大会、三〇号、一九七九年）。
(70) 唐澤富太郎『女学生の歴史』一九七九年、木耳社、四三頁。
(71) 菅聡子、前掲。
(72) 森岡清美『日本人の行動と思想8　日本の近代社会とキリスト教』評論社、一九七六年、二六三頁。
(73) 小川澄江「中村正直の女子教育観」『関東教育学会紀要』九号、一九八二年、二五頁。
(74) 中村正直「善良ナル母ヲ造ル説」『敬宇中村先生演説

集』松井忠兵衛、一八八八年。
(75) 同前。
(76) 中村正直「敬天愛人説」『敬宇文集　巻二』吉川弘文館、一九〇三年、所収。
(77) 中村正直と関信三（東京女高師附属幼稚園初代監事（園長））のキリスト教を通した出会いについては、国吉栄『関信三と近代日本の黎明――日本幼稚園史序説』（新読書社、二〇〇五年）及び『幼稚園誕生の物語――「諜者」関信三とその時代』（平凡社、二〇一一年）に詳しい。
(78) 「発行の主旨」『女学雑誌』第一号、一八八五年。
(79) 前掲「私立二葉幼稚園第十一回報告」一四―一五頁。
(80) 政府は欧米での視察から、中上流向けの幼稚園ではなく、下層向けの簡易な保育法による貧民幼稚園の普及を考えており、「貧民幼稚園」を奨励し、一八九二（明治二十五）年東京女子師範学校附属幼稚園分室が設立された。しかし、実際には、東京女子師範学校側は、下層の人々のためではなく、資金源の少ない地方でも実践できるような幼稚園の模範を示すことと、師範学校の生徒に保姆の訓練をさせることを目的に幼稚園分室を設置していたというずれがあった。
(81) 一八五三―一九三一年。ドイツに留学していた松野礀と知り合い、松野を追って来日し結婚。日本の幼児教育に貢献。フレーベルの直伝とも言われていたが、フレーベルは一八五二年に亡くなり、松野クララは一八五三年に生まれているため、今日では否定されている。しかしながら、彼女の経歴については、不明な点が非常に多い（原田朋香「松野クララの経歴――先行研究の整理に基づいて」武庫川女子大学大学院『教育学研究論集』第五号、二〇一〇年）。
(82) 浜野兼一「東京女子師範学校における保育者養成の試み――「保姆練習科」をめぐる史的考察」『上田女子短期大学紀要』三四号、二〇一一年。
(83) 貝出寿美子、前掲書、四〇頁。
(84) 角野雅彦「明治後期から大正期のキリスト教主義保育とフレーベル批判」『四国学院論集』一二〇号、四国学院文化学会、二〇〇八年、三三頁。
(85) フレーベルは牧師の息子であり、キリスト教的世界観に強く影響を受けて育っているが、そのキリスト教理解は、伝統的な解釈とは異なっていた。本場ドイツにおいて、フレーベルの宗教観が子どもたちを無神論へと導く恐れがあるとしてキンダーガーデンを禁止したことからもうかがえるように、特殊なキリスト教解釈であったと言われている。
(86) 明治後期から、そうしたキリスト教系のフレーベル主義を批判し、アメリカの進歩主義教育の影響を受けた幼児教育を推進する立場も出てくる。しかし、角野によれば、「フレーベル主義は大幅に再検討を迫られることになったのだが」（角野雅彦、前掲、二七頁）、「じつは保育の根底にある子ども観や理念、そして精神という部分でフレーベル主義は継承され、絶えることはなかった」（同前、四七頁）という。幼児教育の前提として共有される教育観、子ども観が、フレーベル思想に見出されていたといえる。

(87) ただし、日本で最初の幼稚園である東京女高師附属幼稚園とキリスト教との関わりは、特殊である。幼稚園の創設に尽力し、東京女高師附属幼稚園において初代監事（園長）を務めた関信三は、政府によるキリスト教講者、すなわちキリスト教に対する密偵であった（別名、安藤劉太郎。横浜で諜報活動をしていた頃の偽名）。スパイとしてクリスチャンのコミュニティに入っていき、反政府的な動きがないかを調べることが彼の仕事であった。国吉栄「幼稚園誕生の時代――関信三の葛藤」『幼児の教育』二〇〇〇年、及び、国吉栄「東京女子師範学校附属幼稚園創設とキリスト教」『日本保育学会大会研究論文集』四九号、一九九六年に詳しい。

(88) 片野真佐子『皇后の近代』講談社、二〇〇三年、七〇―七一頁。

(89) 小田部雄次『昭憲皇太后・貞明皇后――一筋に誠をもちて仕へなば』ミネルヴァ書房、二〇一〇年、六七頁。

(90) 片野真佐子、前掲書、一三頁。

(91) 菅聡子、前掲「国家と女学生」四二頁。

(92) 宮内庁編『明治天皇紀』第三、吉川弘文館、一九六九年、五三八頁。

(93) 菅聡子、前掲など。

(94) 片野真佐子、前掲書、三二頁。

(95) 若桑みどり『皇后の肖像――昭憲皇太后の表象と女性の国民化』筑摩書房、二〇〇一年、二五七頁。

(96) 片野真佐子、前掲書、六九頁。

(97) 小田部雄次、前掲書、三〇六―三〇七頁。

(98) 貝出寿美子、前掲書、六六―六七頁。

(99) 同前、八一頁。

(100) 同前、八三頁。

(101) 同前、八七頁。

第Ⅱ部　都市下層の近代家族化

第3章　「貧民」へのまなざしの変化

(1) 宿屋取締規則による不良住宅の制限によって、それまでの貧民窟から多くの人々が移っていき、新たに貧民窟が形成されていった。

(2) 『風俗画報　新撰東京名所図会第卅九編　四谷区之部　上』臨時増刊第二七七号、東陽堂、一九〇三年、二五頁。

(3) 桜田文吾の『貧天地饑寒窟探検記』と松原の『最暗黒の東京』は、横山源之助『日本之下層社会』の先駆と言われる。特に松原の、貧民窟を暗黒として捉えたルポルタージュの重要性は、前田愛によって指摘されている(前田愛『都市空間のなかの文学』筑摩書房、一九八二年)。

(4) 山田博光編著『民友社思想文学叢書　第五巻　民友社文学集 1』三一書房、一九八四年、四二〇頁。

(5) 松原岩五郎、神郡周校注『古典文庫　最暗黒の東京』現代思潮社、一九八〇年、八頁。

(6) 山田博光、前掲書、四四一頁。

(7) 中村青史『民友社の文学』三一書房、一九九五年、二七三頁。

(8) 山田博光、前掲書、四二二頁。

(9) 同前、一四頁。

(10) 同前、一五頁。

(11) 同前、二〇頁。

(12) 前田愛、前掲書、一九五頁。

(13) 成田龍一「文明/野蛮/暗黒」吉見俊哉編『都市の空間 都市の身体』勁草書房、一九九六年、二八—二九頁。

(14) 成田龍一によれば、富や健康と結びつけられる文明は、文明とは何かという定義によってではなく、貧困や病気、不道徳などの野蛮と対をなすことで定義される概念であり、野蛮と表裏一体である。言い換えれば、文明/野蛮は、共に社会の内部である。成田の指摘は、貧民窟を、社会の内部に位置する野蛮とは異なる領域として、「暗黒」という外部として位置づけるものである。成田の言う、文明/野蛮という社会内の表裏一体の概念は、空間ではなく、行為として摘発される。文明という規範を示した一八七二年から順次公布された「違式詿違条例」のように、法令や新聞報道を通して野蛮が説明された。野蛮は、前近代的な慣習やふるまい、自己の内面が抑制できない粗暴な行為、近代的知識の欠如として示された。違式詿違条例は、巡査による拘引と罰金という金銭・身体を通じて、人々に文明/野蛮の線引きを教えこんだとも指摘される。ただし成田は、「むろん、暗黒も文明によって捕捉され記述されるのであり、暗黒とて文明の引力圏内にはある」という保留する(成田龍一、前掲)。

(15) 横山源之助は一八九九(明治三十二)年に『日本之下層社会』を出版した。タイトルからもわかるように、松原の描いた「暗黒」として捉えた貧民窟を「下層」と位置づけた。貧民窟は、異質な、社会の外部の空間から、社会の内部として認識されていった(貧困者が社会の内部と把握される一方で、植民地が暗黒として描かれるようになる)。さらに横山は、下層は、社会によって生み出された問題だという認識を持っていく。政府も貧困の位置づけを探るようになり、社会調査を行っていく。貧困は次第に社会問題として捉えられていった。

(16) 北原糸子『都市と貧困の社会史――江戸から東京へ』吉川弘文館、一九九五年、八頁。

(17) 藤森照信『明治の東京計画』岩波書店、一九九〇年、七三頁。

(18) ひろたまさき『差別の諸相』岩波書店、一九九〇年、四四四頁。

(19) 藤森照信によれば、当時の火事は、今日想像するようなものとは異なり、一つの経済だった。火事があれば、屑拾の仕事や、大工などの建築に関する仕事が繁昌した。建てては燃える火事による循環は、多くの仕事を生み出していた。防火の急速な整備は、新しい経済循環を目指した都市建設の一環と言える(藤森照信、前掲書、五三―五四頁)。

(20) 紀田順一郎『東京の下層社会』筑摩書房、二〇〇〇年、一〇〇―一〇一頁。

(21) 橋本町は、元は拝領地であったが、明暦大火の後町家になり、江戸としては比較的新しい商住地区だった。文政の頃から願人をはじめ、さまざまな低所得者層がこの地に流入するようになったという(紀田順一郎、前掲書、一〇一頁)。

(22) 藤森照信、前掲書、六六頁、七三頁、紀田順一郎、前掲書、一〇一頁。

(23) 一八八一(明治十四)年の東京防火令は、既存家屋を規制した。防火令の内容は、路線防火制と屋上制限制の二つからなる。路線防火制では、主要な大通りと運河を定め、それらに面した家屋の構造を制限した。煉瓦造、石造、土蔵造に限られ、出入り口や窓も不燃材質を使うよう指示された。屋上制限制は、火の粉が屋根に降りかかって火が拡大するのを防ぐための規制で、日本橋区、神田区、麹町区などの範囲に適用された。一八八七(明治二十)年にこの計画は完了し、大火は一気に減ることになった(藤森照信、前掲書、七四頁)。

(24) 藤森照信、前掲書、七〇頁。

(25) 東京防火令で定められた、家屋の構造に制限がかけられた地域。

(26) 藤森照信、前掲書、七二頁。

(27) 同前、七〇頁。

(28) 同前、七一頁。

(29) 紀田順一郎、前掲書、一〇三―一〇四頁。

(30) その後、西村勝三ら実業家たちが収容中の乞食の将来のためにと、その金で上野山内に施設を設けるように運動した。これがのちの東京市養育院で、低所得者層向け福祉施設のはしりとされる。
(31) 前田愛、前掲書、一八九頁。
(32) 天然痘は、一八七四―七五（明治七―八）年に大流行して、その後も一八八五―八六（明治十九―二十）年、一八九二―九三（明治二十五―二十六）年に流行し、特に一八八五―八六（明治十九―二十）年には一〇万人ほどの患者を出し、その三割近くが死亡したという。腸チフスは一八七九（明治十二）年以降、赤痢は一八八三（明治十六年）以降、毎年のように流行するようになり、チフスと赤痢で死亡した人は一八九五（明治二十八）年までに三〇万に達した（ひろたまさき、前掲書、四九三―四九四頁）。
(33) 小野芳朗「衛生の諸相」吉田光邦編『一九世紀日本の情報と社会変動』京都大学人文科学研究所、一九八五年、三六〇頁。
(34) 一八一七（文化一四）年の第一次パンデミーは、一八二二（文政五）年長崎に入港した紅毛船によって日本も巻き込まれた。九州、中国地方を経て関西に伝わり、伊勢まで伝わったが、関東には達しなかった。日本で次に大流行したのは一八五八（安政五）年だった。米艦ミシシッピー号が清国から長崎に持ち込み、この大流行ではじめてコレラは江戸市内にも犠牲者を生んだ。死者数は正確ではないが、江戸市中だけでも数万人と言われている（小野芳朗、前掲、三六三頁）。
(35) 同前、三六〇頁。
(36) 同前。
(37) 同前。
(38) ひろたまさき、前掲書、四五三頁。
(39) 同前。ひろたは佐佐城朴安『救荒略』（一八三三年）を例に挙げている。
(40)「伝染病予防法心得書」ひろたまさき、前掲書、二五四頁、所収。
(41) ひろたまさき、前掲書、四九九頁。
(42) 同前、五〇二頁。
(43) 衛生行政の進展は、不衛生さというイメージを伴うようになった貧困への一つの対応であった。公衆衛生は明治になって行政に取り入れられ、近代都市にふさわしくない伝染病などの悪循環を断ち切り、健康な人々を育成していくことになった。衛生の重要視は、伝染病の流行に伴ったもので、特に「虎列刺は衛生の母なり」（小野芳朗、前掲、三六〇頁）と言われたように、コレラの流行が大きな要因である。明治十七（一八八四）年にR・コッホがコレラ菌を発見し、コレラが細菌による伝染であることが実証された。日本にも北里柴三郎などの医学者を通して紹介され、細菌が国内に入ってくることを防ぐ検疫行政が試みられ、また、国内に向けには上下水道の整備が計画された。東京の上下水道の整備は、市区改正計画に取り入れられ、上水の整備は、一八九二（明治二十五）年に起工されることとなり、一八九九（明治三十二）年に完成する。市区改正計画は、条例公布までに多くの案が破棄されたり、交通整備などは実施が決まってもなかなか着工できなかったりと、なかなか前に進まない都市計画であったにもかかわらず、明治のうちに上水整備が完成したことからも、公衆衛生の整備が非常に重視されていたことがわかる（藤森照信、前掲書、二五一頁）。上水の完成後に下水の整備も着手されたが、財源が底をつき、一九二三（大正十二）年までに下谷、外神田、浅草の下水整備が済んだのみで、東京全体の下水整備は戦後に持ち越されることとなった。上下水道の整備とともに、市区改正条例では公園や広場の設置が検討され、実施されたが、「都市の美観をととのえるというより、まず伝染病を媒介する『有害ノ悪気』を浄化する空間としての効用が求められた」と言われる（前田愛、前掲書、一九〇頁）。公衆衛生の開始と衛生観念の形成は、「不潔」なものの排除へとむかうことになった（成田龍一「近代都市と民衆」『都市と民衆』吉川弘文館、一九九三年）。

(44) 福沢諭吉『学問のすゝめ』岩波書店、一九四二年、一一頁。

(45) 同前、一七頁。

(46) 吉田久一、前掲『日本社会福祉思想史』三二五頁。

(47) ひろたまさき、前掲書、四七三頁。

(48) 岩倉具視「士族授産ノ議」明治文化研究会編『明治文化全集　第六巻　社会篇』日本評論社、一九九二年、五五九頁、所収。

(49) 吉田久一、前掲書、四三二頁。

(50) 原敬「救恤論」明治文化研究会編『明治文化全集　第六巻　社会篇』日本評論社、一九九二年、四〇五―四〇六頁、所収。

(51) 吉田久一、前掲書、三四三頁。

(52) ひろたまさき、前掲書、四八一頁。

(53) 前掲「私立二葉幼稚園第七回報告」一〇頁。

(54) 前掲「私立二葉幼稚園第十回報告」三頁。

(55) 「私立二葉幼稚園第十六回報告」一九一五年、三頁。

(56) 神崎清、前掲書、五八―五九頁。

(57) フィリップ・アリエスは『〈子供〉の誕生――アンシァン・レジーム期の子供と家族生活』(Ariès, Philippe 1975 *L'enfant et la vie familiale sous L'Ancien Régime*, Paris: Seuil. ＝杉山光信・杉山恵美子訳『〈子供〉の誕生――アンシァン・レジーム期の子供と家族生活』みすず書房、一九八〇年）において、絵画の子どもの描き方の変化などの分析を通して、近代以前に子ども期はなく、子どもは「小さな大人」として生活していたと論じたことで知られる。アリエスはこの著書の序文において、「今日の産業社会のなかで子供と家庭とが占めている新しい地位」を示すと述べ、家庭が「子供をめぐって組織され、子供たちを以前に置かれていた匿名の状態からぬけ出させ、重要なものとし始める」という「家族内での意識の変化」は「全く新しい意識」であったと指摘する(八、三頁)。アリエスによれば、乳児の期間を過ぎた子どもは、純粋で無垢で教育されるべき子どもという特別な存在として意識されることはなく、小さな大人として大人と同様の生活を送り、徒弟制度や丁稚奉公などを通して生活の中で学び成長していったという。徒弟制度や丁稚奉公は、早くから子どもを実の両親から引き離して育てることであり、そうした物理的な距離から、親子意識が今日とは異なるものだったことがうかがえる。子ども観の変容は同時に、親子や家族関係の変容でもあるのである。子どもを守り、愛を注いで育てる家族への変容であり、このような家族の誕生を、近代の特徴としてアリエスは描く。ただし、アリエスが子ども期はなかったと言うとき、大人と子どもの区別が全くなかったと言う意味でとるべきではなく、現在とは異なった子どもの認識だったという意味で捉えるべきだろう。日本の場合、例えば江戸幕府による最初の「服忌令《ぶっきれい》」において、七歳以下の子どもを「絶対責任無能力者」として法の対象から除外していた。柴田によれば、この服忌令では、七歳以下の子どもは、親の死に対して服する必要がなく、また、七歳以下の子どもがなくなった場合も喪に服す必要がないと定められていた。このように、子どもと大人を区別するということは、以前から見受けられることである(柴田純『日本幼児史――子どもへのまなざし』吉川弘文館、二〇一二年)。

(58) 前掲「私立二葉幼稚園第一回報告」(頁数記載なし)。

(59) 「私立二葉幼稚園第二回報告」一九〇一年、一頁。

(60) 同前。

(61) 前掲「私立二葉幼稚園第六回報告」六頁。

(62) 前掲「私立二葉幼稚園設立主意書」一―三頁。

(63) 前掲「私立二葉幼稚園第二回報告」九頁。

(64) 神崎清、前掲書、五八頁。

(65) 前掲「私立二葉幼稚園第一回報告」七―八頁。

(66) 前掲「私立二葉幼稚園第七回報告」一四頁。

(67) 「私立二葉幼稚園第十五年報告」一九一四年、一頁。

(68) 日本で最初の母子寮と言われることも多いが、その前に二つ三つ母子寮がすで設立されていたようである。母子寮を本格的に展開し、世に知られるようになったのが、この「母の家」ではないか。

(69) 前掲「二葉保育園第二十二年報」二頁。

(70) 前掲「二葉保育園第二十三年報」四頁。
(71) 前掲「二葉保育園第二十五年報」一一―一二頁。
(72) 同前、一二頁。
(73) 同前、一三頁。
(74) 神崎清、前掲書、六八頁。
(75) 同前。
(76) 前掲「二葉保育園第二十五年報」七頁。
(77) 同前、一二頁。
(78) 前掲「二葉保育園第二十三年報」五頁。
(79) 同前、四頁。
(80) 前掲「私立二葉幼稚園第十五年報告」六頁。
(81) 前掲「私立二葉保育園第十七年報告」一六―一七頁。
(82) 前掲「二葉保育園第二十三年報」二頁。
(83) 前掲「二葉保育園第二十五年報」七―八頁。

第4章　二葉幼稚園と近代家族の形成

(1) 落合恵美子『近代家族とフェミニズム』勁草書房、一九八九年、一七頁。
(2) 同前、一八頁。
(3) 宮坂靖子「日本における近代家族論の受容とその展開」『奈良大学紀要』第三九号、二〇一一年などによって批判されている。落合は、この八項目は近代家族の「定義」ではないと言い直している。
(4) 日本の近代家族について論じるとき、明治政府によって規定された「家」制度が封建的な家族へと人々を規定していたとしばしば批判されており、戦後になってやっと民主的な近代家族が広まったと言われてきた。しかし、封建的だと言われる「家」制度も、明治政府によって発明された近代的な民衆管理の装置であるという指摘がなされている（牟田和恵、上野千鶴子など）。民法典論争が数年に渡って続いたように、家族をどのように基礎づけるか、意見の対立が起こっており、一般的な家族が最初からあったわけではない。むしろ、日本の近代化に適した家族としての「家」が、新しく基礎づけられていた。
(5) 小林嘉宏「大正期『新中間層』の家庭生活における『子供の教育』」片岡比佐子編『教育と扶養』吉川弘文館、二〇〇三年、二三三―二三四頁。
(6) 牟田和恵『戦略としての家族――近代日本の国民国家形成と女性』新曜社、一九九六年、五四、六二―六三頁。
(7) 速水融『歴史人口学で見た日本』文藝春秋、二〇〇一年、六五頁。
(8) 同前、一二八頁。
(9) 同前、一二二頁。
(10) 中川清「戦前東京の都市下層」林武・古野屋正伍編『都市と技術』国際書院、一九九五年、六三頁。

(11) 同前、七五―七六頁。
(12) 松原岩五郎、前掲書、一五―一六頁。
(13) 横山源之助『日本の下層社会』岩波書店、一九四九年、四九頁。
(14) 中川清『日本の都市下層』勁草書房、一九八五年、二九頁。
(15) 松原岩五郎、前掲書、一八一頁。
(16) 横山源之助、前掲書、二〇〇頁。
(17) 中川清、前掲書、四九頁。
(18) 同前、六三頁。
(19) 同前、一一四頁。
(20) 中川清、前掲「戦前東京の都市下層」七二頁。
(21) 同前、六六―六七頁。
(22) 同前、七二頁。
(23) 同前、八四頁。
(24) 前掲「私立二葉幼稚園設立主意書　附　規則」四―五頁。
(25) 前掲「私立二葉幼稚園第十六年報告」五頁。
(26) 「私立二葉幼稚園第十四回報告」一九一三年、二頁。
(27) 前掲「私立二葉幼稚園第十六年報告」五頁。
(28) 前掲「私立二葉幼稚園第七回報告」一七九―一八〇頁。
(29) 「二葉保育園第十八年報告」一九一七年、一七頁。
(30) 前掲「私立二葉幼稚園第十一回報告」九頁。
(31) 「私立二葉幼稚園第八回報告」一九〇七年、三頁。
(32) 「私立二葉幼稚園第九回報告」一九〇八年、一〇頁。
(33) 同前。
(34) 同前。
(35) 前掲「私立二葉幼稚園第六回報告」二頁。
(36) 前掲「私立二葉幼稚園第八回報告」四頁。
(37) 前掲「私立二葉幼稚園第九回報告」一〇頁。
(38) 前掲「私立二葉幼稚園第十回報告」七頁。
(39) 前掲「私立二葉幼稚園第二回報告」六頁。
(40) 前掲「私立二葉幼稚園第一回報告」二頁。
(41) 同前、三―四頁。
(42) 上笙一郎・山崎朋子、前掲書、一九九頁。
(43) 前掲「私立二葉幼稚園第一回報告」六頁。
(44) 前掲「私立二葉幼稚園第十六年報告」五―六頁。
(45) 横山源之助「共同長屋探見記」中川清編『明治東京下層生活誌』岩波書店、一九九四年、二五八―二五九頁、所収。
(46) 前掲「私立二葉幼稚園第一回報告」六―七頁。
(47) 前掲「私立二葉幼稚園第十一回報告」一二頁。
(48) 同前。
(49) 前掲「二葉幼稚園第十三回報告」七頁。
(50) 上笙一郎・山崎朋子、前掲書、二一〇頁。
(51) 前掲「二葉保育園第十八回年報」二四頁。

(52) 神崎清、前掲書、五八—五九頁。
(53) 前掲「私立二葉幼稚園第十一回報告」九頁。
(54) 巌谷小波「二葉幼稚園」『少年世界』六巻四号、一九〇〇年、一一—一二頁。
(55) 前掲「私立二葉幼稚園第一回報告」一二頁。
(56) 巌谷小波、前掲書、一三—一四頁。
(57) 前掲「私立二葉幼稚園第一回報告」一〇頁。
(58) 巌谷小波、前掲書、一一頁。
(59) 神崎清、前掲書、五八—五九頁。
(60) 前掲「私立二葉幼稚園第一回報告」二頁。
(61) 記者「二葉保育園に於ける廃物利用」『幼児の教育』二二巻一二号、一九二二年、三五七頁。
(62) 同前。
(63) 前掲「私立二葉幼稚園第二回報告」四頁。
(64) 前掲「私立二葉幼稚園第十一回報告」一一頁。
(65) 前掲「私立二葉幼稚園第十五年報告」一二—一三頁。
(66) 同前、二頁。
(67) 巌谷小波、前掲書、一二頁。
(68) 「私立二葉幼稚園第四回報告」一九〇三年、四頁。
(69) 同前。
(70) 前掲「私立二葉幼稚園第十回報告」七頁。
(71) 前掲「私立二葉幼稚園第一回報告」一〇頁。
(72) 同前、一三頁。
(73) 前掲「私立二葉幼稚園第十五回報告」一四頁。
(74) 前掲「私立二葉幼稚園第一回報告」一三頁。
(75) 同前。
(76) 「私立二葉幼稚園第十二回報告」一九一一年、七頁。
(77) 前掲「私立二葉幼稚園第十六回報告」六頁。
(78) 前掲「私立二葉幼稚園第十一回報告」一三頁。
(79) 前掲「私立二葉幼稚園第十六回報告」六頁。
(80) 前掲「私立二葉幼稚園第七回報告」一一頁。
(81) 前掲「私立二葉幼稚園第二回報告」六頁。
(82) 前掲「私立二葉幼稚園第十六年報告」六頁。
(83) 「私立二葉幼稚園第十三回報告」一九一二年、八頁。
(84) 前掲「私立二葉幼稚園第五回報告」九頁。
(85) 前掲「私立二葉幼稚園第十五年報告」一四頁。
(86) 前掲「私立二葉幼稚園第十六年報告」六頁。
(87) 前掲「私立二葉幼稚園第十二年報告」七頁。
(88) 前掲「私立二葉幼稚園第二回報告」一二頁。
(89) 前掲「私立二葉幼稚園第十五年報告」七頁。
(90) 同前、八頁。
(91) 同前。
(92) 前掲「私立二葉幼稚園第十六年報告」八—九頁。
(93) 同前、八頁。
(94) 前掲「私立二葉幼稚園第十五年報告」七頁。
(95) 前掲「私立二葉幼稚園第一回報告」五—六頁。

(96) 同前、一一頁。
(97) 同前、一三―一四頁。
(98) 前掲「私立二葉幼稚園第十四回報告」一―二頁。
(99) 前掲「私立二葉幼稚園第四回報告」一一―一二頁。
(100) 前掲「私立二葉幼稚園第十一回報告」一〇―一一頁。
(101) 前掲「私立二葉幼稚園第四回報告」一二頁。
(102) Donzelot, Jacques, 1977 *La Police des Familles*. Paris: Minuit, p. 88 ＝宇波彰訳『家族に介入する社会――近代家族と国家の管理装置』新曜社、一九九一年、一〇六頁。
(103) 松原岩五郎、前掲書、一六頁。
(104) 同前、二〇頁。
(105) 同前、五五頁。
(106) 前掲「私立二葉幼稚園第二回報告」一二―一三頁。
(107) 同前、五頁。
(108) 前掲「私立二葉幼稚園第六回報告」四頁。
(109) 同前。
(110) 「私立二葉幼稚園第三回報告」一九〇二年、八頁。
(111) 前掲「私立二葉幼稚園第四回報告」一一頁。
(112) 前掲「私立二葉幼稚園第十六回報告」六頁。
(113) 前掲「私立二葉幼稚園第七回報告」一一―一二頁。
(114) 同前、一二頁。
(115) 前掲「私立二葉幼稚園第十二回報告」七―八頁。
(116) 前掲「私立二葉幼稚園第三回報告」四―五頁。
(117) 同前、五―八頁。
(118) 生田葵山、「幼児の祝会」『少年世界』第九巻四号、一九〇三年、九二頁。
(119) 同前。
(120) 生田葵山「幼児の祝会」『少年世界』九巻四号、一九〇三年、九四―九五頁。
(121) 同前、九六―九七頁。
(122) 前掲「私立二葉幼稚園第一回報告」九頁。
(123) 前掲「二葉保育園第二十五年報」一一頁。
(124) 「二葉保育園第二十九年報」一九二八年、三頁。
(125) 前掲「私立二葉幼稚園第二十三年報」五頁。
(126) 同前、三頁。
(127) 前掲「私立二葉幼稚園第二十五年報」七頁。
(128) 「二葉保育園第三十五年報」一九三四年、二四頁。
(129) 同前、二五頁。
(130) 同前、二六頁。
(131) 同前、二六―二七頁。
(132) 前掲「私立二葉幼稚園第二十五年報」七頁。
(133) 前掲「私立二葉幼稚園第十六回報告」五頁。
(134) 前掲「私立二葉幼稚園第十四回報告」八頁。

終章　近代国家と慈善事業

(1) J・ドンズロ、前掲書、七頁。

二葉幼稚園関連年表（1866–1950）

年	二葉幼稚園および野口・森島・徳永関連事項	その他歴史事項
一八六六（慶応2）	野口幽香、姫路にて生まれる	
一八六七（慶応3）		大政奉還
一八六八（明治元）	森島峰、出生	王政復古の大号令 戊申戦争勃発
一八七一（明治4）	野口、田島藍水から漢学と英語を学ぶ	廃藩置県
一八七二（明治5）		学制公布
一八七三（明治6）		東京女子師範学校設立 明六社設立
一八七四（明治7）		恤救規則制定
一八七六（明治9）		東京女子師範学校附属幼稚園開設
一八七七（明治10）		華族学校設立
一八七八（明治11）	野口、小学校卒業、姫路中学校入学	東京女子師範学校に幼稚園保姆練習科を附設（応募なく開講せず）
一八七九（明治12）	野口、姫路中学校退学、野尻芳春の裁縫塾へ通う	教育令公布
一八八〇（明治13）		『六合雑誌』創刊
一八八一（明治14）		防火令公布

年	二葉幼稚園および野口・森島・徳永関連事項	その他歴史事項
一八八二（明治15）	森島、小学校卒業	
一八八四（明治17）		鹿鳴館開館 華族令制定
一八八五（明治18）	野口、東京女子師範学校入学	『女学雑誌』創刊 華族女学校設立
一八八六（明治19）	森島、英語を専修	小学校令公布 小崎弘道が借家でキリスト教集会開始（のちの番町教会）
一八八七（明治20）	徳永恕、東京にて生まれる	石井十次が岡山孤児院設立 宿屋営業取締規則制定
一八八八（明治21）		市制・町村制公布
一八八九（明治22）	野口、受洗 森島、アメリカへ留学、英語専修	大日本帝国憲法発布
一八九〇（明治23）	野口、女子高等師範学校卒業（第一回卒業生）、東京女子高等師範学校保姆に着任	東京女子師範学校を女子高等師範学校に改組 教育勅語発布 第一回帝国議会開会
一八九一（明治24）	森島、カリフォルニア幼稚園練習学校入学	
一八九二（明治25）	森島、カリフォルニア幼稚園練習学校卒業、帰国	東京女子高等師範学校附属幼稚園に分室設置

一八九三（明治26）	森島、横浜の英国系幼稚園に勤務、東京府より保姆免許取得、麹町に私立平河町幼稚園設立	
一八九四（明治27）	森島、私立平河町幼稚園廃園、華族女学校附属幼稚園保姆に着任 野口、華族女学校附属幼稚園保姆に着任	華族女学校に幼稚園附設 日清戦争勃発
一八九六（明治29）		フレーベル会設立（一九一八年日本幼稚園協会に改称）
一八九七（明治30）		感化法公布 片山潜がキングスレー館設立
一八九八（明治31）	3月　ミス・デントンの協力により幼稚園設立のための慈善音楽会開催	
一八九九（明治32）		幼稚園保育及設備規定制定 北川波津が東京孤児院設立 留岡幸助が家庭学校設立
一九〇〇（明治33）	1月　麹町下六番町二七番地に二葉幼稚園設立 2月　「二葉幼稚園設立主意書」発行 9月　麹町土手三番町に移転 野口、文部省外国留学生に任命 森島、斉藤清次郎と結婚	津田梅子が女子英学塾設立 治安警察法公布 貧民研究会結成（のち庚子会に改称）
一九〇一（明治34）	野口、病のため文部省外国留学生辞退 徳永、小学校卒業、府立第二高女入学	大阪慈善団体懇話会発足（翌年大阪慈善同盟会に改称） 植村・海老名論争 愛国婦人会創設

年	二葉幼稚園および野口・森島・徳永関連事項	その他歴史事項
一九〇二（明治35）	麹町下六番町四八番地に移転 徳永、受洗	日英同盟 東北地方で凶作
一九〇三（明治36）		貧民学校（東京市立特殊小学校）設立、鮫河橋尋常小学校設立
一九〇四（明治37）		日露戦争勃発
一九〇五（明治38）	7月　四谷鮫河橋の御料地無料借用許可	
一九〇六（明治39）	3月　四谷鮫河橋へ新築移転 徳永、府立第二高女補習科入学	華族女学校が学習院女子部と改称
一九〇七（明治40）	3月　新たに地続きの御料地無料借用許可 徳永、夏休みの四〇日間二葉幼稚園で働く	労働争議、小作争議の増加 刑法公布
一九〇八（明治41）	5月　保母のための寮を附設 徳永、府立第二高女補習科修了、二葉幼稚園の保母として就職	奈良女子高等師範学校設立 警察犯罪処罰令公布 戊申詔書 内務省が感化救済事業講習会主催 中央慈善協会設立
一九〇九（明治42）	2月　内務省より事業資金三百円交付（以後毎年交付）	内務省より優良社会事業に奨励金下付開始
	12月　遊戯室新築、浴室・廊下等を増築	伊藤博文暗殺
一九一〇（明治43）	園内にて聖書研究会を開始 11月　徳永、主任保母となる	大逆事件 韓国併合

一九一一（明治44）		工場法公布 市制・町村制改定 済生会設立
一九一二（明治45／大正元）	夏休みを廃止から半日保育へ変更	
一九一三（大正2）	5月　明治天皇葬場の一部を交付、保育室や保姆寮増築 9月　分園設立に向け「私立二葉幼稚園拡張主意書」発行 夏休みを全休制へ	
一九一四（大正3）	12月　御領地の借用期限が切れたが今後5年間の借用許可	第一次世界大戦勃発
一九一五（大正4）	3月　主任室や応接間を増築、治療室を新設し専任看護婦を置く	
一九一六（大正5）	6月　東京府より交付金開始（以後毎年交付） 分園設立のため内藤新宿町大字南町の宅地を契約	工場法改正
一九一六（大正5）	7月　二葉保育園と改称 12月　分園開園	
一九一七（大正6）	東京府慈善協会発足、徳永、理事に就任	ソビエト政権成立
一九一八（大正7）	1月　園内での聖書研究会を二葉独立教会と命名、日曜学校開催	シベリア出兵 米騒動
一九一九（大正8）	東京府社会事業協会から補助金交付により園内に小学部設置	大原社会問題研究所設立 奈良女子高等師範学校に保姆養成所設置 三・一独立運動 五・四運動

年	二葉幼稚園および野口・森島・徳永関連事項	その他歴史事項
一九二〇（大正9）	（内藤新宿町大字南町が四谷区に併合、南町は旭町に改称）	内務省社会局設置
一九二一（大正10）	2月　宮内省より助成金交付開始（以後毎年交付） 3月　東京市より助成金交付開始（以後毎年交付） 小学部は鮫河橋小学校分教場となる 東京府社会事業協会より隣保事業部資金二万円の委託受ける	東京市が方面委員制度制定 小作争議の増加
一九二二（大正11）	2月　母子保護事業のため内務省より二千円の助成金交付 4月　鮫河橋小学校分教場新築移転により、図書室と少年少女クラブ設置、夜間の裁縫部設置 本園保育室の一部を母の家に改築 6月　母の家開始 分園に夜間診療部、廉売部設置 7月　徳永、四谷区方面委員に就任 野口、華族女学校附属幼稚園園長を退職	宮内省、内務省、文部省より社会事業団体への助成金交付開始 少年法公布 日本共産党結成
一九二三（大正12）	9月　関東大震災により被災、分園は焼失、被災者の救護活動にあたる 11月　東京府よりバラック提供、臨時の母の家として使用	関東大震災
一九二四（大正13）	7月　東京府より復興資金三千円交付 政府委託事業として助成金三万七千円交付 徳永、東京連合婦人会会長に就任	東京帝国大学セツルメント設立 東京連合婦人会発足
一九二五（大正14）	9月　分園竣工、分園事業再開 11月　本園母の家竣工	普通選挙法公布 治安維持法公布

一九二六（大正15／昭和元）		幼稚園令公布、同令施行規則制定 東京帝国大学セツルメントに託児部設置
一九二七（昭和2）		金融恐慌
一九二八（昭和3）	大正天皇葬場の一部を下賜、本園改築、母の家増築 二葉独立教会は新宿区上落合へ移転 払下米の廉売開始	
一九二九（昭和4）		世界大恐慌 救護法公布
一九三〇（昭和5）	北伊豆震災の被災地の臨時託児所へ保姆二名派遣	昭和恐慌 平田のぶが子どもの村設立
一九三一（昭和6）	野口、園長を退任 徳永、二代目の園長に就任	満州事変勃発 学校給食実施 東京で無産者託児所運動開始
一九三二（昭和7）	分園　五銭食堂を開設 府立第六中学校夜間部の学生向けに弁当作り開始	五・一五事件 「満洲国」建国
一九三三（昭和8）		児童虐待防止法公布 少年救護法公布 児童問題研究会発足 恩賜財団愛育会設立

年	二葉幼稚園および野口・森島・徳永関連事項	その他歴史事項
一九三四（昭和9）	2月 北海道函館市の大火に際し、保姆の派遣及び臨時託児所開設 財団法人化の手続き開始	
一九三五（昭和10）	財団法人化。徳永、二葉保育園理事長に就任 深川区海辺町に母の家分園及び附属保育所開設	
一九三六（昭和11）		二・二六事件 保育問題研究会発足
一九三七（昭和12）		日中戦争勃発 母子保護法公布
一九三八（昭和13）		国家総動員法制定 厚生省設置 社会事業法公布
一九三九（昭和14）	徳永、司法保護委員、東京府救護委員、人事調停委員に就任	
一九四〇（昭和15）	徳永、藍綬褒章を受章	大政翼賛会結成 社会事業を戦時下厚生事業に転換
一九四一（昭和16）		人口政策確立要綱閣議決定 国民学校令公布 季節保育所に国庫補助開始
一九四二（昭和17）	野口、皇后の命により修養講和御進講	太平洋戦争勃発
一九四三（昭和18）		文部省が縁故疎開促進

一九四四（昭和19）	6月　戦時下により保育園閉鎖（本園及び深川母の家は継続）	学徒戦時動員体制確立要綱閣議決定 緊急国民勤労動員方策要綱閣議決定 東京都が幼稚園・保育施設に休止命令、戦時託児所設置基準制定 学童集団疎開開始
一九四五（昭和20）	3月　東京大空襲で深川母の家被災 4月　本園に対し強制疎開の命。阿佐ヶ谷へ疎開の翌週空襲により本園被災 6月　群馬県佐渡波郡島村へ母子を疎開 10月　戦災を免れた分園にて母子保護事業等にあたる	東京大空襲 疎開強化要綱制定 原爆投下 敗戦
一九四六（昭和21）		日本国憲法公布 民主保育連盟結成
一九四七（昭和22）	二葉独立教会は東中野教会と改称 調布上石原に分園設立	全国保育連合会結成
一九四八（昭和23）		児童福祉法公布 全国私立幼稚園団体連合会発足 日本保育学会発足
一九五〇（昭和25）	1月　野口、永眠（享年八四）	生活保護法公布

ま　行

や　行

ら・わ行

た 行

な 行

は 行

人名索引

注以外の本文から人名を採り，姓名の五十音順で配列した。

あ 行

か 行

さ 行

著者紹介

大石 茜（おおいし・あかね）

1988年生。筑波大学大学院人文社会科学研究科博士後期課程在籍中。上田女子短期大学非常勤講師。専攻・社会事業史、保育史、幼児教育史。

主な著作に、「疎開保育園というアジール――戦時下における『民主的保育』の系譜」（『東京社会福祉史研究』11号、2017年）、「『満州』における幼児教育の展開――満鉄経営幼稚園の事例から」（『幼児教育史研究』12号、2017年）、編集・解題「農繁期託児」寺脇隆夫監修『戦前日本の社会事業・社会福祉資料第2期』（柏書房、2018年）、共著『戦後日本の満洲記憶』（東方書店、2020年）など。

本書のもととなった「『近代的家族』の誕生――二葉幼稚園の事例から」で第10回河上肇賞本賞を受賞。

近代《きんだい》家族《かぞく》の誕生《たんじょう》――女性《じょせい》の慈善事業《じぜんじぎょう》の先駆《せんく》、「二葉幼稚園《ふたばようちえん》」

2020年3月10日　初版第1刷発行©

著　者　大石　茜
発行者　藤原良雄
発行所　株式会社 藤原書店

〒162-0041　東京都新宿区早稲田鶴巻町523
電　話　03（5272）0301
FAX　03（5272）0450
振　替　00160-4-17013
info@fujiwara-shoten.co.jp

印刷・製本　精文堂印刷

落丁本・乱丁本はお取替えいたします
定価はカバーに表示してあります

Printed in Japan
ISBN978-4-86578-260-8